法華經講義

——第十七輯

——平實導師 述

ISBN 978-986-95830-1-5

執著離念靈知心爲實相心而不肯捨棄者，即是畏懼解脫境界者，即是畏懼無我境界者，即是凡夫之人。謂離念靈知心正是意識心故，若離**俱有依**（意根、法塵、五色根），即不能現起故；若離**因緣**（如來藏所執持之覺知心種子），即不能現起故；復於眠熟位、滅盡定位、無想定位（含無想天中）、正死位、悶絕位等五位中，必定斷滅故。夜夜眠熟斷滅已，必須依於**因緣**、**俱有依緣**等法，方能再於次晨重新現起故；夜夜斷滅後，已無離念靈知心存在，成爲無法，無法則不能再自己現起故；由是故言**離念靈知心是緣起法**、**是生滅法**。不能現觀離念靈知心是緣起法者，即是未斷我見之凡夫；不願斷除**離念靈知心常住不壞之見解**者，即是恐懼解脫無我境界者，當知即是凡夫。

——**平實導師**——

一切誤計**意識心為常**者，皆是佛門中之常見外道，皆是凡夫之屬。意識心境界，依層次高低，可略分爲十：一、處於欲界中，常與五欲相觸之離念靈知；二、未到初禪地之未到地定中，暗無覺知而不與欲界五塵相觸之離念靈知，常處於不明白一切境界之暗昧狀態中之離念靈知；三、住於初禪等至定境中，不與香塵、味塵相觸之離念靈知；四、住於二禪等至定境中，不與五塵相觸之離念靈知；五、住於三禪等至定境中，不與五塵相觸之離念靈知；六、住於四禪等至定境中，不與五塵相觸之離念靈知；七、住於空無邊處等至定境中，不與五塵相觸之離念靈知；八、住於識無邊處等至定境中，不與五塵相觸之離念靈知；九、住於無所有處等至定境中，不與五塵相觸之離念靈知；十、住於非想非非想處等至定境中，不與五塵相觸之離念靈知。如是十種境界相中之覺知心，皆是意識心，計此爲常者，皆屬常見外道所知所見，名爲佛門中之常見外道，不因出家、在家而有不同。

——**平實導師**——

如《解深密經》、《楞伽經》等聖教所言，成佛之道以親證阿賴耶識心體（如來藏）爲因，《華嚴經》亦說**證得阿賴耶識者獲得本覺智**，則可證實：證得阿賴耶識者方是大乘宗門之開悟者，方是大乘佛菩提之眞見道者。經中、論中又說：證得阿賴耶識而轉依**識上所顯真實性**、**如如性**，能安忍而不退失者即是**證真如**、即是大乘賢聖，在二乘法解脫道中至少爲初果聖人。由此聖教，當知親證阿賴耶識而確認不疑時即是開悟眞見道也；除此以外，別無大乘宗門之眞見道。若別以他法作爲大乘見道者，或堅執**離念靈知**亦是實相心者（堅持意識覺知心離念時亦可作爲明心見道者），則成爲實相般若之見道內涵有多種，則成爲實相有多種，則違實相絕待之聖教也！故知宗門之悟唯有一種：親證第八識如來藏而轉依如來藏所顯眞如性，除此別無悟處。此理正眞，放諸往世、後世亦皆準，無人能否定之，則堅持離念靈知意識心是眞心者，其言誠屬妄語也。

——**平實導師**——

目次

第九輯：

第十輯：

第十一輯：

第十二輯：

第二十二輯：

第二十三輯：

第二十四輯：

第二十五輯：

自　序

大乘佛法勝妙極勝妙，深奧極深奧，廣大極廣大，富麗極富麗，謂此唯一佛乘妙法，意識思惟研究之所不解，非意識境界故，佛說為不可思議之大乘解脫境界，名為大乘菩提一切種智，函蓋大圓鏡智、成所作智、妙觀察智、平等性智；然而此等極勝妙乃至極富麗之佛果境界，要從因地之大乘眞見道始證，次第進修方得。然大乘見道依序有三個層次：眞見道、相見道、通達位。眞見道者位在第七住；相見道位始從第七住位之住心開始，終於第十迴向位滿心；通達位則是圓滿相見道位智慧與福德後，進修大乘慧解脫果，再依十無盡願的增上意樂而圓滿，名為初地入地心菩薩。眾生對佛、法、僧等三寶修習信心，十信位滿心後進入初住位中，始修菩薩六度萬行，皆屬外門六度之行；逮至開悟明心證眞如時，方入眞見道位中；次第進修相見道位諸法以後，直到通達而得入地時，歷時一大阿僧祇劫，故說大乘見道之難，難可思議。

大乘眞見道之實證，即是證得第八識如來藏，能現觀其眞實而如如之自性，名爲證眞如；此際始生根本無分別智，同時證得本來自性清淨涅槃。乃至證悟般若不退而繼續進修之第七住位始住菩薩，轉入相見道位中，歷經第一大阿僧祇劫中三十分之二十有四的長劫修行，同時觀行三界萬法悉由此如來藏之妙眞如性所生所顯，證實《華嚴經》所說「三界唯心、萬法唯識」正理；如是進修眞如後得無分別智，終能具足現觀非安立諦三品心而至十迴向位滿心，方始具足眞如後得無分別智，相見道位功德至此圓滿，然猶未入地。

此時思求入地而欲進階於大乘見道之通達位中，仍必須進修大乘四聖諦，現觀四諦十六品心及九品心後，要有本已修得之初禪或二禪定力作支持，方得相應於慧解脫果；或於此安立諦具足觀行之後發起初禪爲驗，證實已經成就慧解脫果；此時已能取證有餘、無餘涅槃，方得與初地心相應，而猶未名初地。而後再依十大願起惑潤生，發起繼續受生於人間自度度他之無盡願，不畏後世長劫生死眾苦，於此十大無盡願生起增上意樂而得入地，方得名爲大乘見道之通達位，眞入初地之入地心中，完成大乘見道位所應有之一切修證。此時已通達大乘見道位應證之眞如全部內涵，圓滿大乘見道通達位應有之無生法忍智慧，及慧解脫果與增上意樂，方證通達位之無生法忍果，方得名爲始入初地心之菩薩。

然而觀乎如是大乘見道之初證眞如，發起眞如根本無分別智，得入第七住位，成爲眞見道菩薩摩訶薩；隨後轉入相見道位中繼續現觀眞如，實證非安立諦三品心而歷經十住、十行、十迴向位之長劫修行，具足眞如後得無分別智，生起初地無生法忍之初分，配合解脫果、廣大福德、增上意樂，名爲通達見道位眞如而得入地。如是諸多位階所證眞如，莫非第八識如來藏之眞實與如如二種自性，同屬證眞如者。依如是正理，故說未證眞如者，皆非大乘見道之人；證眞如者謂現觀如來藏運行中所顯示之眞實與如如自性故，實相般若智慧依如來藏之眞如法性建立故，萬法悉依如來藏之妙眞如性而生而顯故，本來自性清淨涅槃亦依如來藏之眞如法性建立故。

如是證眞如事，於眞藏傳佛教覺囊巴被達賴五世藉政治勢力消滅以後，由於時局紛亂不宜弘法故，善知識不得出世弘法，三百年間已經不行於人世。及至時局昇平人民安樂之現代，方又重新出現人間，得以繼續利樂有緣學人。然而，縱使末法時世受學此法而有實證之人，欲求入地實亦匪易，蓋因眞見道之證眞如已經極難親證，後再論及相見道位非安立諦三品心之久劫修行，而能一一教授弟子四眾者，更無其類；何況入地前所作加行之教授，而得具足實證大乘四聖諦等安立諦十六品心、九品心者？眞可謂：「善知識者出興世難，至其所難，得值遇難，得見知難，得親近難，得共住難，得其意難，得隨順難。」如是八難，具載於《華嚴經》中；徵之於末法時世之現代佛教，可謂誠言，眞實不虛。

縱使親值如是善知識已，長時一心受學之後，是否即得圓滿非安立諦三品心及安立諦十六品心、九品心而得入地？觀乎平實二十餘年度人所見，誠屬難事；殆因大乘見道實相智慧極難實證，何況通達？復因大乘慧解脫果並非隱居深山自修而可得者，如是證明初始見道證眞如已屬極難，更何況入地進修之後所應親證之初地滿心猶如鏡像現觀，解脫於三界六塵之繫縛；二地滿心猶如光影之現觀，能依己意自定時程及範圍而轉變自己之內相分，令習氣種子隨於自己施設之進程而分分斷除；三地滿心前之無生法忍智慧，能轉變他人之內相分；以及滿心位之猶如谷響現觀，能觀見自己之意生身分處他方世界廣度眾生，而使無生法忍及福德更快速增長。至於四地心後之諸種現觀境界，更難令三賢位菩薩了知，何況末證謂證、未悟言悟之假名善知識，連第七住菩薩眞見道所證眞如都只能想像者？

雖然如此，縱使已得入地，而欲了知佛地究竟解脫、究竟智慧境界，亦仍無法望其項背，實因初地菩薩於諸如來不可思議解脫及智慧仍無能力臆測故。縱使已至第三大阿僧祇劫之修行——已得八地初心者，亦無法全部了知諸佛的境界，則無法了知佛法之全貌，如是而欲了知十方三世諸佛世界之關聯者，即無無其分。以是緣故，世尊欲令佛子四眾如實了知三世佛教之亙古久遠、未來無盡，以及十方虛空諸佛世界等佛教之廣袤無垠；亦欲令弟子眾了知世間萬法、出世間法及實相般若、一切種智無生法忍等智慧，悉皆歸於第八識如來藏妙眞如性者，則必於最後演述《妙法蓮華經》而圓滿一代時教；是故 世尊最後演述《法華經》時，一仍舊貫而如《金剛經》稱此第八識心爲「**此經**」，冀諸佛子醒悟此理而捨世間心、聲聞心，願意求證眞如之理，久後終能確實進入絕妙難思之大乘法中。斯則 世尊顧念吾人之大慈大悲所行，非諸凡愚之所能知。

然而法末之世，竟有身披大乘法衣之凡夫亦兼愚人，隨諸日本歐美專作學問之學者謬言，提倡六識論之邪見，以雷同常見、斷見外道之邪見主張，公開否定大乘諸經，謂非佛說，公然反佛聖教而宣稱「**大乘非佛說**」。甚且公然否定最原始結集之四大部阿含諸經中之聖教，妄判為六識論之解脫道經典，公然貶抑四阿含諸經中之八識論正教，令同於常見外道之六識論邪見；全違世尊依八識論而解說聲聞解脫道之本意，亦令聲聞解脫道同於斷見、常見外道所說之解脫，則無餘涅槃之境界即成為斷滅空而無人能知、無人能證。如是住如來家，著如來衣，食如來食，藉其弘揚如來法之表相，極力推廣相似像法而取代聲聞解脫道正法，最後終究不免推翻如來正法；如斯之輩至今依然寄身佛門破壞佛法，而佛教界諸方大師仍多心存鄉愿，不願面對如是破壞佛教正法之嚴重事實，仍多託詞高唱和諧，而欲繼續與諸多破壞佛教正法者**和平共存**，以互相標榜而**維護名聞利養**。吾人若繼續坐令如是現象存在，則中國佛教復興，以及中國佛教文化之推廣，勢必阻力重重，難以達成；眼見如是怪象，平實不得不詳解《法華經》之眞實義，冀能藉此而挽狂瀾於萬一。

如今承蒙會中多位同修共同努力整理，已得成書，總有二十五輯，詳述《法華經》中 世尊宣示之眞實義，因名《法華經講義》，梓行於世，冀求廣大佛門四眾捐棄邪見，回歸大乘絕妙而廣大無垠之正法妙理，努力求證，共為復興中國佛教文化、抵禦外國宗教文化之侵略而努力，則佛門四眾今世、後世幸甚，中國夢在文化層面即得實現。乃至繼續推廣弘傳數十年後，終能使中國成爲全球最高階層文化人士的歸依聖地、精神祖國；流風所及，百年之後遍於歐美社會各層面中廣爲弘傳，則中國不唯民富國強，更是全球唯一的文化大國。如是復興中國佛教文化之舉，盼能獲得廣大佛弟子四眾之普遍認同，乃至廣有眾人付諸實證終得廣爲弘傳，廣利人天，其樂何如。今以分輯梓行流通在即，因述如斯感慨及眞實義如上，即以爲序。

佛子　**平實**　謹序

公元二〇一五年初春　謹誌於竹桂山居

第十七輯：

《妙法蓮華經》

〈隨喜功德品〉第十八

上週二很委屈大家喔！因爲九樓、十樓必須要讓給從大陸回到佛法大家庭的親人。現在是我們歡迎他們回家，那麼下一輩子我們就往那邊移民，移民到海峽另一岸去了；因爲正法的弘揚，未來的展望還是在中原。雖然他們如今都說：「**我們去台灣是回到佛法的中國。**」認爲他們住在大陸反而是佛法的邊疆，他們眞是這樣認知；但我們下輩子不需要他們「**歡迎我們回家**」，因爲我們都要直接生到中國去，再度與他們團聚。那麼上一週因爲他們千里迢遙渡海過江才來到台灣，很難得回來一次，所以請大家多體諒一點，讓大家在第三、第四講堂擠得很難受（編案：當時尚無第五、第六講堂）。接著《妙法蓮華經》，我們講完第十七品了，今天要從卷六的第十八品開始：

經文：【爾時彌勒菩薩摩訶薩白佛言：「世尊！若有善男子、善女人，聞是《法華經》隨喜者，得幾所福？」而說偈言：

「世尊滅度後，其有聞是經，若能隨喜者，爲得幾所福？」

爾時佛告彌勒菩薩摩訶薩：「阿逸多！如來滅後，若比丘、比丘尼、優婆塞、優婆夷，及餘智者若長、若幼，聞是經隨喜已，從法會出，至於餘處，若在僧坊、若空閑地，若城邑、巷陌、聚落、田里，如其所聞，爲父母、宗親、善友、知識，隨力演說。是諸人等，聞已隨喜，復行轉教；餘人聞已，亦隨喜轉教。如是展轉，至第五十。阿逸多！其第五十善男子、善女人，隨喜功德，我今說之，汝當善聽。若四百萬億阿僧祇世界，六趣四生眾生：卵生、胎生、濕生、化生，若有形、無形，有想、無想，非有想非無想，無足、二足、四足、多足，如是等在眾生數者，有人求福，隨其所欲娛樂之具皆給與之；一一眾生與滿閻浮提金、銀、琉璃、車磲、馬瑙、珊瑚、虎珀，諸妙珍寶及象、馬車乘，七寶所成宮殿樓閣等。是大施主，如是布施滿八十年已，而作是念：『我已施眾生娛樂之具，隨意所欲，然此眾生，皆已衰老年過八十，髮白面皺將死不久，我當以佛法而訓導之。』即集此眾生，宣布法化，示教利喜，一時皆得須陀洹道、斯陀含道、阿那含道、阿羅漢道，盡諸有漏，於深禪定皆得自在，具八解脫。於汝意云何，是大施主所得功德寧為多不？」】

講義：今天開始進入《妙法蓮華經》卷第六的第十八品〈隨喜功德品〉。前面〈分別功德品〉中　世尊開示說「如果能夠受持《法華經》，福德、功德多麼廣大」；又進一步可以為人讀誦、書寫、演說，乃至教人家讀誦、書寫、演說，那功德又更大。如果有一個人又進一步精修六度等等，同樣也教人家受持《法華經》及讀誦、為人演說，並且同樣具足六度等等修行，那麼他的功德更大。大到在他說法之處應該要建七寶塔，乃至他經行或者曾經暫時坐一下，或是他的眠臥之處，也都要建造七寶塔，功德是那麼大。但這是說受持的功德，以及為人解說，乃至再繼續勤行六度等等所綜合起來的功德，真的無法想像。

可是在無法想像之中，得要作一個校量，是針對無法像這樣子作到的佛弟子，只要他聽聞《法華經》之後願意隨喜，他的功德有多大？以最簡單的隨喜功德，來校量前面所說的受持、讀誦、爲人演說的法師功德多麼大，這樣大家便能如實理解「爲人演說」《妙法蓮華經》的法師功德是如何廣大，所以現在要來解說聽聞「此經」而隨喜的人，他有什麼功德。可是單單說隨喜的功德，大家可能還不容易瞭解，所以 佛陀特地作一些譬喻，來幫助大眾如實理解，因爲隨喜者的功德、福德確實很大。那我們來看在這個〈隨喜功德品〉的經文裡面 世尊是怎麼開示？世尊講的這一品是本來就想爲大家演說的，當然是有緣由的；彌勒菩薩當然知道什麼時候應該來爲眾生請問，讓 世尊來爲眾生詳細校量一下，那麼大家聽了就會知道這功德眞的很大，大到無法想像，我們就先來語譯一下。

語譯：【這時彌勒菩薩摩訶薩向佛陀稟告說：「世尊！如果有善男子、善女人，聽聞到這部《法華經》而能夠隨喜的人，他會得到哪一些福德？」又怕有人沒聽清楚他的所問，於是以偈重新再請問一遍：

「世尊！您滅度了以後，在眾生之中如果有人聽聞到這部《法華經》，而能夠隨喜這部經中的法義，他究竟可以得到多少的福德呢？」

這時世尊就告訴彌勒菩薩摩訶薩說：「慈氏啊！如來滅度以後，如果有比丘、比丘尼、優婆塞、優婆夷，以及這四眾以外的其餘有智慧者，他們或是年長、或者年幼，聽聞到這部《法華經》，心中隨著所聞而生起歡喜之心以後，從說法的聚會中出來，到了其他的地方，不論是在僧眾所住的寮房、或是在空閑的地方，或者在大城小邑、街巷，或者來到鄉村的聚落中，或者到了稍微熱鬧一點的『田里』（也就是田間摻雜著幾戶人家），就如同他所聽聞的那樣子，爲父母或是宗族裡面的親屬或者善友，或是互相認識的朋友們，隨著他自己的能力而爲他們演述、說明。

「這些聽聞他轉述《法華經》的父母、宗親、善友、知識等人，聽完了以後心中也隨著所聞而生起了歡喜心，又去向別人轉述；別人聽聞他們的轉述以後，也生起歡喜心，又去向別人歡喜地教導。就像這樣子，每一個人聽了都心生歡喜，又去轉述給別人聽聞，展轉演說聽聞到了第五十次。慈氏啊！那一位第五十次聽到《妙法蓮華經》的人，不論他是善男子或是善女人，當他聽聞了之後心中隨著所聞而生起歡喜心，他的功德，我如今爲你們說明一下，你們可得要詳細地聽著。」

「如果四百萬億無量無數的世界，這些不可算計的世界裡面的六道眾生，或者卵生，或者胎生，或者濕生，或者化生；或者有形，或者是無形的；或是有想，或是無想的眾生，或者是非有想非無想的眾生；或者是無足的、兩足的、四足的、多足的眾生，像這樣的眾生，凡是屬於眾生之類，有人來求財物之福的時候，另外有一個人，隨著這些各種不同種類眾生之所求，把他們想要的財物和娛樂之具，全都滿其所求而一一贈送。當他贈送財物的時候，對每一個眾生都贈送很多，是以遍滿整個閻浮提的金、銀、琉璃、車磲、馬瑙、珊瑚、虎珀，種種勝妙的珍寶以及大象或者馬所拖的車乘，贈給每一個人，並且還贈送七寶所裝飾的宮殿和樓閣等等給每一個人。」

「他這樣子不停地布施，是一位大施主，他這樣子不停地布施滿足了八十年以後，心中生起這樣的想法：『我已經布施給眾生種種令他們獲得歡娛快樂的生活之具，隨著他們心中的所欲，莫不供給。然而這一些眾生都已經衰老，年紀也超過八十歲了，頭髮斑駁，顏面也都有很多皺紋，距離死亡的時候已經不久了，所以我應當要以佛法來訓示開導他們。』隨即召集了這些無量無數的眾生，宣揚開布正法而教化之，向他們所有人開示了聖教裡面的眞實義而利益他們，讓他們心中生起歡喜，使他們在同一時間都證得初果、二果、三果、四果，而且滅盡了種種的有漏法，進而對於深妙的禪定都獲得自在，並且都具足了八解脫。你的意下怎麼想呢？像這樣的大施主，他所得的功德難道不是很多嗎？」】

講義：這個譬喻的內容很長，所以我們分成段落來說，先來講這一段。爲什麼　世尊要說譬喻呢？就像《阿含經》裡面常常說：「智者以譬喻得解。」如果是有智慧的人，當他聽不懂時，你用譬喻告訴他，他就可以理解你在告訴他什麼道理。如果不必用譬喻，就知道你在告訴他什麼道理，那個人要叫作什麼者？（有人回答：智者。）怎麼同樣是智者呢？剛才是說「智者以譬喻得解」，那如果不必用譬喻，直接講了他就聽懂了，那叫什麼者？（有人回答：勝者。）勝者？可是勝者不一定有上妙智欸！所以應該像六祖說是「上上智人」；因爲不必講譬喻，他一聽就懂了。上上智人很厲害，他才一來到　佛前，佛陀爲他說了一些法：「施論、戒論、生天之論，欲爲不淨，上漏爲患，出要爲上。」隨即爲他解說：「三界眾生的五蘊都是無常、苦、空、無我。」他當場得法眼淨，就向　佛陀請求：「我可不可以在世尊您座下出家、修行？」世尊就說：「善來比丘！」當下鬚髮自落，袈裟著身，得大阿羅漢果。這就是上上智人啊！

那麼，也許有人心裡面想：「豈有此理！才講這麼四個字，他就鬚髮自落，袈裟著身？」假使有人這麼懷疑，那我就要請問了：「汝喚什麼作鬚髮？」你該把「鬍鬚」跟「頭髮」叫作什麼？叫作煩惱！男人有個煩惱，就是出門前一定要刮鬍子，所以你們不必想就知道我都在哪一天刮鬍子。我要來講經時就一定得要刮鬍子，可是如果不必來講經呢？例如我過一個年，十來天都沒有刮鬍子，長得好長。可是一出門就一定要刮乾淨，這就是男人的煩惱。那麼女人的煩惱呢？出門時一定要照照鏡子，整理儀容；而且還要用到梳子，頭髮第一重要，不能披頭散髮。那麼這不是煩惱嗎？是啊！所以鬚髮就引用來代表三界愛的煩惱。

所以當他得了法眼淨，請求出家的時候，世尊說：「善來比丘！」意思就是說：「來得好啊！比丘！」經中說這樣就「煩惱頓息了」，「比丘」就是煩惱頓息的意思；也有人解釋說：「比丘就是精勤地修習，斷除煩惱。」所以譯作「勤習」，其實也可以是煩惱頓息。既然他這一聽，心想：「欸！世尊說我來得好！」「善來」就是來得好，就說他「煩惱頓息」。他就在「善來、

煩惱頓息」的開示下，悟得如來藏而當場轉依了，那你說他怎能不頓息煩惱？他原來只得法眼淨，知道五陰無常、苦、空、無我，那只是獲得初果的見地，只有法眼淨而已。當他決意要出家，表示他已經心得決定，確定要棄捨三界法，這眞是上上智人，所以想要棄捨三界法。那他既然求出家，要棄捨三界法，世尊就這麼四個字告訴他，翻譯過來就叫作：「**來得好啊！頓息煩惱。**」於是他的三界愛煩惱頓時息滅了，因爲 佛陀這麼推了他一把，只用這四個字推了他一把，所以當時下定決心，把三界愛當下就斷了。也就是說他當下就成爲大阿羅漢了，其實這類人全都是菩薩跟隨 世尊再來人間，聲聞人不懂他其實是在那時回復往昔所證的如來藏，只知道他當場成爲大阿羅漢。

那麼請問你們：「**大阿羅漢是出家人？還是在家人？**」（有人答：出家人。）對啊！他都已經出三界家了！還沒有資格稱「出家人」哦？當然有資格啊！所以，他既然是眞正的出家人，即使他還是鬚髮很長，也依舊穿著世俗法中很潔淨的白衣，可能衣服上還有種種的刺繡裝飾等等，但他已經是個出家人了！那他就是比丘啊！隨後再去剃髮以及換穿壞色衣，都只是一個過程而已，只是接著把出家表相完成而已。所以「**善來！比丘！**」的當下，他明心證悟、把三界愛給拋棄了，成爲大阿羅漢，那他就是出家人了！他既然是出家人，不管他穿什麼衣服，他身上穿的都叫作袈裟，所以說是「袈裟著身」。哪一天你去到禪三道場，當你破參了，假使能同時也把三界愛全部捨了，當下證得第四果，即使你穿著名牌衣服，那也是袈裟。所以「鬚髮自落，袈裟著身」是這麼解釋的，這當然是可能的啊！

因此這一個大功德是從哪裡來的？從你能否信受，能否如實履踐，心得決定而得。因此，如果心中沒有隨喜之心，換句話說，心中老是抱持著懷疑的態度，那麼他不但無法實證「此經」，連隨喜的功德也不會存在。但是話說回來，這部《妙法蓮華經》的宗旨以及函蓋面，是圓滿了一切佛法的；所以展轉到第五十次聽聞而產生了隨喜心的人，那個功德依舊是無量無邊廣大的。不要去懷疑這一點，因爲佛法所說不是哲學，也不是玄學，佛法是可以實證的；現代學術界把佛法扯到哲學與玄學去，確實有一點遠；但我說其實不遠，因爲哲學與玄學也是佛法中的一小部分。

要是有人不信的話，我們便簡單講一下。哲學與玄學從哪裡來的？是誰想出來的？是由你十八界裡面的誰想出來的？正是意識嘛！意識是十八界之一，在不在佛法中？（有人答：在。）不可能跳出佛法之外啊！那哲學與玄學是意識想出來的，歸意識所攝；而意識呢，又歸佛法所攝，那麼哲學與玄學不也是佛法中的一小部分嗎？是啊！那麼再從法上來說，哲學與玄學，咱們就把它定義爲五位百法中的五十一個心所法裡面的一法，叫作邪見。邪見算不算佛法？算嘛！怎麼不算？邪見就是五位百法裡面的一法，怎麼不是佛法？

那麼我爲什麼把哲學、玄學定義作邪見？咱們先講一講玄學吧！在台灣佛教之中最有名的，也是佛門裡的玄學，就是釋印順寫的書裡所說的「印順思想」。由於大家都弄不懂釋印順書中在講什麼，所以每年要舉辦「印順思想研討會」，研討的結果還是誤會了印順的思想。那我們只要辦了一屆「印順思想研討會」，就把他全部的思想弄出來給大家看，結果我們竟然比釋印順還要瞭解釋印順，因爲釋印順也不知道他自己思想的全部內涵，他連自己書中自相矛盾、前後相違的無數說法都沒有發覺，而我們把他的全部內涵一一都提列出來了。

可是他那個東西，對我來講都不是玄學；對我們這些老師們來說，也都不是玄學；因爲他的書中有多少內涵，我們的老師們把他的書翻一翻，可就全都摸清楚了，也把釋印順自己沒有發覺的各種疑訛都給指出來辨正一番。可是對於一般的佛弟子而言，釋印順的書中思想眞的要叫作玄學，因爲釋印順書中所說大部分是前後矛盾、自相牴觸而使他們讀不懂，所以他們每年要舉辦「印順思想研討會」，企圖弄懂它；但他們這樣子每年研討而且研討了二十年，都還研討不出一個正確的結果來。而他們研討的結果弄出了論文來，都還誤會了印順的思想；所以釋印順在書中所說的都是思想而不是實證，更不是正確的佛法，對於一般凡夫而言，當然眞的要叫作玄學，讓那些六識論的凡夫大師們不論怎麼讀都讀不懂。

那麼哲學呢，譬如說尼采，或是黑格爾，還有什麼人？我都忘光光了！我學生時代好喜歡讀那些東西，零錢存久了都不是去買東西吃，營養不良所以身體就這麼瘦瘦的！零錢存了就是去買那些東西來讀。我們以前那個年代，後來很流行的一種叫作存在主義；還有一本日本的那個什麼？書名叫作《冰點》，《冰點》也類似哲學。你們大概都沒聽過這些近代哲學類的書。（有些人回答：有！）有哦？那表示你們有年紀了，才會聽過啦！（大眾笑⋯⋯）年輕人都沒有聽過。我年輕時不讀學校裡的書，就是專門愛讀那些東西。

可是從哲學裡面想要探究生命的眞相，一定探究不出來。所以《天地一沙鷗》在描述什麼？「我思，故我在」啊！叫作存在主義等等。那些哲學的探究，到最後有沒有結論？結果是沒有！頂多就是落入識陰境界中而成爲思想，最後有沒有辦法使一些哲學家們互相取得共識呢？也沒辦法，大多是各說各話。在各說各話之中，由於同樣落入意識而在世間法中打轉，互求名聞利養，所以我承認你，你也承認我。這眞的好奇怪！各人講的不一樣，往往又是互相衝突的，怎麼可以互相承認呢？所以那些哲學思想，我就定義是邪見！

至於玄學當然也是邪見啊！他們說一切大地、一切眾生、一切動物都是造物主所創造，或者說是天公所生的，或者說是窈兮冥兮其中有精能生萬物，說爲太極，或者說爲上帝、極微、冥性、祖父、大梵天，說是這些東西可以誕生宇宙大地及有情眾生；但這些說法能不能證明所說眞實？都不能。那就是邪見！表示它們都是虛假的妄想。

關於造物主，可以分成很多種，例如大梵天，婆羅門教把他叫作祖父；

也有宗教說是上帝，有的說是主阿拉等等。有的外道把造物主想像作冥性，依冥性建立二十五諦，就叫作冥諦。有的外道就說：「其實是四大演變而產生了眾生。」那就叫作四大極微派的外道，也是物能生心的大邪見。所以什麼樣的邪見都有，而他們的理論也都是不可證實的，都與哲學一樣沒有辦法重複地、再三地被人驗證。不能重複再三驗證的思想或學說，不符實相，就叫作邪見，因爲那只是妄想施設。

所以我們弘法最早期時，有人質疑說：「你們正覺說自己開悟了，有沒有辦法再三地驗證？」我說：「可以啊！所以我悟了，跟我學的人一樣也可以證悟啊！然後他悟了以後將來也一樣有能力幫人家證悟，可以再三地驗證。」這個法從 佛陀傳下來到現在，就是一代又一代都可以再三驗證；而驗證的結果都是同一個內涵，這樣才不是邪見。至於玄學之所以「玄」，就是讓你摸不著邊，也無法證實，大家弄不清楚，就不敢評論它。「玄」的意思就是烏漆墨黑，什麼都看不見，讓你完全弄不清楚，所以叫作玄！因此玄學是什麼？就是讓你永遠弄不清楚的學問，窮盡一生精力研究也一樣弄不清楚，這才叫作玄學。

所以有人專講一些奇奇怪怪的東西，就是要讓你弄不清楚；當你弄不清楚，其實他們自己也弄不清楚，那它就是玄學，你就可以封他們一頂帽子：玄學專家。如果他們還不知道你這樣子是在罵他，可就夠笨啦！所以哲學與玄學都是邪見，但哲學與玄學之目的，是想要探討什麼呢？也是想要探討宇宙與生命的本源啊！但是他們永遠都沒有辦法瞭解。可是《法華經》把一切有情的本源、一切三界六道的本源、一切佛世界的本源，全都告訴我們，只是難知。《法華經》就是把三轉法輪的所有經典收攝回歸「此經」，也就是回歸如來藏心；然後再從事相上面把諸佛世界作一個概略的陳述，這樣來圓滿整個三轉法輪的一切法。

所以「此經」實在是太勝妙、太華麗、太莊嚴、太廣大了。如果你聽聞之後心中生起一念，只要一念就好，過後就忘也沒關係；只要有一念隨喜，心裡想：「這部經中說的法義眞是太好了！」那麼未來世只要一聽到「法華經」三個字，或是聽到「妙法蓮華經」五個字，心裡就會跟它相應，就永遠不會成爲二乘人或者世俗人，就會開始一世又一世去發起你的菩薩性，以後再也不愛樂聲聞法、緣覺法，就只愛大乘法。這個功德非常大，因此要講這個隨喜的功德。

因此在聽聞《法華經》時，最忌諱的就是心中不斷地懷疑：「眞的嗎？」聽到哪一段又是心想：「眞的嗎？」就這麼三個字從心中出現了，都還不必嘴裡講出來，隨喜功德就喪失了。本來有很大的隨喜功德，就因爲這麼一念生疑而不是一念隨喜，功德喪失了，好可惜喔！因此要常常懂得隨喜善法、正法，不隨喜外道邪法。那麼〈隨喜功德品〉告訴我們的道理，主要就是在這個地方。

彌勒菩薩摩訶薩向 世尊稟白說：「如果有善男子或者善女人，聽聞這部《妙法蓮華經》，心中隨著他的所聞而生起歡喜心，這樣的人可以得到多少福德呢？」前面講的是較高層次的能受持、能爲人演說，進而能夠修學六度等等，那福德、功德太大了！但是現在從另一個層面來校量這個福德，校量什麼人的福德呢？正是聽聞而隨喜的福德。爲什麼刻意要這樣校量，來顯示隨喜的福德也無量無邊？是因爲《法華經》的所說，是可以實證的，不是名言施設，所以《法華經》之所說並不是玄學，因此隨喜就會有大功德，何況能夠受持、讀誦、如實修行、爲人解說呢？《法華經》所說絕對是義學，是可以親證，也可以再三驗證的。因此刻意要說明的是：這部《法華經》，三世諸佛都會這麼說。

將來諸位成佛三轉法輪圓滿了，即將捨壽前，同樣要這樣演講《法華經》，差別只是講得廣寬或者因應當時狀況而有一點改變而已。譬如說，你若是人壽八萬四千歲的時節來人間成佛，那麼你講《法華經》可能要講一百年、兩百年，每天都講而且講上一、兩百年。如果是人壽百歲少出多滅的時節，你講《法華經》時，可能每天講，只能講上幾天，而以長劫化入短劫的方式來講，才能講得完；差別只是《法華經》的內涵講得多與講得少而已，講得多就是講得更深細、更廣泛，可是所要講的內涵是一樣的，主要的內涵是無差別的。爲什麼包括諸位將來成佛以後也要講「此經」？因爲祂是可以實證的，而且是函蓋三乘菩提的，要在這部經裡面全部收攝圓滿。所以聽聞這部經典時不要心生疑念，要生歡喜心，隨著所聞念念歡喜，因爲這是實證而且是極爲勝妙的法。

彌勒菩薩就是要爲大眾開啓這個修集善根、福德的因緣，讓大家可以在《法華經》上面生起隨喜心，獲得廣大的福德與功德。彌勒菩薩認爲所問的這個隨喜功德是很重要的，所以不能問了就算數，還要以重頌再講一遍，來加深大眾的印象，因此他才要以重頌這樣子再問一遍：「世尊滅度後，其有聞是經，若能隨喜者，爲得幾所福？」這表示說：「這個隨喜的事情是很重要的，大眾不要輕忽了，所以我要用偈重新再問一遍。」這樣大家再聽一遍以後就有深刻的印象了。

這時 世尊就得開示了，那麼 世尊開示前的這句經文先說「爾時佛告彌勒菩薩摩訶薩」，彌勒菩薩當然是摩訶薩，當然不是小菩薩。小菩薩意味什麼？意味他什麼都不懂。假使有《大悲懺》、《法華懺》、《梁皇寶懺》、《三昧水懺》時，有很多人習慣上會帶著小朋友一起參加，大家見了都會說：「喔！小菩薩！你好可愛，你今天要乖一點哦！來來！我給你餅乾。」如果你對著其他同修說：「喔！你今天要乖一點，來來！我給你餅乾。」（大眾笑…）他會怎麼樣面對你？一定給你白眼。可是那小菩薩，當你這樣對他們，稱呼他們說：「小菩薩！給你餅乾，你今天要乖一點。」他們很高興，這表示他們什麼都不懂。

那麼，摩訶薩就表示他已經都懂了；雖然摩訶薩的層次，老實說，層次高低相差很多，同樣都叫作聖人，可是聖人的品位也眞的是千差萬別呢！你看二乘初果人就叫作聖人，可是二乘人修到阿羅漢位，迴心來到大乘別教法裡面，都還不能叫作聖人。假使他成爲阿羅漢了，可是他都沒有修過六度，往世都沒有修，對不起！還是讓他從布施度開始起修。甚至於定性聲聞——不迴心阿羅漢，連第十信位都還排不上呢。因爲他對大乘三寶的信或者意樂都還不具足啊！同理，摩訶薩的定義層次眞的差很多；你看，這樣的阿羅漢在大乘別教裡面還排不上班喔！所以論班排序，他還排不上；但是他一旦修完六度而且明心了，常住第七住位不退，那就叫菩薩摩訶薩了。所以你看，才七住位也叫作摩訶薩，眼見佛性進了第十住位也叫作摩訶薩，入地了也叫作摩訶薩，八地菩薩一樣叫作摩訶薩；到了 彌勒菩薩的階位已經成爲妙覺菩薩了，也是摩訶薩。

所以摩訶薩代表什麼？代表有了般若智慧；在大乘菩提中已經有所實證，至少可以自稱三德子。爲什麼加「子」，子是表示很小嘛！例如種子，大家一聽是種子，知道那就是小小的一顆。三德子，表示說他才剛剛有一點智慧。然而三德子卻是菩薩摩訶薩才有資格自命的喔！還沒有悟的人可不許自稱「三德子」。所以我說清朝皇帝是什麼都不懂，只懂得樂空雙運，能懂什麼佛法？還把他的太監叫作三德子，其實一德也無啊！

然而菩薩明心不退了，就有少分的三德。隨著悟後繼續進修，三德就越來越多；所以不迴心大阿羅漢也沒有辦法被稱爲摩訶薩，因爲他對佛法是十竅通了九竅（有人說：一竅不通。）對啊！你們知道是什麼意思；可是一般人聽了，可能一時反應不過來就想：「那他還不錯欸！他只有一竅不通。」（師與眾笑……）等到他這句話講出來，突然想通了，才知道說：「哎呀！我錯了！原來是連一竅都不能通。」所以摩訶薩的層次，高低之間差異非常非常之大呀！

但是不管差異多麼之大，只要經中一說到摩訶薩，你不要隨便評論就對了。只要有人自稱證悟了，而他能夠如實把般若顯示出來，就不要隨便評論他了；除非他妄評其他的摩訶薩，表示他不是眞正的摩訶薩。這就是摩訶薩的……應該叫作什麼呢？就是規矩。所以假使哪一天你修到了八地，看見一個十住菩薩、十迴向菩薩爲眾生說法時，你會發覺說：「哎呀！這裡也講錯，那裡也講錯。怎麼會有那麼多的錯？」那可不只是連下三錯，而是要連下九錯。因爲九是最多的數字嘛！可是你會不會講出來？你絕對不會講他有什麼錯，這就是摩訶薩的規矩，都是爲了崇隆佛法。

所以，如果我要說明哪一些大師悟了以後，他有哪一些地方講錯了，其實有很多地方可以說的。不論古時或今時的大師都一樣啦！但是我們不講，因爲我不講時就可以讓眾生對般若的勝妙生起隨喜之心，那麼這樣子正法才可以垂之久遠。也因爲這個緣故，所以有些佛寺裡面牆壁上會貼著標語，只有六個字：僧讚僧，佛法興。有沒有看過？有嘛！也就是說，只要人家沒有誤導眾生，雖然他說的法有一些地方錯了，你就不必四處去幫他張揚，因爲他畢竟功大於過；除非他是把正法亂扯一通，黑的講成白的，白的講成黑的，結果弄到不黑也不白，偏偏又不是中道，變成灰色了。你就知道他誤導眾生有多嚴重，那你當然要提出來講，這叫作救護眾生、護持正法。

所以摩訶薩的規矩是，同樣是證悟的摩訶薩，所說的法能利益廣大眾生；雖然其中也有錯誤，而我們不要明說他們什麼地方講錯了。原因是如果大家都要這樣講的話，那 彌勒菩薩說法的時候，佛陀就要當面指責說：「欸！不對！你這裡講錯了，你那裡又講錯了。」那他還怎麼繼續說法？那他也別想成佛了，他一定想：「我這裡也講錯，那裡也講錯，我看再過幾劫才成佛吧，現在要成佛都還太早。」就是會這樣啊！所以大家都不能這樣作，這就是摩訶薩的規矩。

所以呢，如果我們有的同修為人家說法，後來傳到我這裡說：「他這個錯了、那個錯了。」我說：「你不要再講了，因為他說的那一些法，對那些聽聞者來說是正確的。你知道他錯了，是因為你的證量比較高嘛！那你什麼時候該去改正它？當他寫了出來，你預備要為他刊登出去的時候，再幫他改正就好了。」所以摩訶薩有這個規矩，不評論其他的摩訶薩。如果是在佛陀說法的法會上，另當別論；因為這是大眾聚集的場合，所以如果在法會上有什麼地方講錯了，他自己也不會堅持己見，大家互相討論，然後佛陀作了最後的裁決，大家就歡喜信受奉行。因此摩訶薩這個規矩諸位要記得，讓它成為你心中的種子。除非有人把古時證悟的菩薩所說的部分錯誤內容，取出來否定你現在所說的正確內容，並且很堅定地否決你所說的正確的佛法，否則你原則上是不應該評論證悟者的。

那麼這時 佛陀告訴 彌勒菩薩摩訶薩說：「阿逸多！」也就是「慈氏啊！」

呼喚名字以後就說：「如來滅度了以後，如果有比丘、比丘尼、優婆塞、優婆夷，」這是指佛門四眾；這四種人屬於佛門中人，如果有人還沒有進入佛門，就不屬於這四種人。優婆塞、優婆夷就是三寶弟子中的在家二眾，比丘、比丘尼則是佛法裡面的出家二眾。接下來說「及餘智者」，表示說，還有其他有智慧的人，他們是有基本的智慧，懂得邏輯，知道分辨是非善惡，這樣才是「及餘智者」。

有許多人是表面上看起來很有智慧，但本質卻是愚癡的；也就是說他們很伶俐，口才也非常好，反應也很快；可是到處都不得人緣，因爲太聰明，太會分別、太會計較，所以出口傷人；然後傷了人還不知道，所以終其一生作什麼大事都失敗，只能成功小事，我才說他們叫作愚癡人。可是有的人講話結結巴巴，作事情也不是很伶俐，但你給他時間去作，他都作得成功，這反而是有智慧的人，所以才叫作大智若愚！所以這裡講的智者，我就給他一個名字，叫作「若愚」。

像這樣的有智慧者，在人間有很多種啊！有的年紀很大，有的年紀還很小，但是他們有智慧；當他們—這一類非佛門中人以及前面說的佛門四眾—

聽聞了這一部《法華經》之後，心中生起歡喜心來，從這個說法的聚會中出來而到其他地方去了，不論是在僧衆的寮房中，或者在寮房外面的空閑之地，乃至於到了城市、聚落等處去爲人轉說，這功德都是很大的。然而他的功德之所從來，他的福德之所以能在後世產生，原因是什麼呢？就是「聞是經」而隨喜。

那麼這部經典，諸位當然都知道我要講的是什麼，就是「此經」如來藏。因爲咱們正覺三句不離本行，自始至終就是講如來藏。假使聽聞「此經」的時候只是在語言文字上聽，只是在經本的文字上讀，而不是讀眞正的「此經」，那麼他縱然有隨喜，那福德雖然大，比起實證者聽聞「此經」，還是非常非常渺小的。再回頭來說，所聽聞的「此經」是眞正的妙法、眞正的蓮華，縱使尚不能夠親證，那麼他隨喜的福德與功德就很偉大了，只要心中隨喜就有大福德、大功德。

還記得嗎？這部經典我們剛開講的時候，說明什麼叫作「妙法」、什麼叫作「蓮華」？這跟這一段經文所講的意涵是有關聯的。你所聽聞的「此經」一定既是妙法、也是蓮華，這才是眞正的「此經」。「妙法」是說萬法之所從來，所以由於證得此法，就能衍生出無量無邊妙法，這才會被叫作「妙法」，除此而外就沒有妙法可言。聲聞、緣覺法，雖然能使人出得三界生死，依舊不是「妙法」，只有能生萬法的「蓮華」才能說是妙法。

「蓮華」在告訴我們什麼？告訴我們說，這是遍於三界六道一切有情五蘊身中都存在的清淨法、本源妙法；不管他們是在色界、無色界，也不管是在人間或地獄中，只要是有情就都有這「蓮華」存在。三界是個大染缸，但正是因爲這樣污染的地方，才能有這樣一朵「妙法」的「蓮華」開敷出來。如果要講清淨，三界外最清淨，可是三界外無法顯示這種「妙法」的「蓮華」。這個妙法之花不可能顯示在三界外，因爲妙法能夠顯示出來，如同清淨而且非常莊嚴的蓮花，要以三界的污染作爲吸收養分的來源。

如果出了三界那麼清淨，還能有有情眾生嗎？三界外會有有情眾生嗎？（有人回答：沒有。）那麼三界外既然沒有有情，就不可能有蓮華開敷出來而被有情看見，所以「妙法蓮華」一定要在三界中尋覓，特別是在人間尋覓最容易。用三界愛去灌溉祂、滋長祂，就會繼續受生在欲界的人間，祂就最分明示現。欲界愛不是最染污的法嗎？正因爲欲界中有許多的染污法，最容易實證。而你三大無量數劫都不離開三界，如此修行，這一朵「妙法蓮華」才能具足開敷啊！三賢位的明心，那蓮花還只是在水面下呢！開敷的時候叫作什麼？大聲一點吧！（導師以閩南語講。）就是成佛啦！所以說，所聞的「是經」，必須是「妙法蓮華」；如果是依文解義，就不能叫作「妙法蓮華」。如果只是依字面的意思來說明這部經典的意涵，那也不能叫作《妙法蓮華經》。

如果所聞的是眞經，眞正是「妙法蓮華」，那麼從法會出來時；我說的是「法會」喔！「法會」，一般佛教徒都說是弄了梵唄、大磬、木魚，在那邊又唱又誦的，就說那叫作法會。但在佛世，沒有這種法會；在佛世所謂的法會，就是說法時的聚會；所以如果要眞正嚴格的定義〈金剛懺〉、〈法華懺〉，還有〈三昧水懺〉、〈梁皇寶懺〉，那都只能叫作讀誦懺文以及懺悔禮拜，不是眞正的法會。可是說讀誦，還有一點高抬它的身價，因爲那又不是整部經典從頭到尾來讀誦。如果是依「此經」來講「讀誦」，那可是證悟後的事啊！所以他們那個法會也不能說是這裡所講的「讀誦」啊！糟糕了！到這個地步，要說它是什麼？說他們是唱讚、懺悔吧！這樣應該比較恰當，所以那都不能叫作法會啊！因此說，對於法會的定義，還是應該回歸到 佛陀那個年代的定義，叫作說法的聚會。

有人聽聞眞正的《妙法蓮華經》這部經典，從法會中出來之後到別的地方，不論是到什麼地方去，隨著他所遇到的人，就爲人家轉述演說。那麼請問你：「聽聞之後隨喜而爲人演說。」這還不一定是要實證的喔！只是聽聞之後（當然他所聽聞的是眞實的《法華經》，不是依文解義），然後心中生起歡喜心，離開了法會而爲別人演說，隨著他所能理解的去爲人演說。這一個人的功德還是太大了，大到很難形容，所以 世尊接著還要再講譬喻。

因此接著就說，這一些聽聞他轉說眞正《妙法蓮華經》的父母、宗親、善友、知識等人，他們聽完了之後，善根也很好，心中也同樣生起歡喜之心，也想要爲人家演述，所以這一些人去轉述以後的那一些聽眾，也隨著所聞又同樣生起了歡喜之心，也爲人家轉述，也爲人家教授；如此轉說，展轉而到了第五十個人時，佛陀正要說明這第五十位展轉聽聞而生起歡喜心的人，他的福德有多大。那麼從這裡，我就要推回來說：第一位聽聞了《妙法蓮華經》的人，他還沒有實證「此經」，他所轉述的內涵比原來的講者差了多少？一定差很多嘛！那麼原來的第一位講者的功德與福德，究竟有多大？

譬如說，世間人爲了賺錢，把一桶牛奶賣給兩個人，那兩個人買了回去，每一個人都有半桶牛奶，但他們各自加水加到滿桶，又去賣給別人；向他們買的人也都各買半桶回去，也都再加水滿成一桶再賣給別人，這樣次第加水轉賣到第五十個人時，你喝起來感覺如何？啊？差很多！可是我告訴你：「仍然有奶味！」（大眾笑…）你要是不信的話，回去作實驗，用一杯牛奶，倒掉一半再加水，再倒一半出來，再加水滿杯，再倒一半以後再加水滿杯，一直弄到第五十遍時，還是會有奶味。雖然差很多了，也還是有奶味。現在佛陀講的就是這個人，已經是展轉聽聞到第五十遍的人，他聽聞了還是生起隨喜之心，那他的功德依舊是很大的，功德大到什麼地步呢？這得要用另一個譬喻來解釋這個譬喻了！

另一個譬喻是說，另外有一個人，既有錢財，又有智慧，而且長壽，他對四百萬億無量無數世界裡面的六道四生等一切眾生，不論是哪一種眾生：卵生、胎生、濕生、化生，有形、無形，有想、無想、非有想非無想，無足、二足、四足、多足，凡是屬於眾生，只要有誰來求福，他就隨著他們的所欲，看他們怎麼樣可以日子過得快樂，想要什麼就全部送給他。然後對於人間每一眾生，也就是對每一個人類，都給他們遍滿閻浮提這麼多的金、銀、琉璃等等七寶，還加上象車、馬車以及七寶所成的宮殿樓閣。這樣的布施夠廣大了吧？有史以來還沒有誰能作得到呢！因爲你光是要這一些珍寶放滿台北市就作不到了啦！何況是遍滿閻浮提？這哪有可能？所以說是譬喻。

就像這樣的大施主，整整布施八十年，這福德又更大了，然後他想：「我已經布施給眾生那麼多的娛樂之具，而隨著他們心中所想要的，全都布施給他們了。可是八十年後這些人都已經年老了，都超過八十歲，頭髮全白了，顏面也已經布滿皺紋，距離死的時候已經不會很久了，我應當用佛法來訓導他們。」就把這一些眾生都聚合起來，爲他們宣揚、爲他們開示出佛法的內涵來教化他們，這樣開示、教導、利益他們，讓他們實證而生歡喜，使他們每一個人一時之間就證得初果，然後接著又證二果，接著又證三果，又證四果，所有人都能夠出離三界生死，這還只是慧解脫；「接著還教他們於深妙的禪定都得出入自在，」就是成爲俱解脫，「使他們都具足了八解脫。」

那麼 世尊這時問 阿逸多：「你的意下怎麼看待這件事情呢？這位大施主的功德難道不是很多嗎？」諸位先別急著答，先暫時表過。因爲要校量功德時，還得要依後面的經文來校量才會如實知道。我們且先回來談，假使有親聞眞正的《妙法蓮華經》，是應該先爲父母說才對，因爲父母深恩難回報啊！所以先爲父母說；說了以後，跟自己有親屬關係的宗族裡的親眷說，因爲能夠成爲親眷也是很深的因緣才能成爲這一世眷屬的；接著再爲善友而說，可不是惡友喔！可是善友臉上不會寫著「善」字，惡友臉上也不會寫著「惡」字，那你要怎麼分辨？就得細心觀察了。

凡是正直的心，心地正直就是善友，他不會扭曲；那麼對善友講完了，最後才去跟其他的知識講；知識就是互相認識的人。但若從懂得很多的層面來講知識，你跟這麼多人講過也就比較會講了，另一方面所謂的「知識」是不肯隨便相信別人的，因爲他平常就在爲人說法了，你若是先爲他講解，他怎麼可能聽呢？所以應該有這樣的次第，先爲別人講，把法義更通達了再爲這類知識演說。然後隨力演說完了，這些人接著再去隨喜轉教，展轉到了第五十個人得以聽聞，雖然這時「妙法蓮華」眞正法義的成分已經變得很淡薄了，仍然不失其「妙法蓮華」的味道，仍然還是有「妙法蓮華」的餘味啊！一定還會剩下一些味道在。只要那第五十遍轉述而聽聞的人，對於能生萬法的「妙法蓮華」能夠生起喜心，他在未來世就一定會是菩薩，他就不會是聲聞、緣覺，所以他隨喜時的福德很大呀！

那麼福德到底怎麼大呢？這個先且按下不表，回來說這四百萬億無量數世界六趣四生的眾生數目到底有多少？單單一個地球你就算不完了，何況是一個娑婆世界？更何況是四百萬億無量無數的世界？這些眾生真的無法想像；這是對於這些難以計數的眾生，不是只有針對人類喔！卵生，諸位都知道，那麼胎生諸位也知道，濕生呢？凡是在水裡出生的就叫作濕生。那麼化生呢？就是變化而生；剛開始是蠶，後來結繭變蛹，然後羽化而變出為蛾，這一類都屬於化生。那麼化生，其實這卵胎濕化也很複雜，往往又是互相含攝的，這裡只是從最表相來說。例如蜻蜓下了卵是在水裡，後來卵在水裡孵化了；但牠下了卵在水裡，正下的時候是不是要叫作卵生？是啊！那牠孵化了以後在水裡生存，又是濕生；可是牠因為長大以後爬到樹上去入眠，好像變成蛹一樣不動，然後變化而出生了，又有翅膀又可以飛，那你到底要算牠是哪一生？所以只能從一個表相來說。因為這卵胎濕化其實是有互相含攝的意涵，那我們且不談它；就說這四大類的眾生，這是屬於在人間的。

那麼有形與無形，凡是色界以下都叫作有形，因爲都有形質啊！所以人類是一個軀幹一個頭，有兩隻手、兩隻腳，這就稱爲人。那麼天人也叫作人，只是他們生在天上，所以天人的形相跟咱們一樣不一樣呢？一樣啊！只是比較勝妙、比較高廣而已，依舊一個軀幹一個頭，有兩手、兩腳啊！那麼除了人與天之外，接著三惡道的有情、阿修羅有情，也都是有形的啊！所以說從色界以下都叫作有形。那麼無色界呢？無色界天中只有受、想、行、識，沒有色陰，所以他們是無形。

至於「有想、無想」，佛說「想亦是知」，三界六道之中有沒有眾生是無知的？如果談到眾生，大家一定會說：「怎麼可能眾生是無知的？」那麼有知的就叫作有想。佛在《阿含經》中說「想亦是知」，知就是想陰裡的一種；凡是有想就是有知，所以在《阿含》裡面，或者在阿羅漢寫的論裡面，有時他們不叫作無想定，他們解釋爲無知之定。四禪八定裡面難道都有知嗎？我跟諸位講，還眞的有知。

談到四禪八定，就知道佛教界有很多人都混淆了；在正覺同修會出來弘法之前，大家都弄不清楚，因爲四禪八定中有說「有覺有觀、無覺有觀、無覺無觀」。於是有人誤會了：「嗄？什麼？定境中是無覺無觀喔！那是不是悶絕了？」不然！因爲定境所說的覺觀是相對於五塵來定義的覺觀，所以在未到地定裡面是可以離開覺觀的——離開五塵的覺觀，那麼他就是住在很深的未到地定中。一直到他把五蓋降伏了，才能發起初禪。那麼他在未到地定之前，都是有覺有觀，對五塵都了了分明。接著修六妙門數息法，然後可以住入深的未到地定裡面，使他離開了五塵；但他仍然不能稱爲無覺無觀三昧，也無法稱爲有覺有觀三昧。因爲他還未到達初禪地，他只是對於五塵被動地不領受，其實還是觸五塵，只是不領受而已，所以他不知道剛才打坐的時候發生了什麼事。

這樣子經過了未到地定，降伏了五蓋，終於發起初禪；發起初禪時又有覺有觀啦！爲什麼有覺有觀？因爲他在初禪的等持位中是六塵具足的；那如果入了初禪的等至位呢？也只是離開了香塵、味塵而已，所以對於五塵還有三塵的覺觀存在，所以初禪便叫作有覺有觀三昧。然後他超過了初禪，把未到地定撿回來繼續修持，不想領受初禪中的境界；繼續進修而更深入未到地定中，這時他對於五塵雖然還有接觸，可是他已經不起覺——不主動覺察五塵，只是被動地接受；然後不斷地深入未到地定，最後終於連觀也不存在了，連那個被動的接觸也消失了，於是他不接觸五塵了，所以稱爲無覺無觀三昧，這就是進入第二禪等至位了。

可是進人二禪定境中，他對於二禪定境還是清楚了知的，所以仍然是「有知定」啊！雖然稱爲無覺無觀三昧，卻是「有知定」。乃至他修到三禪、四禪，一直到無所有處定時還是有知，對於定境都有所了知，所以就叫作「有想定」，因爲都屬於有知之定。有知就是有想，這就是有想類的眾生。只要有知，他就是有想類的眾生。

也許諸位想：「奇怪了！怎麼可能是有情、是眾生而竟然沒有知？」有啊！到了第四禪時繼續進修，修到最後由於我見未斷而且誤會了涅槃，所以他把覺知滅掉，也就是把識陰六識都滅掉，進入無想定去，誤以爲那境界就是無餘涅槃的出三界境界。但進入無想定去，都還不是眞正的無想眾生，因爲他的色身還在人間，不必幾天就會出定而又有知有想，不是終其一生都無知。只有死後生到無想天中，一生之中都無知覺，直到無想天中的壽命終了時才會再度出現覺知，那樣才是眞正的無想眾生。

可是他執著那個境界，認爲他這樣就是入涅槃；好在他沒有公開跟人家說他已證得無餘涅槃，只是自己受用定境；所以死後他執著那個無知的定境，心想：「我死後要入那個無餘涅槃裡面去。」因此他就會不自覺地出生到無想天去了。在無想天之中仍然有行陰，他生到那裡去沒多久，發覺原來還沒有入涅槃，於是他在無想天中又坐下來進入無想定去了；他是把進入無想定當作涅槃，是以涅槃想就這樣進去無想定中了；因此是把自己的覺知滅了，入定以前他認爲那就是無餘涅槃。

所以四禪天的無想天裡面，你只會看到他們一個個都坐在自己的宮殿裡面，全都好像木雕銅刻的，都沒有覺知；你拿了引磬爲他敲，他也不會動，因爲他們的無想定都已過了第四禪的境界了，定力很深，六識也全滅了，所以整整五百大劫都無覺知。如果定力不很好而中夭，也許在無想天中存在二百五十劫；如果再更短壽，也許三劫、五劫，他又下來人間了。那麼長的時間過去了，全都是無覺無知的無意義境界，他能修到什麼法呢？什麼都沒有！就這樣把五百大劫或幾個大劫時光全都耗掉了，這就是無想的眾生。

接著還有一個非有想非無想處，也就是三界六道的最高等處所，再過去就不在三界中了。修學禪定的人，證得初禪、二禪、三禪、四禪、空無邊處、識無邊處，一直再修到無所有處，全都是有想的境界，都對定境有所了知的。那麼無想天是無想的境界，因爲無知無覺。可是非有想非無想天爲什麼要獨立出來另外講，而不含攝在無想定或無想天中？因爲它的特性跟有想、無想都不一樣。

也就是說，當他修得無所有處定的時候，他想：「我應該要出三界啊！那我應該怎麼修行呢？要怎麼取無餘涅槃呢？」他聽到人家解說佛法說：「想要入涅槃的人都應該瞭解呵！無餘涅槃中是絕對寂靜的，涅槃中是沒有色身也沒有覺知的。」所以他跟無想天人的認知不一樣，無想天人是說：「我把自已滅盡了，當我的六識都滅盡以後，我要留著四禪天身，不然就斷滅了啊！」所以他把四禪天身留著，因爲我見沒斷的緣故，就是《阿含經》中世尊說的凡夫修行人「因外有恐怖」。可是這一個人已經超過無想天人的色界境界，進修到了無色界的無所有處天，他想：「我要再怎麼進修才能證得無餘涅槃？色陰是虛妄的，很多劫以前我早就把它拋棄了，所以生到無色界來啊！可是在無色界裡面，識陰既然是虛妄的，而我所知道的就只有六個識啊！那我在無所有處定裡面，又不能把意識也滅了，如果把意識自己消滅了，那不是變成斷滅了嗎？我可不能斷滅啊！斷滅也不可能是涅槃啊！」所以他就想：「聽說涅槃是絕對寂靜的，是沒有六塵的。」所以他就從無所有處定裡面，想要再把自己對定境的覺知滅掉，卻又怕滅掉了變成斷滅空，所以他就不再了知一切法，把自己放空。

當他都不了知一切法的時候，其實覺知心的自己還是存在著，但因爲不了知一切法的緣故，所以連自己都忘了，誤以爲這時是無我的。這時他不知道自己還有覺知，只是因爲他不了知境界，所以就不反觀自己而不知道其實還是有知，誤以爲覺知並不存在了，當作是進入無餘涅槃中。他不知道自己這個知其實還存在，只是不會反觀自己罷了，就誤以爲是無知、是絕對寂靜，就是涅槃。因爲這時不了知自己而誤以爲是無知的境界，其實只是不反觀自己而不知道仍然有知，所以叫作非有想。他認爲是沒有想、認爲是沒有知了，可是實質上他的意識心還存在，既然意識心存在就一定有知，只是不反觀自己而不知道仍然有知；他只是誤會而已，意識心還在就不是無想，只是看起來好像是無想，也自以爲無想。就這樣合併起來稱爲非有想非無想，就是非想非非想天的境界。

這樣子說明了，卵、胎、濕、化，有形、無形，有想、無想，非有想非無想，諸位都知道了，接著就回到人間來看昆蟲或者其他的物種。無足，你們如果去郊遊看見了無足的就害怕了，沒有腳的有情反而令人覺得恐怖，因爲你無法分別說牠到底有毒或無毒啊！甚至於有很多人看見了鰻魚也會嚇死了！不知道牠是自己送來給人吃的，因爲看來好像是蛇，這就是無足的有情。可是有一種無足，好多人看了很喜歡，一天到晚要找牠來吃；找不到時就用釣桿拉起來，就是魚類啊！魚類有沒有腳？喔！所以你也把牠算是無腳的，但牠的鰭其實就是腳。但是原則上這裡是談陸地上的無足生物。所以無足的有情有很多種，泥巴裡面幫你耕耘的蚯蚓，也是無足啊！

那麼二足呢？這還要想哦？這你平常就看得見的，對不對？太多了。所以很多人見形起色，去郊遊看見樹上有一隻鳥：「啊！那鳥應該很好吃。」這就是見形起色了！二足眾生，人類也是二足啊！那麼還有四足的，那些畜生類就很多了，大家都知道，就不必多談。可是介於二足與四足之間呢？例如猴子、猩猩，就是介於二足與四足之間啊！所以牠們在樹上攀爬時，有時候看來是腳，有時候是當作手在用的啊！這就是介於二足與四足之間。那麼多足呢？啊？還有比蜈蚣更多足的，所以說：「百足之蟲死而不僵。」有沒有聽過？有一種大馬陸，身體好粗，又很長，長達一公尺，牠的腳密密痲痲，眞的太多了，也把牠歸類在多足裡面。總而言之，從步行蟲或螞蟻開始，六隻腳以上都叫作多足。

那你這樣算起來，這一些眾生多不多？（有人回答：多。）多啊！因爲有情眾生不是只有包括人類而已。如果有這樣多的眾生來求福，而他們所需要的，這一位大施主全都供給滿足。這個布施眞的是太廣了！除了這一些以外，對每一個來求財物的人類，都是給他遍滿閻浮提的金、銀、琉璃等等七寶，還有象車、馬車，妙珍寶、七寶所成的宮殿和樓閣。這眞是不簡單欸！因爲世無其人！你在世間找不到有這種人啦！這正是拿來作譬喻的最好例子。

這個大施主的功德、福德已經夠大了，然而　佛說這樣還不足以拿來與聽聞《法華經》而隨喜者的功德相提並論。佛說這個人不但這樣子作布施，而且整整布施了八十年，接著看這些眾生得到了一切「娛樂之具，隨意所欲」，但是年紀已經老大了，即將捨壽，所以要從佛法上面再來利益他們；這位大施主是用什麼樣的佛法呢？用二乘菩提解脫道的佛法來利益他們；所以把他們全部都召集起來，這當然要有很大的威德力才能全部召集來，那還得要有大神通吧！不然這些人數量太多了，你要怎樣為他們說法？現在這個實務就不討論它，只從理論上來說。

「集此眾生，宣布法化，示教利喜」，讓他們「一時皆得須陀洹道、斯陀含道、阿那含道、阿羅漢道」，這可不容易喔！這是讓他們聽聞他所演說的佛法之後「盡諸有漏」，滅盡了一切有漏法，這個功德夠大了吧！夠大了！可是佛陀說，這還不夠，還要幫他們「於深禪定皆得自在，具八解脫」，也就是同時在禪定境界上得到解脫。於定得解脫是什麼意思？就是對於禪定境界的障礙滅除了而具足得到了四禪八定，然後因為產生對於定境的執著，得要再幫他們把對於定的執著滅除掉，這叫作「八解脫」。

「於深禪定皆得自在」，不是淺禪定，淺禪定是指未到地定以下，包括欲界定在內。於深妙的禪定都能得到自在，表示說他要入未到地定時可以隨意進出，要入初禪時可以隨意進出，乃至要入非想非非想定也可以隨意進出，這叫作「於深禪定皆得自在」。得自在之後會怎麼樣呢？於那些定境就會產生了執著，那就不得解脫啦！本來是有定障而無法證得深妙禪定，現在排除了定障，證得深妙禪定之後，結果是執著禪定，所以要教他們修證「八解脫」。

「具八解脫」就是具足八種解脫於定境繫縛的智慧，就是說明有八種解脫於三界的境界。三界，把它區分成三個類別，第一個類別叫作欲界，於欲界不得解脫，就會在欲界中不斷地輪迴生死，所以他就永遠受生在欲界中流轉。但欲界裡面函蓋了人間、也函蓋了欲界天，同時也函蓋了三惡道，所以具足五趣六道。首先要擺脫於欲界，這就是第一個解脫，也就是證得初禪而有了第一個背捨——解脫於欲界、背捨了欲界境界。第二要解脫於初禪，想要解脫於初禪，是因爲證得初禪的人往往執著初禪的身樂，就會受生在初禪天中不得出離，所以要教他修背捨——應該背捨初禪，不被初禪的境界所繫縛，這就是第二個解脫。

第三呢，二禪與三禪是同一類的定境，二禪與三禪的定中覺受內涵是差不多的，層次也是類似，所以這兩個合在一起來教他背捨，這就有三個背捨，有三個解脫了。接著在背捨之後得了第四禪，得到第四禪以後，他心中又對四禪境界產生了執著，執著於四禪息脈俱斷的究竟輕安的境界，於是他又被四禪定境所繫縛。這位大施主於這些都有實證，都得自在，所以又教導眾生說：「你們要懂得棄捨第四禪，要背離、捨棄第四禪。」大眾隨著他修這個背捨，於是這樣就得到四種解脫，證得無色界定了。那麼八解脫講了四種，後面還有四種，時間又到了。

好，上週《法華經》講到一百五十八頁第三行：「於深禪定皆得自在，具八解脫。」好像八解脫還沒講完？（張老師回答：講了四個。）四個？好！「八解脫」上週略講了四個解脫，就是解脫於欲界，解脫於初禪，解脫於二、三禪，也解脫於第四禪。那麼今天要從這裡繼續講。

爲什麼證得第四禪以後，還要解脫於第四禪？第四禪的境界是外道五現涅槃所認定的最高涅槃，那爲什麼在佛門裡面連這個也要解脫掉？也要把它棄捨而背棄它？也就是要超越於第四禪。能背棄及捨離第四禪，才叫作解脫於第四禪的境界。在外道法中很常看見的說法，是他們自稱早就證得涅槃了！在　佛陀來人間示現之前，非常多的外道們早就自認爲證得涅槃，不在生死中了。然而涅槃並不是他們所能理解的，他們只是自以爲證。所以涅槃這個名詞不是佛教獨有的，而是 世尊在人間示現之前的很多外道就已經在唱說的。

那麼最常見的就是五現見涅槃，或者稱爲五現涅槃。那麼五現涅槃的內涵到底是什麼？我們把它作一個簡單的定位：就是沒有證涅槃。爲什麼說他們沒有證涅槃？因爲五現涅槃的內容都是意識境界，沒有超越於意識，當然都不是涅槃。

有一種外道說：「**我們現前在享樂的時候，不論是色聲香味觸的哪一種，正在享受快樂的時候，這個快樂的覺知是常住的，是不生不滅的。因爲不生不滅，所以叫作涅槃。**」那麼這種外道的現見涅槃就是享受於欲界的快樂。可是這種外道法後來滲入到天竺晚期的佛教裡面來，就是諸位所知道的密宗，佛學學術界稱之爲左道密宗，或者稱之爲坦特羅佛教，現代的翻譯叫作譚崔佛教，也就是雙身法的佛教。本質已經完全不是佛教，那本來是外道法，是外道的第一種現見涅槃；他們認爲說，涅槃是可以現前實證、現前看見的，當你正在享受快樂，這個快樂不生不滅，受樂的覺知心也不生不滅，這就是涅槃。不幸的是藏傳的所謂佛教，黃教的大師宗喀巴，他在《密宗道次第廣論》裡面也是這麼說的啊！所以他就是典型的第一種欲界涅槃外道，正是五現涅槃外道中的第一種。

那麼另外有一種人說：「你這個也算是涅槃啦！不過呢，你這個還是在欲界境界裡面，我們是已經超越於欲界了；我們是離生喜樂，不再生於欲界之中而得到了禪定的喜樂，這樣的離生才叫作涅槃，這才是不生不滅的。因為你享受五欲之樂只是一、兩個鐘頭，即使長達一天、半天也會過去啊！我們一入定好幾天，這才是常住的，才是不生不滅的。」這就是第二種的外道現見涅槃，依舊是意識的境界。

那麼還有一個人又來說：「你這個初禪裡面也算是涅槃啦！」因為他們都要當老好人，都不肯否定對方，否則對方會向他抗爭，就像我們正覺被抗爭一樣，所以他們也就說：「你這個也算是涅槃啦！不過我這個涅槃比你更高一點。我這個涅槃是離開五塵境界的，因為我住在這裡面是定生喜樂，不是像你的初禪中還有三塵的喜樂；我是五塵全都沒有了，你是五塵裡面還有三塵，所以我這個比你更高級。但你那個也算涅槃。」就算來算去都算數了！

然後另外又有一個人來說：「你這個二禪也算涅槃啦，因爲你是定生喜樂。但是我在第三禪中是身心俱樂，而且一入定可以比你更久，所以這才是不生不滅，這才叫作涅槃啦！不過你這個二禪定生喜樂也算是涅槃啦！」可是這不打緊，後面又有一個人跟著來，眞的叫作「螳螂捕蟬，黃雀在後」啊！這最後一個人來了說：「你在三禪中身心俱樂，也算是涅槃啦！但是我入了第四禪，息脈俱斷，就沒有害怕身心俱樂喪失的痛苦；而我這個境界是可以更久的，所以是不生不滅的，這個才是眞正的涅槃。但你的三禪身心喜樂定也算是涅槃啦！」

可是佛陀說：「這都不是涅槃，因爲全部都是識陰或意識境界。」不管他禪定修得多好，後腦勺給他一棍，然後悶絕了，這個涅槃又何在？因爲他們的涅槃都是意識所住的境界，意識一旦滅了就沒有定境了，那麼他們定境一類的涅槃又何在？所以這個涅槃仍然是生滅法，因爲這是心外求法，是外於眞實心而求涅槃，所以我們就說那叫作外道的五種現見涅槃。所以當你證得第四禪的時候，對於這種外道的現見涅槃也得要背捨；這樣背捨了第四禪，就完成了八背捨中的四個背捨了。可是背捨了這四個部分仍然不能得解脫，還是住在三界中。

因爲背捨了第四禪以後得到了四禪解脫——就是解脫於第四禪，可是這時只是進入空無邊處而已，那進入空無邊處以後，結果就受限於空無邊處，死後住進那個定境時，他將會出生到無色界去，就生到空無邊處天。可是空無邊處仍然是無色界，還是在三界裡面。三界就是欲界、色界、無色界，這三界的有情都不離生死，所以仍然不能得解脫啊！因此他背捨了第四禪進入空無邊處，在空無邊處裡頭還要懂得如何背捨這個空無邊處；當他背捨空無邊處以後，轉入了識無邊處，在識無邊處住心下來。如果他沒有智慧，就以爲那就是涅槃境界；可是 世尊早就說了，那不是涅槃，因爲那還是意識存在的境界，仍在無色界中。

因此，他要懂得觀察在識無邊處裡，識種的流注永遠不間斷，識種是無量無邊的；而且緣於意識的定中境界久了，他所住的境界會是沒有邊際的，因爲這不像色界定受限於色界的境界；識的定中自住境界將會無限擴大，心境也會隨之開始掉散起來，不利於定境。那麼他發覺識的種子無量無邊，永不斷絕；意識所住的境界也是無邊地擴大下去，他知道這樣不究竟，所以應該要背捨；於是他背捨了識無邊，就解脫於識無邊處了，這就完成了第六個背捨。

解脫於識無邊處之後就進入無所有處了，在無所有處是捨棄了空無邊，也捨棄了識無邊，這時意識覺知心都無所攀緣，只是在自心的境界中，緣於無所有的境界而安住了！那麼這應該是最究竟的定境了吧？一般人會這樣認爲的。外道們則會以爲這樣就是涅槃，然後他捨報了就會生到無所有處天，就成爲無色界的無所有處有情了。可是那仍然是意識境界，假使有人認爲那就是涅槃，很簡單的實驗方法就是，等他進入了無所有處定，在腦後給他一記悶棍，他也是會悶絕的；等他醒過來了，這時你再問他說：「**那你剛才的涅槃何在啊？**」他連回應都沒辦法回應。因爲那時他的意識已經斷了，可見他意識所住的自認爲的涅槃境界也就失去了。

所以有智慧的人要懂得那是意識境界，還是應該要背捨。把它背離了、捨棄了以後，一般會進入什麼境界？進入非想非非想處。那如果是斷我見的人呢，背捨了無所有處他就會進入滅盡定；這個沒有斷我見的人，他在非想非非想定中一心要維持意識存在的境界，那他只有一個去處，就是把對自我的了知滅除了。當他滅除了對自我的了知，不再了知自己正住在無所有處的時候，那個對自我的了知消失了，他就以爲這樣子就是眞正的無我，就是解脫，就是入涅槃了，其實還是得要再背捨這個非想非非想定，才能證得滅盡定，死後才能入無餘涅槃。

那麼佛教經典裡面記載有什麼人得這種境界自以爲是涅槃呢？就是鬱頭藍弗啊！另外還有一個，是 佛陀最後的一個聲聞弟子，叫作須跋陀羅；他是 佛陀入滅前所度的最後一個聲聞弟子，當他還沒來見 佛陀之前，住在非想非非想定裡面，他想：「我這樣就是涅槃。」可是 佛陀說法時常常說那不是涅槃，他就一直猶豫著：「我什麼時候要去見佛陀弄清楚。」但他有慢，所以一天拖過一天，他想：「佛陀是三個月後入涅槃，還有三個月，時間還早啊！佛陀才八十幾歲，我都一百二十歲了。」他覺得自己年高德劭，所以就一天拖過一天；結果拖到最後一天了，白天時他還不肯來，又一直拖到晚上 佛陀已經要入涅槃了，他才來求見。阿難尊者說：「你不要再來打擾佛了，佛陀要入涅槃了，現在最重要的是大家都要安靜，不要再來吵佛陀了。」他說：「不行！我一定要弄清楚。」佛陀當然知道是他，故意問說：「外面何人啊？」阿難尊者稟報說：「須跋陀羅來了！」佛陀說：「讓他進來吧！這是我要度的最後一個聲聞弟子。」就讓他進來。

我告訴你，度聲聞弟子沒什麼用處的，閩南話說：「無些小路用！」（眾笑…）連在小路上一點點的小用處都沒有，就不要說派到大路上去（大眾笑…），眞的。所以 佛陀爲他說明那只是意識的境界，告訴他五陰全部無常、苦、空、無我，意識是意法因緣生的，必須背捨非想非非想定才能出三界生死苦，然後他馬上成爲俱解脫的阿羅漢。這是因爲他已經降伏了三界惑，只剩下非想非非想天的迷惑無明沒有斷除而已；當他聞 佛說法，斷了我見的時候就成爲俱解脫大阿羅漢了，他就說：「我已知，我已解。」然後就歸依了 佛陀，出家成爲沙門。可是才剛歸依，他卻說：「我不忍見佛先入涅槃，我想要先入涅槃。」佛說：「善哉！」如來有時會說：「汝自知時。」然後他就在 佛陀面前先入涅槃了，都沒有留下來送 佛欸！你說度這種聲聞弟子幹嘛呢？眞的沒什麼小路用（大眾笑…）。

那另外一個誤將非想非非想定當作涅槃的人呢，是鬱頭藍弗。佛陀成佛的時候說：「我示現在人間，尋求佛法的最後一個老師是鬱頭藍弗；我今天成佛了，應該要先去度他才對。」以天眼一看，結果他已經捨報了，生到非非想天去了。然後又看他八萬大劫以後從非非想天下來，將要生到哪裡去呢？要去當飛狸。就是專門要咬魚吃的、類似水獺那一類的動物。至於爲什麼他會有這樣的果報？是因爲他以前修非非想定的過程中，在水邊打坐修定，那水裡的魚老是在那邊跳水，不斷地吵他，他就發願：「我哪一天有因緣時，就去當飛狸，把你們全部都咬死。」因爲發了這願，人家說出口成願啊！這是很厲害的。所以他未來在非非想天一念不生過完八萬大劫，下來人間時是要去當飛狸的啊！那麼 佛陀說因緣已經這樣，無法救度他了，因爲生到非非想天去的人，只有名而無色，你就找不到他了。人可以被找到是因爲有色陰，找到了這個色陰就能夠跟他的識陰往來，可以互相言語交談等等。但他生到非非想天去，是無色的，找不到人，世尊就無法救度他了，那他的因緣就是這樣子！所以才接著觀察那五個隨從到哪裡去了，一看就知道他們在鹿野苑，才走路去度他們。

所以沒有智慧的人，把非非想定當作是涅槃；因爲他們想：「應該是無我才是涅槃，只要有五陰在就不是涅槃。」那他們也懂得說無想定裡面那個色陰存在，根本就是生滅法，因爲有色必壞！所以他把色滅了，留下覺知心而證得四空定；次第背捨及進修，然後從無所有處背捨了，轉入非想非非想處。然而他自以爲無我時，其實還是有我，他應該還要再背捨非想非非想定，才能完成八背捨。當他住在非非想定的時候，只是意識滅除了證自證分，可是他意識的自證分還在啊！所以就這樣子住在非想非非想定裡面，也就是住在非知非非知定。那麼這個非知或者說非想，是因爲他不反觀自己，以爲自己不存在而成爲無我了，所以說是非想——沒有知；但其實還有知啊！如果眞的沒有知，一定是他的意識已經滅了，那又怎麼可能住在定中？因此他那個自認爲的非想定，其實依舊「非」非想，也就是說他仍然有想；那麼有想、有知，表示那是很微細的知，其實還是三界中的意識境界。

證得四禪八定的人只要斷了我見，他就能夠馬上背捨這個非想非非想定，成就俱解脫，當下就證得滅盡定。那爲什麼他當下能證呢？因爲當他脫離欲界的時候就已經背捨欲界了，證得初禪就是背捨欲界，證得二禪就是背捨了初禪，證得三禪跟證得二禪的境界類似，同樣是屬於定生喜樂一類，而三禪只是更微細，同時再把初禪的身樂恢復起來，所以身心俱樂，卻是很微細而全無負擔之樂，其實性質跟二禪是一樣的，所以懂得背捨這個同性質的二禪、三禪的定境時，在三禪中背捨時就轉入四禪中。

他這樣一直不斷背捨，背捨到住入非想非非想定的時候，他就已經完成前面七個背捨了，也就是解脫於欲界、色界，乃至空無邊、識無邊、無所有處了；他已經解脫於這些地方了，所以有了七個解脫。那現在他知道五陰都是無常、苦、空、無我，我見一斷，他就知道那非想非非想定的意識仍然是我見的內涵，就能背捨非想非非想定，當下證得滅盡定。所以具足四禪八定的人，只要一斷我見，就可以立刻背捨非想非非想處，那他就具足了八背捨，當下證得滅盡定，就表示他捨壽時是可以出離三界生死的。那麼這就是「具八解脫」，這樣，八解脫的道理就懂了呵？八解脫的道理是緣於八背捨而來，背捨是個修行的原理，解脫是背捨的結果，所以證得初背捨的人就得初解脫；證得第八個背捨的人，就證得第八個解脫。

這樣子，當他「於深禪定皆得自在」的時候，應該要懂得解脫；如果「於深禪定皆得自在」了，卻是執著那個「深禪定」，那他就被禪定境界繫縛，就不得解脫了！那你想想看，這位大施主度了無量無數的人，「一時皆得須陀洹道、斯陀含道、阿那含道、阿羅漢道」，都已經「盡諸有漏」了，成爲慧解脫了；並且還教導這無量無數人「於深禪定皆得自在」，還教他們能夠成就八背捨，「具八解脫」。那他的功德大不大呢？世尊就問了：「彌勒啊！你的意下如何呢？這樣的大施主所得的功德難道不是很多嗎？」換了諸位，當然也會說：「唯然！世尊！功德無量啊！」

那麼這樣來想想看，像這樣的大功德，世間有誰作得到啊？佛陀來人間都沒有作到欸！因爲眾生業障深重，無明厚重。那麼再來回想以及看看現在好了，正覺出來弘法以前有不少人宣稱他們證得阿羅漢果，還眞不少人呢！那麼問題來了，這一些當代的大法師、大居士們自認爲成佛了，或者證得阿羅漢果了，結果我們加以檢驗，卻是我見具足存在；由此就可以瞭解，度一個人證得初果是很不容易的事情喔！在正覺出來弘法以前，那些自稱證得四果、三果、二果、初果的人，個個都是凡夫，叫作名義初果乃至名義四果，因爲名不符實。

由此可以想見，要度一個人證得須陀洹道並不容易！更何況是度人家證得「阿羅漢道，盡諸有漏」？那麼也許有人不信是否證得初果，但這個檢驗的方法很簡單，也還是有人不信：「就只是斷三縛結嘛！那三縛結的內涵我也知道啊！不過就是身見、疑見、戒禁取見，這有什麼難斷的？我進來正覺不到兩年半，禪淨班還沒有畢業，我早就斷除這三個結了。」可是要請你回想一下，你是在正覺學法以後才斷的，還是在未入正覺以前就斷除的？有人心中終於突然想起來了：「對喔！我是進了正覺才斷了三縛結。」

那麼再請你回想一下，以前追隨過的大師們是不是我見都具足存在？對啊！他們都說：「放下、放下，一切放下了就是解脫，就是阿羅漢，就是成佛了。」然後呢，往往又說：「我們就是要保持覺醒。」又放不下了！有的時候又說：「放下、放下，一切自在。」請問他自在的時候是誰在？就是覺知心自己存在嘛！才會叫作自在。那麼這個自己是誰？就是五陰裡的我！有時候教人家說：「放下啦！不管孩子出國留學怎麼樣了，都不要管他，不管他而能全部放下時就是開悟了。」那麼這個「不管他」，是不是「我」還存在？是嘛！覺知心都全部存在呢！那就是我見啊！而且他還是落在我所見裡面，依舊放不下自我，所以才說「不管他是我所擁有的親人」，所以才要「不管他」！

那咱們有名的鄰居大師，有時候說「無我」、「放下」、「消融自我」，卻不肯否定意識心，而且有時候又回頭說：「你們大家都要當自己，要把握自己。」那是不是我？還是我啊！你看「我見」具足存在啊！光是斷我見就那麼困難，這樣名聞四海的大師都還作不到。所以他印證了十二個所謂「明心見性的弟子」，個個我見具足。那你想，世尊說的這位大施主，利樂那麼多有形、無形等六趣四生眾生，乃至度化天下所有人「一時皆得須陀洹道」，這眞的不簡單欸！不但如此，須陀洹道才剛得，馬上就教導他們皆得「斯陀含道」證二果；二果才剛證了，馬上又得「阿那含道」；阿那含才剛證了，馬上又得「阿羅漢道」，所以叫作「一時皆得」啊！這功德太大了。

不但如此，教導無量無數人「盡諸有漏」之後，還教導大家「於深禪定皆得自在」，這顯然不是欲界定、未到地定、初禪，而是深的禪定。「皆得自在」就是說，在這四禪八定裡面可以隨意進出。而且他還教這些無量無數的人，得到深禪定以後不執著——不被禪定繫縛，還能夠「具八解脫」。這功德太大了，眞的太大！因爲沒有人作得到啊！單問當代的所有大師們，證初果是要斷什麼、證什麼，他們都已經弄不清楚了；所以大施主的功德當然大得無法想像。

在正覺弘法以前，你們有沒有看過誰說：「證初果是要把五陰、十八界全部否定，是要瞭解五陰、十八界全部都是可滅、無我之法，然後心得決定而加以否定。」你們沒有聽誰這樣子講過或寫過！即使號稱佛學泰斗的印順法師，都還要去建立一個細意識常住不壞的邪說，連識陰這個我見都斷不了。但這個大施主既然能夠這樣子度得一切人，而且這個一切人是無量無數的人，全部證得這樣俱解脫的境界，這大施主的功德當然很多！那麼 世尊講完這個譬喻之後，問 彌勒菩薩說：「於汝意云何，是大施主所得功德寧爲多不？」問了之後 彌勒菩薩怎麼回答呢？

經文：【彌勒白佛言：「世尊！是人功德甚多，無量無邊。若是施主，但施眾生一切樂具，功德無量，何況令得阿羅漢果！」佛告彌勒：「我今分明語汝，是人以一切樂具，施於四百萬億阿僧祇世界六趣眾生，又令得阿羅漢果，所得功德，不如是第五十人聞《法華經》一偈隨喜功德，百分、千分、百千萬億分不及其一，乃至算數譬喻所不能知。阿逸多！如是第五十人展轉聞《法

華經》隨喜功德，尚無量無邊阿僧祇；何況最初於會中聞而隨喜者，其福復勝，無量無邊阿僧祇，不可得比。」】

語譯：【彌勒菩薩向世尊稟白說：「世尊！這個大施主的功德非常之多，沒有辦法計量，也沒有邊際。如果這個施主只布施給眾生一切生活上得到滿足快樂的各種資生用具，就已經是功德無量了！何況還能夠教導這些眾生全部證得俱解脫的阿羅漢果呢？」佛陀告訴彌勒菩薩摩訶薩：「我如今很清楚地告訴你，這個大施主，以一切生活上的快樂之具來布施給四百萬億無量數世界的六道眾生，又教導他們全部證得阿羅漢果，他所得到的偉大的功德，不如前面說的第五十個人展轉聽聞《法華經》的一首偈，心裡面生起了隨喜的功德；而且是百分之一、千分之一、百千萬億分之一都不到，甚至於用盡各種算數的方法，或者譬喻的方法，都無法了知那第五十個人轉聞《法華經》的隨喜功德。慈氏啊！像這樣子展轉敘述而到第五十個人所聽聞，聞者知道《法華經》的內容而隨喜的功德，尚且是這樣子無量無邊而不可計數啊！何況是那第一個人在《法華》會中聽聞而隨喜的人呢？他的福德更是勝過無量無邊阿僧祇倍啊！不可能用任何方法拿來作比較的。」】

講義：這一段是把兩種譬喻說完之後再來作個校量。彌勒菩薩向世尊稟白說：「**這一位在世間法上布施，也在解脫道上面布施給無量無邊眾生的大施主，他假使不作那麼大的布施，僅僅是從世間法上布施給眾生生活無憂而快樂的那些資生用物，就已經功德無量了。**」因為那麼多的眾生他都照顧到了。想想看，你要怎麼照顧那些六道全部有情？光是人類就好，你就照顧不周到了，而且他還照顧所有的有情，包含畜生類等六道眾生，全都照顧到了，當然包括地獄道的眾生也都讓他們快樂喔！這怎麼可能作得到？但世尊譬喻說那個人作到了。當然不可能有人作得到，也就是說，從最高函蓋面的譬喻來比喻另一個單一的，以這個最高的功德而說遠不如另一個單一的、最低的功德。

那麼單單是布施一切眾生一切樂具就功德無量了，何況他還幫助無量無數的六道眾生都證得阿羅漢果，而且還是俱解脫果！想想看，我們要幫一個人證阿羅漢果都那麼難，他卻是包括狗、昆蟲、地獄、餓鬼、天人，全部都度他們證得俱解脫，這功德當然更大了！可是 佛陀加強了語氣說：「**我今分明語汝！**」就是「**我就清楚地告訴你吧！**」表示說：我講的是如實語，不打折扣。佛的如實語說：「這個大施主以一切樂具布施給四百萬億無量數世界的六道眾生，又教這六道眾生全部證得俱解脫果，他所得的功德不如那第五十個人展轉聽聞《法華經》以後心生隨喜的功德。」

例如我們上週講的某甲有一桶牛奶，用推車載出去賣；有兩個人來買，每一個人各買了半桶；他們買回去以後加一倍的水再去賣，每一個人買了半桶回去以後也都把水加到滿，都一樣加上一倍的水，這樣展轉加水到了第五十個人，這牛奶一定淡得很不像樣了。其實不用說到第五十個人，只要第十次就好了，你才一聞就說：「嗯！是牛奶。」可是才一喝呢？「呸！」馬上就吐掉了說：「這還叫牛奶嗎？你摻了多少水？」一定罵起來了！因為那根本就淡得不像樣了。

可是現在 世尊的譬喻是說，即使是如此被淡化了，「此經」的法味還是很濃烈而會使人心生歡喜的。所以說，第一個人聽完了之後，把其中的一首偈拿來跟人家講，他所講的已經不是第一位講者所說的純汁原味了；是再度經過轉述，勝妙性已經不如第一位講者了；而他轉述了以後，第三個人聽了又去轉述；這樣展轉到第五十個人，而第五十個人聽完竟能心生隨喜，為什麼心生隨喜呢?因爲這《法華》——「妙法蓮華」，絕對是「妙法蓮華」，第四十九人轉述給第五十人時，即使是依文解義、道聽塗說，所講的標的依舊是「妙法蓮華」，所以功德依舊很殊勝。

只要有人聽懂《妙法蓮華經》講的就是「此經」，「此經」就是如來藏，就是諸佛的本源，就是宇宙萬有的本源，就是一切有情的本來面目，知道三世一切諸佛都依「此經」而生，究竟解脫的佛法正是依「此經」—「妙法蓮華」—而修而證。只要把《妙法蓮華經》裡面的任何一首偈拿出來這麼講解，展轉講到最後之時還是講如來藏，依舊是「此經」，依舊是「妙法」，依舊是「蓮華」，仍然是出污泥而不染，這功德也就可以這麼大。

在三界污泥中就是有這麼一朵蓮華，每一個人都有一朵；這一朵蓮華每天踩在腳下，你自己卻看不見。好多人都看著說:「觀世音菩薩腳踩蓮華，好莊嚴。」極樂世界西方三聖腳下不都踩著蓮華?有沒有?那你腳下何嘗不是同樣的一朵蓮華?這一朵蓮華得要在三界污泥中才能夠讓你找得到，也得在三界中才會開花;開花以後將來結的果，就是使你成佛。然而開花、結果，全都要在三界污泥中成就，所以第五十個人只要聽完以後知道這個道理，是由於轉述的人已經轉述了這個道理；只要把握住這個道理而講就行了，其他部分講得勝妙不勝妙都不重要。只要他轉述到第五十個人時，能使第五十個人聽了以後說：「呵！原來我也有這麼一朵妙法的蓮華，不但能生我這個五陰，還能出生一切勝妙之法！」於是心生隨喜，那麼最後這個聽聞而隨喜者的功德，也就勝過前面那位大施主了。

因此 佛陀說：「我如今分明地告訴你，彌勒！這個人如此幫助四百萬億阿僧祇世界的六趣眾生全部都證得俱解脫大阿羅漢果，所得的功德不如這第五十個人聽聞《法華經》的時候隨喜的功德。」可是這樣譬喻還不夠，不但是不如，而且是「百分、千分、百千萬億分不及其一，」這樣說還不算數，還說：「乃至算數譬喻所不能知。」那你想，這第五十個人展轉聽聞《妙法蓮華經》，心生隨喜的功德尚且這樣無量無邊阿僧祇，何況是在《法華》大會中親自聽聞而隨喜的人？他的功德又勝過那第五十個展轉聽聞的人，無量無邊阿僧祇的倍數啊！根本沒辦法相提並論。

講到這裡，諸位心中不免有一個好大的「question mark」，對不對？有一個大問號出現了。為什麼這第五十個人的功德這麼大？既然這第五十個人展轉聽聞而隨喜功德都這麼大了，那我如今坐在正覺講堂聽這部《妙法蓮華經》的如實說，是首聞，應不應當隨喜？欸！心裡面當然是應當隨喜。因爲就算是還有懷疑，也先隨喜了再講啦！（大眾笑…）爲什麼不需要懷疑？我們再說出來，馬上答案就會揭曉，所以就先隨喜了嘛！世俗法中有一句話說：「寧可信其有，不可信其無。」假使一開始就信其無，不信其有，那可能有的隨喜功德就失去了！「如果寧可信其有，頂多被騙一下，身上又不會少掉一塊肉，那我就先信其有，有什麼損失？那我就先隨喜嘛！如果它眞的有這個功德，我就先得了。」

現在緊接著第二個問號出現了，爲什麼這個隨喜的功德這麼大？爲什麼說功德很大？佛不是說福德，是說功德喔！諸位想一想，如果你度的四百萬億阿僧祇世界的六趣眾生都得俱解脫，這些無量無邊的俱解脫阿羅漢們會在三界住多久？都是一捨報就入涅槃去了。那麼你度了這一些人，等於沒度。所以如果有這樣的法師，度了這麼多阿羅漢——無量無邊的阿羅漢得俱解脫，那我就贈送他一個封號叫作「白度法師」（大眾笑…）。因爲他度了這麼多的眾生全都白度了，他每世都這樣度人，那他要等到什麼時候成佛呢？遙遙無期！眞的沒有一個可以成佛的時日啊！那些無量無邊的阿羅漢們對眾生有何利益？沒有利益啊！那你如果爲人宣講《法華經》，能夠把《法華經》的眞實義如實宣演說：「『妙法蓮華』是每一個人身中都有的，每一個人身中都有這麼一部《法華經》，依『此經』修行以後就可以成佛，究竟解脫。」讓眾生心生隨喜，那每個人都展轉去爲人說明，每一個人也都展轉說了五十遍，請問這樣子展轉去說的人會有多少人？

你想想看，你聽聞了隨喜，告訴另一個人，你會不會繼續再跟第二個人說？一定會。而那個聽你演說的人，他會不會再跟第三個人說？他跟第三個人說了以後，自己會不會再跟另外一個第三個，也就是第二個第三人，以及第四個第三人，第五、第六個第三人講？會啊！那會像老鼠會一樣擴散出去的。那麼大家聽了都心生隨喜：「原來我自己就有一部《妙法蓮華經》，這一部經能生妙法，在三界中出污泥而不染，眞的是『妙法蓮華』。」那麼請問這一些展轉聽聞的所有人只要心生隨喜，不是厭惡，他們將來會不會走上成佛之道？（有人回答：會。）會啊！那每一個隨喜的人將來都走上成佛之道，每一個人都經歷三大阿僧祇劫成佛，度了多少眾生？不可計數啊！算盤太慢了，用計算機好了，也來不及啦！你沒辦法算！所以功德就從這裡來！這樣解說了以後，你想三界中會有多少眾生得到利益？所以 世尊說只要度一個人發菩提心，而不是發聲聞心、緣覺心，遠勝過度一萬個人證阿羅漢果。那麼諸位想一想，以《法華經》這個眞實義，雖然不是整部全都爲人講解，只是講解其中的一首偈說：「大家都有這麼一部《妙法蓮華經》。」讓大家都隨喜，那可以利益多少有情！那麼這樣來作了譬喻以後，再回頭想一想說：度了無量無邊的人成爲俱解脫的阿羅漢，捨報全部都入涅槃；以及爲人演說《妙法蓮華經》，大家都會展轉爲人演述，全都走上成佛之道而不是聲聞道，那你是要作哪一種事業？作事業時一定要先計算利潤得失多少，對吧？要先打好算盤的。

你那麼辛苦，布施了那麼多財物給無量無數人，然後又辛苦爲他們說法，幫他們證得俱解脫果，結果他們一個一個都入無餘涅槃去；這樣看來，你對三界有情無所利益，只是利益了他們自了、解脫。雖然那些人數目太多了，也全都證得俱解脫果，但也不過就是那些人。可是你如果把《法華經》的妙義單單講一首偈—當然必須是正確的講解其中的一首偈—讓人心生隨喜，即使是第五十個人展轉聽聞的，再爲人解說，讓第五十一個人也能瞭解自己身中就有一部《法華經》如來藏心，依舊可以利益無量無邊的人。

因爲大家都知道各有一部《妙法蓮華經》在身上，而這部經是永遠常住不壞，出污泥而不染，是眞實的蓮華，而且能生一切妙法。那麼第五十個展轉聽聞的人，就不會再喜歡修學阿羅漢道，不會再喜歡修學緣覺道，他一定會走上佛菩提道的實證之路，他有一天一定會想：「我什麼時候可以證得『此經』？」如果終其一生都沒有這麼想，他未來世也會這麼想；若是未來世沒有這麼想，未來劫中也會這麼想；因爲他終究有一世會想到這一點：「爲什麼我不試著來證『此經』？」那麼這一個人，將來他聽聞到羅漢道、緣覺道時就不相應，他就會從無種姓轉變成爲菩薩種姓，他不會成爲聲聞、緣覺種姓。

那麼他正式走上菩薩道以後，開始進入三大無量數劫的修行過程時，就可以利益無量無邊眾生了。而另外一個大施主布施了一切樂具給無數眾生，又度他們都得俱解脫，但是無數被度的眾生捨壽時都入無餘涅槃去，這兩個比起來，那功德相差太遠了！這樣一聽，對於第五十個人聽聞之後心生隨喜的功德，也就不須要再懷疑了。所以我要問諸位了：「你心中那個懷疑如今還在不在？」（有人回答：不在。）不在了喔？你只要懂這個道理，就知道佛陀說的是如實語。

可是不懂的人說：「哎呀！佛陀這樣講太誇大了！這顯然是僞經啦！」那叫作自以爲是。因爲不懂，就自以爲是。就好像有愚癡人說：「兩千五百多年前說有釋迦牟尼佛出現在印度，那都是故事，實際上印度沒有出現過釋迦牟尼佛啦！」十幾年前就有外國人這麼講啊！這就像前幾年還有人寫文章或是寫書說：「美國人都在騙人，什麼阿姆斯壯登陸月球，竟然騙過全球的人，我才不信呢！」到底是誰騙了誰？然而就是有人這樣自己騙自己啊！

那麼諸位這樣子想想看，能夠如實聽聞《妙法蓮華經》，而不只是依文解義，那是多麼幸福的事啊！因爲你不是聲聞種姓，不是緣覺種姓，而是菩薩種姓！菩薩的法好在哪裡？如果從表相來說，好在阿羅漢都不敢頂嘴（有人笑…）。對不對呢？因爲《維摩詰經》那麼清楚顯示出來，所有大阿羅漢們沒有一個人敢頂嘴，他們座下的小阿羅漢們就更別說了。一千兩百五十位阿羅漢都叫作大阿羅漢，他們座下也都還有一些阿羅漢弟子，所以還有不少的阿羅漢弟子，那些就別提了。那麼如果要說眞正的好，就是好在你可以由「此經」得實相般若，好在你可以預先瞭解諸佛的本際是什麼，又好在你因此將來可以具足得一切種智而成佛，這就是聽聞《妙法蓮華經》而心生隨喜的好處了。

可是我要作一個但書。法律上往往會有但書，對吧？那一些條文後面都有說：「但什麼、什麼、什麼不在此限。」你們讀過法律條文就知道。好！我們也來一個但書：「但若聽聞依文解義者所說，不在此限。」因爲他們不懂得《妙法蓮華經》是說什麼啊！眞正能夠聽聞隨喜而有這種功德，是要根源於你所聽聞的是眞正的《妙法蓮華經》，說明祂眞的能生妙法，而這朵「蓮華」確實在自己身中，每天踩在自己腳下，這樣聽聞、信受、爲人解說，才是眞正的《妙法蓮華經》，也才是眞正的菩薩！如果菩薩們來來去去不是踩著蓮華，那就不是菩薩了。可是你別來問我說：「我怎麼沒有踩著蓮華？」如果眞的有人來問我，我就立刻一拳把他捶倒。因爲他自己踩著那朵蓮花，自己不知道，還來問我！

所以說，這樣回頭來看看這段經文，展轉聽聞的第五十個人心生隨喜以後，他盡未來際就會都走在菩薩道中，不離成佛之道，就會利益無量無邊眾生，所以他雖然是第五十個聽聞的人而隨喜，就會有這麼大的功德，何況是第一個在法會中親自聽聞而隨喜的人。所以這個隨喜功德不可思議，它的原理大家要眞的知道；當你眞正瞭解這個原理以後，就不會再心生懷疑而能眞的隨喜，你也才能夠眞的信受說：「這果然隨喜功德很大。」那麼這樣講完了以後，佛陀還有交代喔！

經文：【「又，阿逸多！若人爲是經故，往詣僧坊，若坐、若立須臾聽受，緣是功德，轉身所生，得好上妙象馬車乘、珍寶輦輿及乘天宮。若復有人於講法處坐，更有人來，勸令坐聽，若分座令坐，是人功德，轉身得帝釋坐處，若梵王坐處，若轉輪聖王所坐之處。阿逸多！若復有人，語餘人言：『有經，名《法華》，可共往聽。』即受其教，乃至須臾間聞，是人功德，轉身得與陀羅尼菩薩共生一處，利根智慧，百千萬世終不瘖瘂，口氣不臭，舌常無病，口亦無病；齒不垢黑，不黃不疏亦不缺落，不差不曲；脣不下垂，亦不褰縮、不麁澁、不瘡胗，亦不缺壞，亦不喎斜、不厚、不大，亦不黧黑，無諸可惡。

鼻不匾偏，亦不曲戾；面色不黑，亦不狹長，亦不窊曲，無有一切不可喜相。脣、舌、牙齒悉皆嚴好，鼻修高直，面貌圓滿，眉高而長，額廣平正，人相具足；世世所生，見佛聞法，信受教誨。阿逸多！汝且觀是勸於一人令往聽法，功德如此；何況一心聽說、讀誦，而於大眾爲人分別如說修行？」】

語譯：【世尊接著又吩咐說：

「不但如此，阿逸多！如果有人爲了這一部《妙法蓮華經》的緣故，前去僧眾所住的地方，或者坐下來聽聞，或只是站立著而短時間的聽聞；緣於這樣的功德，轉此色身重新受生之後所受生的地方，可以得到很好的象車乘、馬車乘，而且可以得到很多的珍寶、輦輿以及乘諸天宮。如果還有人在講《法華經》的地方靜坐，聽聞著《妙法蓮華經》，然後又有人前來，他就勸前來的人也坐下來聽經；或者已經沒有座位了，他就把自己的座位分一半給別人共坐聽經；這個人的功德，轉身受生以後，可以得到釋提桓因的寶座，乃至於梵天的寶座，或者生在人間而得到轉輪聖王所坐的寶座。」

「慈氏啊！如果還有人告訴其他的人說：『有一部經典，名爲《妙法蓮華》，可以一起前往聽講。』然後那一些人就聽受他的教令前往聽講；乃至於前往聽講的時候，只是那麼短短的時間聽聞，而這個勸說往聽的人，他的功德很大，轉世受生以後可以跟陀羅尼菩薩共生於一處，接受指導；他將來就是利根而有智慧的人，百千萬世受生之後終究不會失去聲音，口氣也不會惡臭，他的舌頭也永遠都不會有毛病，而他的嘴也都是正常的；牙齒也不會生滿了污垢而且很黑，他的牙齒不會是黃黃的，也不會很疏落，也不會上牙下牙缺漏，並且不會是參差不整齊而歪曲的；他的嘴唇不會下垂，也不會有缺陷而內縮；嘴唇也有光澤，不會很乾燥而且很粗糙；並且不會生瘡長膿，嘴脣也不會有缺壞，並且不會歪邪；他的嘴唇又不厚不薄，而且不會很大，也不會非常的黧黑，沒有什麼讓人覺得可厭惡的。他的鼻子不會扁扁的或者歪一邊，也不會因爲歪一邊而常常有戾氣出現。他的臉色不黑，也不會狹長，也不會有凹陷或者彎曲，沒有一切讓人見了覺得不歡喜的表相。」

「所以他的嘴脣、舌頭、牙齒全部都嚴整而完好，鼻子也是修挺而高直，面貌也很圓滿，他的眉毛長得高而且很長，額頭寬廣而且平正，可以說是人相具足。從此以後，每一世所出生的地方都可以見到佛而聽聞正法，信受佛的教誨。慈氏啊！你就這麼觀察，像這樣勸一個人前往聽講《法華經》的人，他的功德就已經是如此了；何況是一心聽人家如實說法，而且願意讀誦，並且能夠在大眾中為大家來分別，而且自己也如說而修行？」】

講義：聽完上面的解釋，對於這一段經文就比較有信心了吗？因為知道那個原理以後，信心就會生起來。如果不懂得那個原理，往往就會想：「這段經文中世尊的說法，未免太誇大了吧？」然而眞正瞭解以後，就覺得一點也不誇大，都是如實語。那麼 世尊這段話裡面是這麼說的：「如果有人為了這部《妙法蓮華經》，他想要如實聽到這部《法華經》，」因為聽說這是經王，而且 如來的三乘菩提一代時教，全部在《法華經》中總結，就收攝圓滿在這部經裡面啊！所以這部經太好了！「他為了聽這部經，所以前往僧坊，」也就是前往寺院裡面，因為在古時候很少有在家人說法的。本來我這一世也應該以出家身來說法，但是局勢已經不同了，導致我得要以在家身來說法，所以我現在想說：「好在當初我沒有去出家，因為出家了以後，修學了義佛法時反而會成為障礙，也沒有辦法如實弘揚。」

要是有人不信，那你問問我們在座的這些僧寶們，不論在哪個道場都一樣喔！只要聽說：「他在學如來藏法。」馬上就被找去問話了。只要聽說：「他在學明心見性的法。」就被找去問話了。甚至於有一個道場禁止任何僧眾閱讀《楞嚴經》，只要聽說誰在偷偷閱讀《楞嚴經》，就馬上找去訓話，隨即把他調到偏僻的地方去，不能住在本山裡面了。那如果聽說誰去正覺上課（大眾笑…），他馬上就被調離台北。全省只要有我們設立講堂的地方，全都不許去，就調到後山那一類地方去，不然就調到屏東去。就是這樣啊！所以現在你說，出家了要學正法，到底是好不好學？唉！眞的難啦！

有一個道場的僧眾想要修學了義法是特別難，那個道場，他們也供 釋迦牟尼佛聖像，可是 釋迦牟尼佛後方左右，他們供著兩尊聖像，那兩尊不是 文殊與 普賢，而是聲聞相的迦葉與阿難（不是菩薩相的迦葉與阿難）。那你看到聲聞相的阿難聖像時，你就難免要說：「啊…難啊！」（大眾笑…）心裡面都悲傷起來，幾乎都要哭了說：「啊…難啊！」都想要哭了。因爲你才剛進大殿就心中覺得難了。眞的欸！（師與大眾笑…）那是哪一個道場，咱們就不談它。因爲是我去遊歷時親眼看見的，但他們其實不懂，他們以爲這樣才是崇隆僧寶，所以他們說：「你看，文殊、普賢都是假的，是虛構的人物。大迦葉跟阿難才是眞正存在過的歷史人物。我們修的就是解脫道，而大乘佛法就是解脱道；所以成爲阿羅漢時就是成佛了，所以佛菩提道就是解脱道。大乘經典全部都非佛説，所有大乘經典都是後世的佛弟子們對佛陀的永恆懷念而編造出來的。」

可是他們其實不懂，阿難跟隨著　佛陀身後聽了多少法！阿難確實親自得法於　佛陀，大迦葉也得法於　佛陀，而他們從　佛陀那裡得到的是什麼法？是大乘法呀！《法華經》中也明明告訴大家，這一千兩百五十位大阿羅漢們，都是過去無量劫以來追隨　釋迦牟尼佛修學，只因爲沒有離開胎昧，所以　佛來人間示現時依照三轉法輪的次第，初轉法輪先講解脱道，使大家都成爲阿羅漢——跟著　佛陀出家成爲阿羅漢，那不就是聲聞相了嗎？可是本質是無量劫來就跟著　佛陀這樣修學至今，往劫以來修的可不是羅漢道喔！如果他們無量劫來跟著　佛陀修的只是羅漢道，早就入涅槃去了。他們只是因爲胎昧而有隔陰之迷，所以一時或忘；但是　佛陀依據三轉法輪的次第施設，初轉法輪時當然先度他們成爲阿羅漢，然後二轉法輪、三轉法輪，大家終於知道原來自己跟著　佛陀已經修學佛菩提道無量劫了。

可是那些六識論的印順派凡夫僧，他們不信大乘經中的說法，只因爲他們都無法理解其中的深妙法義。好！不信大乘經的說法也沒關係，咱們就依二乘經—也就是四大部的《阿含》諸經—所說的法義來跟他們講，這也可以啊！四阿含裡明明講的是佛菩提道有三乘部眾——聲聞眾、緣覺眾、菩薩眾；明明也講了過去七佛，明明也講　釋迦如來自己是佛而不只是阿羅漢；那麼　佛爲什麼在阿羅漢位之外別立一個佛位？正是表示佛果跟阿羅漢果不一樣嘛！這絕對不是因爲師徒的關係。

如果因爲是師徒的關係而這樣子作不同的建立，那麼　佛陀的弟子們又度了徒弟證了阿羅漢以後，那一千兩百五十位大阿羅漢們是不是也要叫作佛了？所以四大部《阿含》裡面明明就講過「佛菩提道」的名義，那個道理都存在其中了，只是沒有把佛菩提道的妙法說出來而已，那是因爲不迴心的阿羅漢們聽不懂佛菩提妙法，結集出來的成佛之道當然就變成聲聞解脫道了！然而其他的大阿羅漢們都是菩薩，不想參與四阿含的結集；所以當時五百結集撰成四阿含諸經的五百個人，只有四十位阿羅漢，其他人則是三果以下的聖人，甚至於聲聞凡夫也都參與其中，所以他們聽聞的大乘經典結集起來就變成二乘經了；只有二乘經的實質，沒有「阿含」的實質，因爲「阿含」的意思就是成佛之道。

因此當他們宣稱要把結集成果誦出時，文殊菩薩等人心裡好奇，就如期前往聽聞，於是大失所望說：「你們結集出來的經典只有解脫道的法義，不能稱爲『阿含』。」但他們都不接受，堅持那就是「阿含」，文殊菩薩等人才會當場抗議說：「我們也要結集，因爲你們結集的那些大乘經，都沒有大乘經的法味，本質只有阿羅漢道、只有緣覺道而已，根本就不是成佛之道。」隨後才會有七葉窟外的千人大結集，才有今天仍然存世的大乘諸經來利樂眾生。

所以我說印順派那些六識論的僧俗凡夫，他們眞的不懂大乘經典；不懂大乘經典也就罷了，竟然還不懂二乘解脫道的阿含部諸經。所以他們想：「我們在佛陀的聖像旁邊供了大迦葉，也供了阿難，那我們就可以理直氣壯地弘揚解脫道，就是弘揚佛菩提道。」他們說釋印順講的那些謬論叫作佛菩提道，根本就不對，因爲那根本就不是成佛之道，連解脫道都不符合。因爲他們連大迦葉與阿難尊者的實證內容都誤會了！且不說這兩位大菩薩他們不知道，單說解脫道中初基的一個初果人的所證智慧，他們就都不知道了，才會一天到晚主張說：「細意識是常住不滅的。」因為他們怕人家責備是斷見外道。所以像那樣的寺廟，你走進去了以後就趕快合掌說：「阿難尊者！抱歉！我要離開了。」直接走人就是了。因為你在那邊留下來，既不能證解脫道，更不能證佛菩提道，那你留下來幹什麼呢？阿難尊者見你一直留著不走想要學法，一定也會難過起來的。所以我說他們眞的是不懂。

那麼經過這樣子把眞實義說明以後，諸位就懂得了。因此我說：「我好在這一世沒有出家，如果出家了，我一定被壓得死死的，什麼法都不能講。」因為我還沒有出家就已經被聖嚴法師他們壓制而不能講了，當初我若不是離開而自己出世弘法，今天還有究竟微妙的了義正法傳世嗎？你們可能不曉得，我破參了以後，常常有些同修們問我說：「啊！蕭師兄！這個禪，究竟怎麼回事？」我說：「禪喔！你別問我，你問師父去。」因為我被壓制著，不許開口說法。所以後來有人傳出話來：「喔！這蕭師兄好苛刻喔！不論問他什麼法，都不肯講。」因為那時我不能開口啊！我只要一開口說法，就會被禪坐會的輔導師叫去訓話。

前因是因為有人問我，我就說：「你想要參禪啊！得先鍛鍊看話頭功夫啦！」人家問：「看話頭功夫要怎麼鍛鍊？」我說：「作無相念佛的功夫啦！」「什麼無相念佛？」我說：「念佛的時候沒有語言文字，沒有聲音，沒有佛的形像。」「那要怎麼念？」我就教他怎麼念，但不論我怎麼教，他就是不會，有好多人都是這樣子。後來乾脆就寫成一個單張，請打字行打字出來，然後我就印給他們。那時我還沒有學會電腦打字哩！那時我辦公室對面的大樓有一間打字行，我叫人家打字。那時打字還是用鉛字一個一個跳上來打的，有沒有看過這樣打字的？那是要先選字，把鉛字選好了，用手壓下去，字就跳上來打在紙上：啪！啪！我請人這樣打成單張教他，那時是打字在一張紙的兩面，然後再影印給他們。後來我開始弘法以後，有人把那一張單張拿去製版印刷，裝訂成小小的一本，大概只有十來頁，就發給大家，我現在還有少量存貨當作紀念品；那些存貨就當作檔案不流通了，已經成爲一個歷史紀錄，將來就成爲一個文獻。

因爲禪坐會裡來問的人多了，後來我就開始解說怎麼樣可以看見佛性，怎麼樣可以明心開悟。哇！這一講可就不得了，馬上就被叫去訓話了。當時禪坐會幹部們開會說：「我們爲什麼幹部都川流不息，好人才都留不住？師父爲這個問題覺得很困擾。」我說：「這個原因很簡單，因爲他們沒有受用，久了覺得留下來沒意義，他們就走了啊！一定會另外再去找看看，哪個地方有法給他們得到受用啊！」他們又問：「怎麼樣可以眞正得到受用？」我說：「首先第一步，要教他們怎麼樣看話頭的功夫；只要有看話頭的功夫，他們就知道：『嗯！我大概距離開悟不久了！』因爲能看話頭了。既然已經看見參禪時那一句話的前頭，他有這個功夫了，就會有信心，知道開悟已經不遠了，也就願意留下來。」

「那這個看話頭的功夫，參禪的法門到底怎麼回事？」我說：「那還不簡單，」因爲他們要討論怎麼樣對禪坐會的會員有利益，已經在討論要講些什麼法了，我就說：「講《博山和尚參禪警語》吧！既然我們是禪寺，我們又是禪坐會，這樣的禪寺裡當然要講禪啊！」可是大家討論的結果說：「不要！不要講那個。」我說：「那麼應該要講什麼？你們決定了，我就配合。」後來他們選了《童蒙止觀》，也就是智者大師寫的《修習止觀坐禪法要》。好啊！既然要講這個，那就講啊！總共有十品，那時他們禪坐會共有五個幹部，一個人分二品；就是把前五品給每一個人分一品來爲幹部們演說，後五品也是每一個人各分一品，大家分擔來說。我說：「好啊！你們去分吧。分到什麼，我就講什麼。」

結果前五品講完了，後五品也分完了，有一位曾師兄來找我說：「欸！蕭師兄！我跟你換一換，好不好？」我說：「爲什麼要換？」他說：「我分到這一品是『正修行』，這部分我覺得沒辦法講。」我說：「喔！你有困難？好啦、好啦！隨便你啦！你要換就換。」結果一換，出事了！你們不知道，輪到我講的時候，我上去講完了，當場就被洗臉了。「洗臉」聽懂嗎？不懂啊？就是被當場訓話啦！然後就提出一個問題來：「欸！你怎麼這樣講？智者大師沒有這麼講的。」因爲我譬喻說：「智者大師有講：『魔是未到地定果。』所以修得未到地定，千萬不要執著，一定要趕快求開悟，不然就會生到他化自在天去，未來世就完蛋了。」才剛講完，當場就被洗臉。我那時就裝作沒聽到，訓話訓了差不多二十分鐘；訓完了以後，大家面面相覷；然後散場離開時，有好幾個女生走到我身邊來對我（導師比拍手的手勢。師與大眾笑…），又不敢拍出聲音來。也有人對我偷偷比大拇指。那你說，我那時候如果出家，眼見佛法快要被相似像法消滅了，我不得不出來說法，卻又被壓制著不許說，那時該怎麼辦？所以古時候你眞的要去僧坊聽聞，才聽得到眞正究竟的了義法；現在時局變了，現在已是末法時代了。後來經過很多年，我離開已經很多年了，有個新任的會長打電話來，她姓李，名字就不說了；她打了好幾天電話，我都不聽，都由我同修聽，告訴她說我不在。那天我同修傍晚正在廚房裡炒菜，她沒聽到電話響；我正在三樓讀經，聽到電話響了老半天還沒有人接，我才去接聽。結果她問我說：「欸！蕭師兄！你現在還有沒有想要出家？」我說：「想啊！可是我有三個條件得要完成才能出家啊！」然後我就問她：「是妳自己的意思？還是師父要妳來問我的？」「沒有啦！這是我的意思啦！」我心裡說：「我才不相信妳呢！」然後我就說：「不要談了啦！」因爲她沒說實話，我就想要掛電話。

結果她不讓我掛，後來談了很久，我說：「這樣吧！我乾脆把出家的條件開給妳，能作得到，我就去妳們那邊出家，作不到就拉倒。第一：我同修主動要我出家。」意思是：你去求 佛托夢告訴她，叫她主動要我出家，不是我開口要求的。這第一個條件，顯然她作不到！對吧？「第二：如果我不出家，佛教正法就會滅亡。」能不能證實這一點？如果她能證實，那麼第二個條件就完成了。「第三：請師父親自來我家邀請我出家，不要妳開口來講。」那麼諸位想想，這三個條件有沒有可能成功？當然不可能嘛！所以我說：一個人眞的很奇怪，剛開始百般打壓；後來覺得好像打壓錯了，要把這個人拉過來利用，也等於放在身邊把這個人綁死，覺得這樣比較好，所以又來問我要不要去他們那兒出家了。

那你們從這裡可以想見，在這個末法時代，你若是去僧坊求聽如實宣講的《法華經》，能求得到嗎？想想看喔！有個很大的道場中，僧眾想要讀《楞嚴經》時都得要偷偷地讀，白天還得把經本藏起來。這表示那堂頭和尚只有兩個原因才會這樣禁止：第一、他在修雙身法，因爲《楞嚴經》破雙身法，就不許僧眾閱讀。第二、《楞嚴經》講如來藏，而他一定是否定如來藏的，所以不許讀。眞奇怪哩！佛說的經典竟然不許僧眾們讀，那叫作什麼佛教道場？

所以說，末法時代你若是跑到僧坊去，一定聽不到如實宣講的《法華經》。你要是能聽到依文解義的，就要慶幸了；因爲現代的道場講《法華經》

時，早就不可能從頭講到尾，最多只是把科判內容講一講。後山有個比丘尼大法師，聽說她三個晚上就講完《法華經》了。我如今已經講多久了？每週講一次兩個鐘頭，已經講了快三年呵！沒想到人家三個晚上就講完了，好快喔！厲害！厲害！所以你們不要期望末法時代去到僧坊裡，可以聽到眞的《妙法蓮華經》；因爲他們連一品又一品的依文解義都作不到，最多只是把祖師的科判拿來說一說，就算是交代過去了！所以那叫作「交代」，不是眞的演講《法華經》。

就好像台灣的布袋戲，某甲遇到某乙時，某乙說：「哎呀！你爲何這樣狼狽啊！」某甲說：「一言難盡！」然後就「鏘！鏘！鏘！」也就講完了（大眾笑…），那叫作交代，不是嗎？對啊！就是交代啊！剛剛有一句話是誰講的？（有人以河洛話回答：用比的卡緊。）呵！用比的比較快！所以末法時代不是要到僧坊去聽！末法時代的「僧坊」，我們有另外一個定義：就是有「此經」的地方才叫作「僧坊」。假使你找到了「此經」，你住的地方就是「僧坊」。假使你沒有找到「此經」，在大雄寶殿正襟危坐，那裡仍然不是「僧坊」！

所以如果爲了「此經」，也就是爲了想要聽受「妙法蓮華」這一部經典

——其實每一個人身中都有的這一部《妙法蓮華經》——而往詣僧坊，坐下來聽久一點的開示；或者由於時間不夠，只是站著聽上幾分鐘的開示，心中隨喜信受，那麼緣於這樣的功德，轉身受生一定都是有福德的人！世間的福報就很好了，「**得好上妙象馬車乘**」。古時候最好的車乘就是象車、馬車，也許有人想說：「**我應該是往世就信受『此經』了，現在我也沒有得到好的象馬車乘啊！經中又說像這樣的人轉身受生可以得到珍寶輦輿，還可以乘天宮，我也沒有啊！**」但是我勸諸位別這麼想，只是你要不要而已啊！珍寶，其實每一個人都有很好的珍寶——無價之寶，這顆妙寶叫作如意珠，生生世世都跟隨著你，出生很多寶貝給你。

那麼現在先不談這個，就回到經文表面來說：「**輦輿**」就是二抬大轎、四抬大轎、八抬大轎，這一類叫作輦輿，也就是轎子。如果生到天上去，就有天宮；天人所住以及交通工具就是天宮，是他住的地方，也是他的交通工具；他想到哪裡去，天宮就移動，到了某一個地方，他就走出宮殿與人相會；崇信「**此經**」的人，轉身受生可得這個好處。也許你想：「**那我往世應該也聽過《法華經》吧？否則我今世怎麼可能進得了正覺呢？我怎麼可能在正覺**

待這麼久沒有走人？我怎麼可能聽您這樣講《法華經》而沒有走人呢？一定往世聽過嘛！可是我現在也沒有上妙的象馬車乘、沒有輦輿啊！」那我問你：你是不是有一部車子叫作轎車？

現在哪一家哪一戶沒有轎車？如果有轎車，那就是輦輿，就等於是古時的「上妙象馬車乘」了！我問你啊！就算你古時候有上妙的象馬車乘好了，時速能跑到多快？五十公里好嗎？那輛馬車早就散了。所以不要去把古時候的生活資具拿來現代用，現代的生活資具當然是現代的。那如果你有這樣的隨喜心，表示說你一定會成爲菩薩；如果成爲菩薩，你下輩子受生要到欲界天去，都不會有問題！不說你修六度萬行，單單說你聽聞《法華經》之後歡喜了；或者你只是受一個八關齋戒，一天就好，你來世就可以往生欲界天去了。生欲界天去，難道你沒有天宮嗎？一定有嘛！

這就是說，你們不是聲聞種姓，聲聞人不受一切法。所以，以前有一位阿羅漢叫什麼名字啊？（編註：薄拘羅阿羅漢。）那時阿育王不是興建八萬四千佛塔嗎？他還供養諸菩薩、諸羅漢塔。人家說：「這是某某阿羅漢的舍利塔。」他就禮拜，並且施銀供養，就這樣去一一布施。有一次遇到一位阿羅漢的塔，人家告訴他說：「這是薄拘羅阿羅漢的舍利塔，大王要施銀多少？」阿育王說：「以一錢供養。」只有一錢喔？好多阿羅漢的塔，他都是施銀幾千、幾萬，遇到這位阿羅漢時竟然說：「以一錢供養。」人家問說：「大王！你為什麼對這位阿羅漢布施只有一錢？」他說：「因為這位阿羅漢不利益人天，又不為眾生說法，一生修頭陀苦行，因此都不樂意受人供養，所以供養一錢就夠了。」沒想到他的話才剛剛說完，那一錢又從塔中滾出來，眞的連一錢也不受（大眾笑…）。

他不受眾生供養，也不想利益眾生，他是不受任何一法的，那你想，他會往生天宮嗎？當然他一定不會行菩薩道的。也有這樣的阿羅漢，乃至一錢也不肯受供啊！他都不想讓人家在自己身上種福田而獲得來世的很好果報；但別的大阿羅漢們，再多的錢也肯受啊！為什麼受呢？因為他們都不是阿羅漢，其實都是菩薩，只是示現為阿羅漢的表相而已。他們都是菩薩，當然世世都有福德，只是福德多寡的差別而已；除非是新學菩薩，不然都有福德。而他們受供以後，都是隨即又布施出去，利益很多貧苦有情，眞的是菩薩摩訶薩。

因此說：「去到僧坊，若坐、若立須臾聽受，緣於聽聞這部《妙法蓮華經》的功德，轉身所生，下一世會得到好的生活資具。」那麼如果有人在說法的地方坐下來聽聞，剛好又有人來，或者有人從旁邊經過，就趕快招手說：「欸！快來聽聞！快來聽聞！」又勸人家說：「欸！這邊坐！這邊坐！這部經好好聽，很勝妙！」然後人家願意坐下來聽聞了，他的福德就更大了！或者說剛好沒有座位了，總不能叫別人讓位給他坐吧？於是就把自己的座位分一半：「欸！來來來！大家擠一下。」因爲古時候的座位都不是圓凳，大約是長短不一的長板椅，那麼長方型的長板椅，一個人坐一半也可以啊！這便是「分座令坐」，那他的功德，捨報受生時「轉身得帝釋坐處」，說他下一世的色身，可以成爲玉皇上帝，他可以得到那個寶座。

爲什麼這個善行的福德那麼大？因爲這一個人只要聽了隨喜，只要心生歡喜，他就會成爲菩薩；甚至於有因緣的話，假使那個人將來會成爲大菩薩，那麼這個勸人聽經而且讓座的人，甚至於未來世可以成爲大梵天王。如果不想生天，在人間還可以當轉輪聖王，因爲這個福德太大了。也就是說，你去引人來聽經，或者分座給他，一起來聽經的那個人如果是聲聞種姓，那他一定坐不住，你就得不到這個福德；只要不是聲聞種姓，他就能夠坐下來聽經，你就有這個福德。那你想想看，聽聞隨喜的福德那麼大，勸人來聽聞一樣是有那麼大的福德，當然有因緣的時候是應該勸人家聽聞《妙法蓮華經》。不過前提是那個解說《妙法蓮華經》的人所講的，眞的是說每一個人自己都有的《妙法蓮華經》，而不是依文解義。

《妙法蓮華經》上週講到一百五十八頁，倒數第三行。今天要從倒數第二行開始：「阿逸多！若復有人，語餘人言：『有經，名《法華》，可共往聽。』即受其教，乃至須臾間聞，是人功德，轉身得與陀羅尼菩薩共生一處，利根智慧，百千萬世終不瘖瘂，口氣不臭，舌常無病，口亦無病；齒不垢黑，不黃不疏亦不缺落，不差不曲；脣不下垂，亦不褰縮、不麁澁、不瘡胗，亦不缺壞，亦不喎斜、不厚、不大，亦不黧黑，無諸可惡。鼻不匾偏，亦不曲戾；面色不黑，亦不狹長，亦不窊曲，無有一切不可喜相。脣、舌、牙齒悉皆嚴好，鼻修高直，面貌圓滿，眉高而長，額廣平正，人相具足；世世所生，見佛聞法，信受教誨。」

這麼長的一段經文是說，如果有人去勸喻別人說：「有一部經，名爲《妙法蓮華》，您可以跟我共同前往聽受。」那麼聽到這話的人就接受勸喻，一同去聽受如實演說的《妙法蓮華經》，這個被勸的人只是很短的時間聽聞善知識演述眞實了義的《妙法蓮華經》，起歡喜心而隨喜；這一個勸人去聽《法華經》的人有大功德，轉世之後可以跟「陀羅尼菩薩共生一處」。也就是說，他勸人來聽善知識演述了義的、究竟的《法華經》，而不是曲解的《法華經》，那麼未來世他將和九地菩薩共生一處。諸位想一想，得陀羅尼的菩薩當然是九地菩薩，若是可以跟這樣的菩薩「共生一處」，那是多大的福德？因為必然不會遇到邪法，九地菩薩所生之處，一定不會有邪法在人間現前。

也許是生在天上跟九地菩薩「共生一處」，那又過得更寫意了。當然，能夠跟九地菩薩同住一處的人，不可能是五根不全、五音不齊，又是愚騃遲鈍的人。因為九地菩薩受生的時候，他的眷屬不可能是無明或者是諸根缺漏的人，否則他受生在那個地方就無法達到他要利樂有情的目的。所以能夠「與陀羅尼菩薩共生一處」，果報一定是聰明睿智，五根俱全，而且莊嚴不醜陋。並且這樣去聽聞了義、究竟的《法華經》之後，心中歡喜而不生起煩惱，表示他本身的五根、五力是很好的，所以他聽聞之後心中不會生起煩惱。

如果他是無明深重的，諸根暗鈍，沒有智慧能聽受究竟說、了義說的《法華經》，那麼他最多聽上半個鐘頭，再怎麼樣也忍不住，就必須要離席。因為他心中會有很多的煩惱：「明明經中的文字看起來就只是這樣子，你為什麼要講得那麼玄？」他生起了煩惱而不能接受，於是他必須要離席；因為他坐的那個蒲團長滿了針，如坐針氈，他坐不下去了。人家越聽越歡喜，越聽越覺得清涼，他卻是如坐針氈，越來越熱惱，受不了，必須離去。

所以了義說、究竟說的《法華經》，他能夠聽得進去，心中歡喜接受，這表示他的五根、五力具足，所以這時他由於這個緣故，捨壽轉生之後就能跟九地菩薩共生一處。並且不是只有一世，而是「百千萬世終不瘖瘂，口氣不臭，舌常無病，口亦無病；」有好多異熟果的正報很殊勝。所以能夠聽受究竟說、了義說的《法華經》，確實是很不容易。你如果要找到一位面色很黧黑，五官長得奇形怪狀，然後口氣又臭，講話又是結結巴巴的，那麼你是找不到的；你在正覺講堂中尋找，找不到這種人。頂多就是說：「我不夠英俊，我不夠漂亮。」想要找到極醜之人，一定不可能！因為找到哪一個人若是諸根暗鈍，來了都聽不懂的人，他才一聽《法華經》開講，就開始打瞌睡了。

但你很難找到這種人，因爲這種人在這裡待不住的，他的智慧不能聽受這樣如實演說的法義。凡是能聽受的，未來世的福德都非常之大，並且不是只有一世而已。所以這樣的人，也就說諸位啦！將來百千萬世得到這麼好的果報，「人相具足」啊！並且不會生在邊地無佛法可聽之處，「世世所生，見佛聞法，信受教誨。」因爲你如果聽得進去，就會知道當這裡正法滅沒了，末法時期已經過完了，就得要往生到兜率陀天去，不然就去極樂世界，或者去不動如來的世界；就這樣子凡所受生，都是「見佛聞法，信受教誨。」

爲什麼可以得到這麼大的福德？因爲自己本身有智慧，能夠聽受了義、究竟的《法華經》，不是聽聞依文解義的說法。從了義、究竟的《法華經》之中，使自己的菩薩性更加增長、廣大，因此勸人一起來聽聞《法華經》，所以福德也就跟著增長、廣大。福德之多寡與菩薩性是有關的，如果盡是在自己的私利上面打轉，那麼福德也就損減。但是菩薩性的發起並不容易，因爲能夠發起菩薩性的人，一定是聰睿有智慧的人；既然是聰睿而有智慧的人，就代表他本身已經有一定的福德，所以了義說、究竟說的《法華經》，他也可以聽得進去，而且聽得歡喜，具足信受。那麼既然所聽的《法華經》是了義說、究竟說的，在講經的過程中就會有非常多的勝妙法，可以提升他的智慧以及增長他的菩薩性。因此當然可以得到這樣多的福德，所以聽聞了義說、究竟說的《法華經》是不容易的。

那麼最後 世尊又呼喚說：「阿逸多啊！你就觀察這樣子的事情，這個人單只是勸一個人前往聽法，所聽到的是了義說、究竟說的《妙法蓮華經》，他的功德已經是如此了；那麼如果是一心聽說而且又能夠一心讀誦，並且還能夠在大眾之中爲人分別，而且自己也能如說修行，那功德就更廣大了！」勸人去聽《法華經》，他的功德已經這麼大了，那他爲什麼能勸人去聽《法華經》？因爲他聽懂其中的眞義啊！《法華經》是什麼地方了義，什麼地方究竟，他能聽得懂；他聽懂之後覺得很稀有難得，所以才要勸人前往聽經。假使你聽到有人演說《法華經》，結果只是依文解義，只會講一些科判，你聽了以後覺得不過爾爾，那你就不會勸人家說：「欸！你趕快去聽，講得太好了！」

那你如果聽了如實說而瞭解到它的究竟處、了義處，你覺得太難得了，才有可能勸請別人前往聽受。假使你上週來聽了覺得不喜歡，心想：「這蕭老師吹牛皮，自己亂編造。」那你今天一定不會勸人來聽。假使從上個月開始連著聽一個月，心生煩惱：「《法華經》哪有人這麼講的？以前我沒聽人這樣講過，你太會胡謅了！」那麼這個月你根本就不會來聽了，何況勸人來聽呢？這是一定的道理。一定是你聽出其中的味道了：「法味無窮啊！太勝妙了！」所以你願意勸人來聽，因爲好東西要跟好朋友分享：「我最好的眷屬，我最好的朋友，竟然隱藏起來不讓他們知道有這麼勝妙的法，這說不過去嘛！」所以才會勸人來聽。

那麼能夠熱誠地勸人來聽，之後還可以一心地聽聞與演說，這很不容易喔！什麼叫作「一心」啊？就是不懷疑、不猶豫。這意思就是說，你對於所聽聞的《妙法蓮華經》心得決定，這表示你心中不懷疑、不動搖。這就表示你聽出其中的道理，而且心中很清楚確定正是如此。那麼這樣的「一心」是指什麼？是指實證「此經」啊！因爲「一心」是很不容易的，一般人哪能夠一心？一般學佛人若是來到正覺講堂聽經的時候，大約是半信半疑的多。如果在正覺講堂聞熏三、五年了，還沒有破參，那叫作八信二疑，因爲有時候會覺得說：「眞的如此嗎？」可是心裡面想一想：「應該是眞的，否則這些老師們既沒有薪水可以領，也沒有車馬費可以領，又沒有紅包供養，然後還要自己花車錢、花時間、花油錢，來這裡義務教導大家。他們又不是傻瓜，爲什麼肯長期這樣作？」這麼一想，心裡認爲應該是眞的。

但是心裡終究還有兩分疑，不能究竟無疑，那就無法「心得決定」了。那什麼時候可以心得決定呢？就是自己眞參實修以後找到「此經」了，這時把自己所找到的「此經」拿來聽聞究竟說、了義說的《妙法蓮華經》，就會知道必然是如此，所以從《法華經》一開始演說直到結束，都可以心得決定！還沒有決定的部分是後面還沒有演說的部分，因爲還不能瞭解這裡面到底在講什麼？一字一句全都認得，意思也都懂，可是等到蕭老師講出來時才想：「啊！原來不只是我所知道的那個樣子。」所以雖然心得決定了，可是後面還沒有講的部分，還是覺得說：「這到底有沒有隱含著什麼樣的眞義？」那麼有這個疑都是正常的。所以聽聞如實說的《法華經》，聽過之後能夠心得決定，信而不疑，甚至於能夠心得決定而爲別人說，這很不容易喔！

假使聽聞了善知識說法之後可以自己讀誦，這個「讀誦」不是依照《法華經》的經文一字一句去讀誦，而是要去瞭解其中的含義。能夠這樣子「讀誦」，這個很不容易。進而可以在大眾之中為人們去加以分別：這一品是講什麼，那一品是講什麼。把《法華經》中的眞實義加以演說，更不容易。接著不但自己加以演說，而且如說而修行；佛陀說這樣的人福德更大，所以才說「何況」二字。單單勸人家前往聽受《法華經》，福德已經如是廣大；而這個人還可以一心——也就是心得決定的聽人演說便信受了，自己還可以「讀誦」，還能在大眾中為人分別，並且自己如說而行，這個很不容易啊！由此就應當知道這樣的菩薩，其實已曾經歷無量百千萬億佛供養承事受學了，今世才能夠如此。好！那麼這樣子說完了，接著 世尊還有重頌，大家再來聽 世尊開示：

經文：【爾時世尊欲重宣此義，而說偈言：「

若人於法會，得聞是經典，乃至於一偈，隨喜為他說；
如是展轉教，至于第五十，最後人獲福，今當分別之：
如有大施主，供給無量眾，具滿八十歲，隨意之所欲；

見彼衰老相，髮白而面皺，齒疏形枯竭，念其死不久，
我今應當教，令得於道果。即為方便說，涅槃眞實法，
世皆不牢固，如水沫泡焰，汝等咸應當，疾生厭離心。
諸人聞是法，皆得阿羅漢，具足六神通，三明八解脫。
最後第五十，聞一偈隨喜，是人福勝彼，不可為譬喻；
如是展轉聞，其福尚無量，何況於法會，初聞隨喜者。
若有勸一人，將引聽《法華》，言此經深妙，千萬劫難遇，
即受教往聽，乃至須臾聞，斯人之福報，今當分別說：
世世無口患，齒不疏黃黑，脣不厚褰缺，無有可惡相；
舌不乾黑短，鼻高修且直，額廣而平正，面目悉端嚴，
為人所喜見，口氣無臭穢，優缽華之香、常從其口出。
若故詣僧坊，欲聽《法華經》，須臾聞歡喜，今當說其福：
後生天人中，得妙象馬車，珍寶之輦輿，及乘天宮殿。
若於講法處，勸人坐聽經，是福因緣得，釋梵轉輪座。
何況一心聽，解說其義趣，如說而修行，其福不可限。」

語譯：【這時世尊想要重新宣示上面所說的這些道理，就以偈頌重新說了一遍：

「如果有人在《妙法蓮華經》的法會上面能夠聽聞到這一部經典，乃至僅僅聽聞到其中的一首偈，心中隨喜而爲別人來演說；

就像是這樣子，轉述而勸令別人來聽經隨喜，一直展轉隨喜到第五十個人，那第五十個聽聞轉述而心生歡喜的人，最後這個人所獲得的福德如今應當要分別說明：

譬如有大施主供養無量無邊的眾生，具足滿八十歲，隨著這些眾生之所欲全部都令得滿足。

八十年之後看見這些眾生已經有了衰老之相，頭髮白了，顏面也出生了很多的皺紋，牙齒也開始搖晃掉落而稀疏了，身形也變得枯槁乾竭，這大施主想起來說：

『這一些眾生，他們不久就會死亡了，我如今應當來教導他們，能夠在解脫道中獲得果證。』

於是隨即爲大眾方便施設演說，如何證得涅槃的眞實法：『器世間、五陰世間都不牢固，猶如水面流動而產生的水沫一樣，又猶如下雨時地面的水泡，也像遠處熱沙上的陽焰一般虛妄；你們大家都應當要快速產生厭離心。』這些人聽聞他說法以後，全部都證得阿羅漢果；然後又幫這些人證得六神通，而且還獲得三明以及八解脫。

然而展轉聽聞到最後的第五十個人，他只聽聞到《法華經》中僅僅一首偈，心中隨著生起歡喜心來，這個人的福德是勝過那個大施主的，而且以算數譬喻都沒有辦法來說明他超過的福德有多麼廣大；

像這樣子展轉聽聞而生起歡喜心的人，他的福德尚且無可限量，何況是在法會中，第一次聽聞而隨喜的人呢？

如果能夠有人勸導一個人，並且引導他前往說《法華經》的處所去聽經，爲他讚歎說這部《妙法蓮華經》非常的深奧微妙，是百千萬劫難可值遇的，那個被勸導的人就隨著這位勸導者前往聽經，即使他只是聽聞了短短的一段時間就離開了，這個勸他去聽經的人未來世的福報，如今應當爲大眾分別說明：

這個人生生世世沒有口部的疾患，牙齒不稀疏也不黃、不黑，嘴唇不會很厚也不會褰缺，而且沒有令人覺得可厭惡的法相；

他的舌頭不會乾燥，不會呈現可厭惡的黑色，也不會很短；他的鼻子是高隆修直的，額頭是平廣而方正的，他的面目也全部都是很端正而莊嚴的，是人們所喜歡看見的人；

他講話的時候口氣不會有不清淨的臭味，而且往往是如同優鉢華的香氣一樣，常常從他的嘴中流露出來。

如果有人是特地前往僧眾所住之處，想要聽受了義說、究竟說的《妙法蓮華經》，聽了一會兒之後心生歡喜，如今我應當要說明他所得到的福德：

他未來世將出生於天人之中，得到勝妙的象車、馬車，珍寶裝飾的車乘或者轎子，以及乘坐自己的天宮處處來往。

如果在講《妙法蓮華經》的地方聽經時，勸人們坐下來聽經，這個福德的因緣使他未來世受生以後，可以得到釋提桓因乃至梵天或者轉輪聖王所應得的寶座。

更何況是心得決定而一心聽受《妙法蓮華經》，還能夠爲人解說經中眞實義所指示的妙道，自己還能夠如說而修行，這樣的人，他的福德不可限量

啊！」】

講義：好！這只是語譯，類似依文解義的說法。這首重頌中顯示世尊老婆心切，祂怕人家聽了沒記住，或者有時剛好打妄想而漏聽了幾句，那損失就大了，所以用重頌再講一遍。

「**若人於法會，得聞是經典，乃至於一偈，隨喜為他說；如是展轉教，至于第五十，最後人獲福，今當分別之：**」這就是說《妙法蓮華經》的殊勝很難形容，必須用譬喻來說。一般所說，功德與福德其實是分不清楚的，所以它們都混在一起。但是我們要說明，福德是在世間法上的正報和依報，功德卻是自心的受用，然後再衍生出來使別人也可以獲得的受用。也就是說，福德是偏在世間法上的，福德不是指世出世間法上的自受用和他受用，因為福德指的是正報；例如生而為人是福德，不生為畜生、鬼道或者地獄道中；生而為天人也是福德，這都是屬於正報。那麼同樣是人，福德差的人就生在無佛法之處，甚至於生在窮鄉僻壤、人煙罕見之處，想要生存都很困難，就表示他的福德非常渺小。如果正報好，就生在富庶之區，並且還能夠聽受究竟、了義的佛法，這就是福德廣大。

也許有人想：「我在正覺講堂聽《法華經》，可也沒覺得自己福德多麼大。」可是你們不知道的一點是，大陸好多同修們很羨慕諸位：「你們好幸福喔！每週都跟蕭老師在一起修行。」他們想要來見一下都難，所以他們來的時候，你們都得要挪出空間給他們先坐，因爲他們很不容易才能來一趟；特別是有些人想要來台灣一趟，那個層層關卡，幾乎是要花掉他一整年的積蓄，很不容易欸！所以他們很羨慕諸位。那你們想想看：是他們福德大？還是你的福德大？你想一想就知道了喔！（導師指著腦袋說：）不必用這裡想，用膝蓋想就行了。

然後偶爾你會看見有新面孔來聽經，聽了半個小時，拎起包包走了。有沒有？有啊！偶爾會看見嘛！當然，有人是臨時有急事，不得不離開；但是也有人是聽不下去說：「這些很簡單的經文，你爲何要講得這麼玄？」心裡生起煩惱了，那就是福德不夠。依文解義之說，他聽得進去；究竟了義之說，他可就聽不進去。因爲他心裡面想：「怎麼你蕭老師講的跟我們師父講的都不一樣？我寧可信我師父講的，才不信你呢！」這表示他的福德還不夠，福德不夠時也顯示他的智慧還不夠。如果我講的跟他師父講的一樣，他就不必來聽我講經啊！只要聽他師父說的就行了。

譬如有個人事業很成功，一年賺一億元台幣，他說：「我現在要換一輛好車了。」開了張三千萬元的支票去到車行，要買一輛好車，結果他說：「欸！我要買的是跟我朋友一樣的勞斯萊斯欸！那這輛車子跟我朋友的勞斯萊斯怎麼不一樣呢？」因爲他朋友的勞斯萊斯是二十年前的舊貨，而他現在看到的是新產品，規格都不一樣了，而且現在的新車亮晶晶的呵！太顯眼了，他覺得不同。他就想要他朋友買的二十年前那一種的。那車行老板會告訴他什麼道理呢？會告訴他說：「那你用不著花這三千萬元，我這一輛老舊的，一千萬元就可以賣給你了。」那他就花一千萬元高高興興買回去，車行老闆背後還笑他傻：「這輛老車子只要五百萬元就夠了，我還賣他一千萬元哩！」

又譬如有個人說：「我要換一輛好車啊！」他拿了五百萬元去，他才一看就說：「你這輛車子怎麼跟我家裡那一輛不一樣？」他家裡那一輛是裕隆的青鳥，現在路上很難找到了，就是一千三百西西的裕隆青鳥；他現在看的這一輛是BMW740i。可能是五百萬元以上吧？我不知道價格多少，我這樣猜！他就抱怨說：「怎麼跟我家裡那一輛不一樣？」原來他五百萬元只是想要買家裡那輛裕隆公司青鳥的新車，你說他笨不笨？笨啊！就是因爲不一樣，才要花五百萬元去買嘛！若是跟他家裡相同的那一輛裕隆青鳥，就算是新車，三、四十萬元也就夠了吧！何必花五百萬元去買？

所以我說，來正覺講堂聽《妙法蓮華經》，就是要跟外面聽的不一樣！如果我也跟外面大師們一樣依文解義，或者只是作科判，那我勸諸位不必勞神來正覺講堂聽，只要聽那些大法師們講的就夠了。所以福德也會顯現在什麼地方？也會顯現在智慧上面。眞正有智慧的人就會有福德，他可以去判斷，不會被慢心所遮障而判斷錯誤；假使一時沒有能力判斷，也會觀察：那麼到底跟我坐在這裡一起聽經的人是不是傻瓜呆？大家去瞭解一下，這樣子也可以從表面上判斷出來，這也是福德的一種。

那麼功德呢？功德就是心得決定而有受用；自受用是功，他受用是德。對於究竟說、了義說的經典，你能夠聽受而且作現觀，證明確是如此；至於還沒有親證的高層次智慧境界無法現觀，也可以從比量去推尋而知道一定是如此，這就表示你有自受用；那麼有自受用，是因爲有智慧能夠去如實分辨正或訛，這個智慧之所從來就是福德的展現！展現出來的智慧使自己有受用，這就是功德。有受用時，你來聽聞《法華經》功不唐捐，就是有功；那麼自己聽聞得自受用，可以轉而產生他受用功德，就是能讓別人也同樣可以多分或者少分獲得受用，這就是你的德。所以自受用是功，他受用是德，能利樂於別人。

「如有大施主，供給無量眾，具滿八十歲，隨意之所欲；見彼衰老相，髮白而面皺，齒疏形枯竭，念其死不久，我今應當教，令得於道果。即為方便說，涅槃眞實法，世皆不牢固，如水沫泡焰，汝等咸應當，疾生厭離心。諸人聞是法，皆得阿羅漢，具足六神通，三明八解脫。」那麼能夠去作大施主，供給無量無邊眾生一切生活享受的種種生活資源器具等等，「具滿八十歲」，具足一切有情而且滿足八十年，隨眾生之所欲一切供給；而且還教導這些無量無邊的眾生都證得阿羅漢果，並且使他們從慧解脫再提升上來成為俱解脫者，而且獲得六神通，進而獲得三明——也就是天眼明、宿命明以及漏盡明，這眞不容易啊！但是還不足以言功德，為什麼說不足以言功德呢？因為所度的、所利樂的這無量無邊有情捨壽後全都入涅槃去了。那只剩下他自己一個人因為度這麼多的無量無邊的眾生得涅槃，而產生自己的福德，可是未來世，他又要再很辛苦去利樂其他的眾生，那他的自受用功德就很少了。

所以功德要從究竟法、了義法的弘傳上面去獲得，將來大家的道業提升了，那你未來世的道業也會被大家推上去啊！有一句話很好：水漲船高。你開著船總不想擱淺吧？如果你一直打壓徒眾，一天到晚罵：「你們好笨！永遠都學不會，這個法只有我能得啦！你們想要學，門兒都沒有，你們永遠都不可能開悟的。」把大家的信心都打壞了，那麼大家一世一世都這麼跟著他，都不會開悟，因為他一天到晚都說：「你們這些在家居士，永遠是一壺燒不開的水。」有沒有道場這麼講？有啊！哪一個？很有名的，專門教《廣論》的。哪個道場？新竹的啊！（有人回答：……）欸！對啦！大聲一點說嘛！他說：「居士們都是一壺永遠燒不開的水。」好，果然他的信徒就永遠不會開悟，與般若的實證永遠絕緣。這是把水弄得越來越淺，那麼他那一艘船最後就擱淺了！道理很簡單！

那我們不一樣，我們總是說：「大家都可能開悟，因緣到了非悟不行。」於是水越來越高；當水越來越高，我這大船開起來就越放心，不怕暗礁啊！因為水高了就離暗礁越來越遠。所以我看你們都是可以燒開的水，只是時間上，有的人開得快一點，有的人開得慢一點而已。不論快一點開、晚一點開，終究是要燒開的。那麼這樣水漲上來了，我這一艘法船就升高了，就很容易開了！意思就是說，善知識不可以一天到晚澆息大家在法上實證的信心。這樣水漲船高，大家都好。

那我們教的是世出世間法，不許入無餘涅槃，只可以證本來自性清淨涅槃，將來次第進修，入地前可以證得有餘涅槃，有能力入無餘涅槃，依舊不許入涅槃，得要發十無盡願，世世常在人間利樂有情。那麼當大家都這樣走，這樣修，未來世有需要我出來弘法的時候，大家又來了，然後又是一大家子，「哇！這大家庭，人多好辦事！」就怕沒人。如果沒人時，很多事情都幹不了；所以我就希望咱們家庭要越來越大，成為一大家子，人多就好辦事了。當然也有後遺症啦！叫作家大業大！最近就是這樣子，好多事情，弄得我忙死了。可是既然飯館子都開了，不能怕客人多，所以就繼續作下去。

那麼我們在大乘法中要大家能夠證涅槃，而不取無餘涅槃，因為你要走入第二大阿僧祇劫，必須要有能力取涅槃啊！屆時只是留惑潤生，繼續保留著最後一分思惑，滋潤未來世一世又一世繼續受生於三界中的種子，才能夠廣利人天。所以涅槃還是要實證的，因此，證有餘、無餘涅槃，雖然不是大乘法中應該追求的，卻是同樣要有能力實證，否則無法進入第二大阿僧祇劫，就永遠停留在三賢位中。因此我們大乘法中同樣要演說二乘菩提，要把二乘菩提如實地演述，讓大眾可以理解，也因此，我們才要寫作《阿含正義》。

可是涅槃並不是虛妄法，因此實證的人與想像者的說法就會有很大不同。到了末法時代，一般的大師都說入涅槃以後就是灰飛煙滅，就等於是斷滅了。那麼問題立刻就來了：如果入無餘涅槃是斷滅空，我倒覺得大家不如輪迴生死的好。因爲既然無餘涅槃是斷滅空，那麼入了無餘涅槃有什麼意義？無益於眾生也無益於自己，那又何必取證涅槃？所以說，涅槃其實是眞實法，不是虛妄法。那麼涅槃爲何不是虛妄法？因爲在《阿含經》中常常說阿羅漢們是先得法眼淨以後，在 世尊面前告退，於樹下、山洞裡坐下來，開始深入思惟，一天半天之後自知自作證，於是來向 世尊稟報說：「我得阿羅漢果，梵行已立，所作已辦，解脫、解脫知見，知如眞；清涼、寂滅，眞實、常住不變，不更受有。」就這樣子來向 世尊稟報啊！

世尊有時會問一下，就是勘驗，有時根本不用問，然後會說明爲什麼是這樣。那麼證得涅槃，將來捨壽入了無餘涅槃，那不是斷滅空，才能夠說是「清涼、眞實、寂滅」。「清涼」一定是有個法在，才能叫作清涼，如果是空無，怎能叫作清涼？如果空無也能叫作清涼，那好辦，咱們可以開一家冷氣機百貨公司，不管誰來買，不論是要幾噸的，錢收了就告訴他：「清涼！」說了兩個字就夠了。那人家會不會抗議？會啊！「我跟你買冷氣機是要冷氣，你怎麼只告訴我『清涼』就算數了？」但因爲他認爲清涼就是空無，所以對他講了清涼二字就行了。可是佛法是實證，涅槃當然也是要實證，就好像賣冷氣機，得要有實質給人家；有一個東西使它產生清涼的空氣出來，才能夠說是清涼啊！不能夠只是個聲音、只是個文字。同樣的，寂滅、眞實，亦復如是。甚至於有時還說常住不變。

所以這裡說「涅槃眞實法」，眞的是眞實法。然而這涅槃眞實法得要方便說，否則眾生聽不懂，就無法實證。因此 世尊就爲大家演說「施論、戒論、生天之論」，看對方聽不聽得進去。如果不相信「施論、戒論、生天之論」，他怎麼會相信滅盡五陰以後，成爲不虛妄的無餘涅槃？他一定不會相信的。一定要先爲他說布施的因果，他信了，才有辦法繼續講下去。所以布施之論說完了，再說受持五戒之論的因果，看對方聽不聽得進去；持戒的因果他聽得進去以後，他才有可能信受三界和涅槃的境界。所以這個部分說完了，看他能接受了，再告訴他「生天之論」。

那麼生天就有不同層次的天，有欲界天、色界天、無色界天；如果他不相信三界的層次，你告訴他證無餘涅槃的境界，他怎麼可能相信？無餘涅槃的實證前提，就是要先知道三界的境界；然後捨報滅除自己，超越於三界的境界，不再受生於三界中，這才叫作實證無餘涅槃。如果對方對於生欲界天、生色界天、生無色界天的論義都無法接受，他就不可能接受眞正的涅槃，只會相信錯說錯會的假涅槃。這是有大前提的啊！當這樣子說完了，他也都信了，才可以告訴他「欲爲不淨，上漏爲患，出要爲上」；說欲界是不清淨的，色界也還是有漏的境界，出離無色界才是最重要的。

可是這樣的施設還不具足方便，還得要具足一個方便，就是說明涅槃實際的常住不變。所以我在《阿含正義》裡面特別要提出來，就是 世尊說的「因內有恐怖，因外有恐怖」。佛爲什麼要講這兩句話還作解釋呢？因爲如果於內法如來藏的實證沒有恐怖，或是明知自己對內法如來藏無法實證而依舊沒有恐怖，那他對於無餘涅槃的實證就比較容易；也就是說，對於內識（有時候說這個內識叫作外識，因爲祂能觸外法），對於五陰之內隱藏的這個本際入胎識，他不能信受，心中懷疑這個識可能不是眞實存在的，也就是像釋印順那樣懷疑；那麼因爲懷疑的緣故，他就不可能滅掉外法五陰，一定會想方設法保留五陰中的一部分，硬是指稱爲常住不壞法，就像釋印順指稱細意識常住不壞一樣，這就是「因內有恐怖」而無法證得聲聞菩提的原由。

由於「因內法如來藏不能實證的恐怖」，會引生「滅掉五陰成爲無餘涅槃時是斷滅空」的恐怖，就無法斷我見了；釋印順的成佛竟然還落入意識中，具足我見，就是個標準的例子。所以要爲人家演述涅槃眞實法時，眞的須要施設種種方便來解說；否則涅槃將無法實證，說到口乾舌燥，聽的人聽到耳朵長繭了，依舊對雙方俱無利益，因爲對方無法契入，於二乘菩提的眞實義絲毫無涉。

也許有人懷疑說：「你說的都是眞的嗎？」我說眞的是如此啊！談到涅槃，我就想起好像《佛藏經》裡有這麼說：「不得言得道，死言入涅槃；眾人信起塔，而自入地獄。」在《護法集》裡面印著《佛藏經》，我記得是《佛藏經》裡有這麼一首偈。沒有得道而對外謊稱他已經得道，然後他將要死亡的時候不說他要捨壽了，也不說他要轉生到未來世去，卻謊說「我要入涅槃了」，或者謊說「我要圓寂了」；好啊！眾生若是相信他的說法，果然在他死了以後趕快去蓋個涅槃塔紀念他，然後他自己卻是因爲這個大妄語業而下地獄去。

有沒有這種人？有啊！我在《狂密與眞密》書中就寫出來了，是大陸八大修行人之一。他其實是癌症死的，最後是死在軍方的一個醫院裡。但他一生就示現爲聖人的模樣，而他認爲自己證得離念靈知的境界是無餘涅槃，自己就是阿羅漢；然後又想：「聖人死的時候是不可以有不好的模樣。」所以他就硬撐著，撐到後來沒辦法了，送到一個軍方設的醫院去，到了那邊他還一直忍著。後來他有個很忠心的徒弟告訴他：「師父啊！這樣忍著也不是辦法，您這麼痛苦，我們眞不忍心，該吐的時候就吐一吐，比較舒服些。」勸了好幾次，他終於忍不住就吐了，吐出什麼？吐血！把人家的襯衫吐得都是血。

可是他才剛死，徒眾們就開始渲染。密宗的人都是這樣幹的啊！就開始渲染說：「我們師父死的時候示現大神通，然後才入涅槃。」聽說徒眾們隨後就去雲南爲他蓋了一個涅槃塔，這不正是經中講的這個嗎：「不得言得道，死言入涅槃；眾人信起塔，而自入地獄。」世間就有這種愚癡人啊！要那個名聲作什麼？那個虛假的名聲，他未來世又用不著。就算哄抬爲成佛好了，他未來世用得著這一世的姓名嗎？因爲他早忘了前世的自己叫作某某某了。

所以，幾十年後我向諸位告假的時候，你們發的公告可別說我圓寂了，千萬別說我入涅槃了！哈！我不會圓寂的，我的金剛不壞之身怎麼會像他們所定義的「圓寂」？圓寂是什麼意思？就是圓滿的寂滅，也就是入無餘涅槃的意思。那不是在罵我嗎？不是指責說我是聲聞人嗎？我可不是聲聞人哪！若是要入涅槃，兩千五百多年前我就入了，幹嘛不入還要拖到現在才入？多辛苦了二千五百年？所以我不是聲聞人！到時候可不要說我入涅槃，別說我圓寂喔！所以說，現在佛教界顚倒得很嚴重，往往在佛教刊物上報導出來說：「某某長老在某一天圓寂了！」原來那長老只是個聲聞人。早知道是聲聞人，趁他死前去把所有供養他的錢都挖出來，全部發給眾生受用都還好一點。既然他都要入涅槃了，咱們供養他那麼多錢財幹什麼？

所以說，涅槃這個法不容易證，但是菩薩也得要證，證了以後生生世世都不取無餘涅槃，依舊依止本來自性清淨涅槃，得要世世留惑潤生，眞的不能夠圓寂喔！對了！上上週有人寄信給我說：「大陸有一個長老一百零三歲往生了，好巧，他跟台灣的釋印順一樣的年紀，報導說他圓寂了。」還是說圓寂喔！原來他只是一個聲聞人！更巧的是他有一個好徒弟，也叫作釋印順（大眾笑…）。唉！

所以你說涅槃容易證嗎？不容易證欸！二乘有餘、無餘涅槃的實證並不是難事，並沒有人教導我啊！但是我卻能教導大家怎麼樣去取證有餘、無餘涅槃，我也把無餘涅槃中的境界都告訴大家了。連這麼淺的二乘涅槃，如今都被誤會到這麼嚴重，都說：「入涅槃就是灰飛煙滅，所以釋迦如來入涅槃以後已經不存在了，後世的佛弟子們因爲對釋迦如來的永恆懷念，因此創造出大乘經典來紀念。」這不就是那些六識論的「大乘非佛說」的信徒們講的嗎？就是釋印順那一派人。如果灰飛煙滅了，又哪來永恆的懷念？這些人邏輯眞的有問題。所以涅槃是眞實法，不是虛妄法。但是，涅槃的實證雖然不困難，也不是大乘法實證的主要內容，而是副產品，菩薩們卻也同樣必須要有實證，否則就無法入地，不能轉入第二大阿僧祇劫中修行。

那麼這個涅槃的眞實，縱使教導大家都實證了，使無量無數眾生得到無餘涅槃，這功德算大了呵？其實沒有功德！因爲這些人死後都會入無餘涅槃，他的功德就等於一個虛空樓閣。虛空中的樓閣能住嗎？根本沒有作用欸！只是一種想像法罷了。所以應當要眞實的樓閣，你才能住啊！什麼叫眞實樓閣？當你度了好多菩薩證得有餘、無餘涅槃，然後全都重新起惑潤生，繼續留在三界中自度度他；那麼這些人都會永遠在三界中利樂眾生，這個功德盡未來際，不斷地在顯現著，這樣才是眞功德。

這樣的功德不同於度無量眾生入無餘涅槃，因爲入了無餘涅槃就不會再顯現什麼功德了；那麼你度的菩薩實證涅槃眞實法以後，生生世世留惑潤生，你的功德就在大家身上繼續顯現、繼續生長，這樣你才能成佛。沒有人說成佛了以後是沒有徒弟的，成佛以後是各個階位的徒弟都應該要有，那麼這樣的功德才是眞功德。

「最後第五十，聞一偈隨喜，是人福勝彼，不可爲譬喻；如是展轉聞，其福尚無量，何況於法會，初聞隨喜者。」可是爲什麼要這樣說？因爲在佛菩提道中，你所教導的是妙法，是出污泥而不染的眞實義，這樣才能稱為「妙法蓮華」。可是這個「妙法蓮華」太深奧、太廣大，眾生很難理解，當你勸人去聽受了義說、究竟說，特別是諸佛親口究竟所說的《妙法蓮華經》時，那個福德無量無邊廣大。如果你聽我說法，勸人來聽，那麼福德當然很大，但仍遠不如親聞世尊演說法時勸人來聽，因為說者不同。說者的功德不同時，勸人來聽的福德、功德也就隨著不一樣，因為所說法的深廣不同。

「若有勸一人，將引聽《法華》，言此經深妙，千萬劫難遇，即受教往聽，乃至須臾聞，斯人之福報，今當分別說：世世無口患，齒不疏黃黑，脣不厚褰缺，無有可惡相；舌不乾黑短，鼻高修且直，額廣而平正，面目悉端嚴，為人所喜見，口氣無臭穢，優鉢華之香，常從其口出。」那麼在了義說、究竟說的《妙法蓮華經》中能夠心得決定，你就會不斷地勸人家前來聽聞《妙法蓮華經》；如果能夠勸人家來聽《法華經》，並且「將引」對方來聽。將就是抓著他的手，於是引導他來聽；「將引」他來聽的時候，還要讚歎說：「這一部經典很深奧、微妙，眞是千萬劫難遇啊！」那麼只要他肯來聽，即使他只聽了半個鐘頭，根器不夠而聽不下去了，那也不錯，因為至少把這個法種種進他心裡面去了，那麼你未來世的福報就很大了。

而這些福報顯示在正法中的修行者身上，顯示出來是不會長得奇奇怪怪的，至少都是正常的人，牙齒五官都長得正常而端正，讓人見了不會討厭。所以說，至少「舌不乾黑短」，這是一個很重要的顯示點；如果舌頭老是很乾，那麼他說法時就會有問題，因爲舌頭不斷地在口中摩擦，他一定很難過。舌頭如果很黑，表示他已經來日無多；如果舌頭很短，那他講話時含糊不清，人家聽不懂。所以「舌不乾黑短」是說講話時都正常，要表達事情也都很隨意。

「若故詣僧坊，欲聽《法華經》，須臾聞歡喜，今當說其福：後生天人中，得妙象馬車，珍寶之輦輿，及乘天宮殿。」那麼其他的呢，總而言之就是眾人喜見，面目端嚴，總之不會是醜八怪啦！假使有人像無鹽或嫫母一樣，讓人一見就嚇著了，那他一定不會出現在了義說、究竟說的《法華》會中，因爲那個人一定有往世的惡業。所以「法華」會上至少都是正常的人。好！這一些就不再繼續說它，凡是能夠在諸佛演說《法華經》的大會上聽經，一定都是有好異熟果的菩薩，當然都有一定的莊嚴度，譬如「爲人所喜見」

等等。這樣的人是有智慧的，就會想要前往僧坊聽聞善知識如實解說《妙法蓮華經》，他也將會因此而在後世得到許多福報。「後生」也就是說隨後轉生，不論在天界或在人間，「得妙象馬車，珍寶之輦輿」，或者乘坐生天果報之宮殿，這就是他的依報。

「若於講法處，勸人坐聽經，是福因緣得，釋梵轉輪座。」那麼如果在講法之處，勸人家坐下來聽受《妙法蓮華經》，不是想著趕快就要走人；因為坐下跟站著聽是不一樣的，站著聽，可能心裡面是打算聽個幾句，不順耳就要走人了；如果站著聽了一會兒想：「欸！有意思。」所以坐下來了，你就知道他不會走了；因為他覺得不刺耳，而且是喜歡，覺得經義內容有意思，所以他相應了，也就坐下來了。

那麼如果能夠勸人家坐下來聽經，這個福德可大了！因為那個人心中正在猶豫：「我要不要繼續聽？」以前沒聽過這樣的說法，講解出來的意思跟人家不一樣；他所謂的「不一樣」跟諸位所說的「不一樣」，意思是不一樣的（有人笑…）。因為他所謂的「不一樣」是說：「這種說法可能有問題！」你們所謂的「不一樣」是說：「這個太勝妙了，不是依文解義，與諸方大師所說不一樣。」所以他正在猶豫著：「要不要走人？」你就拉著他說：「欸！坐下來啦、坐下來啦！腳也痠了，坐著不會痠。」你這麼好意，他不好意思立刻走人啊！坐下來了就耐著性子再聽聽看；因為你熱誠招呼他坐，他總不好意思立刻走人嘛！多聽了一會兒，聽到後來心裡想：「嗯！有意思！」有意思，就表示他相應了，他就能夠正式地進入了義法中。

所以你勸他坐下來聽《法華經》，這福德很大；由於這福德的因緣，未來世或者去當忉利天的天主，或者去當大梵天的天王，或者在人間當轉輪聖王。但這畢竟只是世間有為法的福德，還是應當進求功德，也就是心得決定的聽受，才能繼續往佛果邁進。心得決定而聽受是不容易的，這是必須要實證的，因為實證了以後就知道法界中必然如此，所以要能夠心得決定而聽受。不能夠在實證上心得決定地聽受，至少從法義的瞭解上面來心得決定而繼續聽受，也是很好，至少未來世可以得到世間的廣大福德啊！那如果還能夠為人解說《妙法蓮華經》中的眞實義，以及這部經典引導大家所要趣向的是什麼境界，那福德又更大了！兼而有功德，何樂不為？

大家可以思惟一下，所說的是妙法，是出污泥而不染的這一部經，叫作

「如來藏」，又名「妙法蓮華」；那麼這一部經所說的眞實義，以及引導大家所要前往的趣向是什麼？是利樂無量無邊眾生而究竟成佛。既然說的是「妙法」而且是「蓮華」，可不是「妙法薔薇」，也不是「妙法牡丹」，而是「蓮華」；「蓮華」是出於污泥而不染污的，泥巴爛了、臭了都沒關係，但它就是長得很清淨，而且很清香，蓮花的特性正是這樣。那你如果用很乾淨的土去種，它就長不好，所以種蓮花要用爛土；你看有的水池，那水是經年不流通的，都已經發臭了，蓮華一樣長得好。

以前我讀高中的時候，學校裡有個水池就是這樣子，在兩排教室垂直交會的直角之處內側，有個方型的水池，水是經年不流通的，是黑色的，當水不夠的時候再加水，那水是不清淨的，可是那蓮花眞的是一點染污都沒有！大家怎麼樣也想像不到，它死不掉，而且花開得很美。不但泥土是黑的，連水也是黑的，但裡面的蓮花就是不死，卻長得很漂亮。

那麼諸位想想，這一朵能生「妙法」的「蓮華」能不能在出三界的清淨境界，或是無境界的三界外生長、開花？不可能！一定要在三界中，並且在無色界也不開花，永遠只是花苞而不開敷。到了色界，它也不開花，爲什麼呢？因爲它長不大；它就是在欲界，尤其是在人間特別容易生長，因爲人間有許多糞土。然而天人討厭人間：「哎呀！人間好臭！」可是正因爲人間是這樣的特性，才能夠使這朵「妙法蓮華」具足綻放開來——十八界法全都具足，才能具足六入全部；而且一切染污法都同時存在，讓我們可以現觀那些不淨的種子而能加以對治。

正因爲在人間會有很多很多的染污法，才能夠使你的如來藏中一切種子一一現行；當這些種子現行時，不論是看到自己身上的種子現行，或是看見眾生身上的種子現行，你的蓮花就會越來越有營養，長得越好；然後突破了污泥、突破了污水，接著開花，清香撲鼻，國色天香，就是你的道業開始一分分成就了。那麼這一朵蓮花就是要從汙泥中來生長，這一朵「蓮花」卻能夠出生無量無邊「妙法」，所以解說這一朵「蓮花」的經典便叫作《妙法蓮華經》。

「何況一心聽，解說其義趣，如說而修行，其福不可限。」那麼諸位想一想，這樣的《妙法蓮華經》並不是叫大家去證二乘涅槃，死後出三界而取圓寂，而是要教導大眾具足實證如來藏中的一切種智；最後你具足一切種智時，你就成佛了。於是就對十方三界一切諸佛、諸菩薩，以及十方三界一切佛教的狀況，能夠全部瞭解而能為人具足演說《妙法蓮華經》，這才是《妙法蓮華經》的眞正義趣。那你如果能夠心得決定而聽受，還能夠為人解說《妙法蓮華經》的這個義趣，自己也是「如說而修行」，那麼你的福德就不可限量了。

你可別跟我抱怨說：「哎呀！我沒有辦法這樣講經啊！」我剛才這樣講很難嗎？（大眾笑…）不難嘛！所以不要抱怨，你們將來也一樣可以如此為人演講，這就是「解說其義趣」。你不必講如來藏如何、如何，不必講一大堆，你就為人說明「妙法蓮華」這個道理是什麼，就是人人都有一朵「妙法蓮華」，祂要在欲界汙泥中來生長，才會分明而具足顯現出來；而欲界汙泥中所生長的這棵「蓮華」是能生之法，祂能生三界六道一切有情，也能顯現出一切有情各自都有的種種「妙法」，所以這棵「蓮華」就被 世尊命名為「此經」。

那麼「妙法蓮華」就是告訴我們說，這朵蓮花是要在汙泥中生長，而三界中的汙泥最多的地方就是人間。生長出來之後，你在這上面體驗到祂所含藏一切的種子，而且具足圓滿無所不知的時候——你具足圓滿一切種智了，就是成佛了。你這一朵能生「妙法」的「蓮華」就是完全開敷了，就是該你降生人間成佛的時候。所以《法華經》的義趣就是這個道理，就是要你將來成佛。而成佛之道這個法裡面你所要證的「妙法」，就是你自己的這一朵「蓮華」，這朵蓮華是生長於汙泥之中而成長出來的，才最容易圓滿開花；這朵「蓮華」能生一切「妙法」，就叫作如來藏。這樣講，不難啊！所以不要抱怨說：「欸！我沒有辦法這樣講！」怎麼沒辦法講？就是這麼簡單的道理，這就是《妙法蓮華經》的義趣。你把這個道理爲人簡單解說了，那你就是「解說其義趣」了。你能夠爲人這樣解說祂的義趣，世尊說「其福不可限」啊！

所以千萬不要妄自菲薄，修集福德可以有非常多的層面，也可以有非常多的方便善巧，也有非常多的因緣可以修集的。並不是只有每週來講堂要護持多少錢，才算是護持，不是這樣啦！不論護持多少錢，那個福德是有限量的；雖然正覺講堂是功德田、是勝妙田、是報恩田，但是爲人演述《法華經》義趣的功德更大，又不花你的錢，你爲什麼不要賺這個福德？

生意要會作，算盤要會打。當你「一心聽」以後爲人家「解說其義趣」，如果還能夠「如說而修行，其福不可限」。所以將來假使有人問說：「你今天晚上要去哪裡？」你說：「我要去聽《妙法蓮華經》啊！」「欸！那《妙法蓮華經》是講什麼？」你就有機會跟他講了。你說：「你跟我去，我在路上為你大略講解，包你去到正覺講堂聽得很歡喜。」路上你就開始為他講解什麼叫作「妙法」？就說明：「能生諸法的法叫『妙法』，一切法都從此法而生，這個法就叫作『妙法』。那麼這個法就叫作『蓮華』，為什叫作『蓮華』呢？因為出污泥而不染；而且是在人間就可以親證，不必生天，也不必出三界去證，是在人間就可以證。」

他一聽，心裡歡喜了：「哎呀！不錯！我住在人間呢。叫我出三界，我可出不去啊！什麼大師叫我要出三界去證，那太困難了！如今我在人間就可以證得，那好！」你就告訴他，這個法就是在人間可以實證，並且在人間證得祂的時候也最圓滿。然後這個法是可以出生萬法的。他會問你說：「為什麼說這個法可以出生萬法？」你就告訴他說：「這個法不但出生萬法，而且還出生了你欸！」他一想：「嗄？怎麼可能！」他會覺得好驚訝：「我不是由我媽媽生的嗎？怎麼你說我是由這個法生的？」欸！這時候你就可以有很多說法，可以一一為他鋪陳出來。他聽到後來終於瞭解：「果然我不是媽媽生的，媽媽只是提供我環境，給我資源讓我生長而已。出生我的原來是我自己的那個找不到的東西。」祂眞的不是東西。

他終於想清楚了：「喔！我也有這個東西，那這個東西叫作什麼？」你就告訴他說：「這個東西叫作佛，眞佛就在你心中。」「啊？我心中也有這個佛喔？」他覺得好奇怪又好奇特，就問你，你說：「有啊！這個佛現在還沒有成佛之前就叫作如來藏。」「喔！原來是如來藏喔！你講的是這個。我以前聽人家講過，可都聽不懂欸！原來是這個喔！那有意思，我跟你去聽。」這時候你叫他別來聽，他還偏要來呢！

那你就是把《妙法蓮華經》的義趣為他解說了，那你這個福德不可限量啊！這現成的福德為什麼不修呢？又不必你花費多麼大的勞力和花費多少錢。那你為他講完了，他心生歡喜，就有隨喜心了；他後來又被你影響而來聽經，那你不是又多了一個福德嗎？剛剛講的啊：勸人來聽經，那福德有多麼大！而他後來又願意來聽《法華經》，那你這樣不就兩個福德都得了嗎？然後你自己也坐下來聽，又多了一個福德。接著「如說而修行」，那又多了許多的福德。這麼多的便宜事，假使不想去修，那就是傻瓜囉！

所以聽聞《妙法蓮華經》時應該要隨喜，不要輕嫌；因爲隨喜的人得到廣大福德，輕嫌的人在無形之中損了自己很多福德，而他自己都不知道。甚至於還有人說：「哎呀！那些大乘經典都只是神話。」可是這麼一句話講出來，已經損了自己好多福德啊！他們卻還不知道呢！卻還繼續在那邊洋洋得意地說：「我好有智慧喔！都不迷信。」他們認爲說你們相信大乘經典的人都是迷信者，可是他們自以爲很有智慧、很現代，懂得搞學術，自以爲天下再也沒人比他們更懂佛法的時候，卻是大損自己的福德。

等到後來有一個「迷信」大乘經典的人出來演說眞正的佛法以後，結果卻是教他們口似扁擔，再也張不開口、說不得一句話了。那到底是誰才有智慧？所以標新立異顯示自己很有智慧、很現代的結果，只有把他們自己沒有智慧而且迷信於科學、迷信於文獻學、迷信於學術的愚癡狀態，都給具足顯示出來。只是如此而已，對他們有什麼好處？結果反而是你們這些被稱爲「迷信」大乘經典的人，有好多人實證了，確實證實了大乘經之所說，全部都是如實語啊！所以對大乘經典輕嫌而損福，是最不智之舉。懂得隨喜功德，同時也得到未來世的廣大福德，這才是有智慧的人。

那麼我們修行到這個地步，諸位《妙法蓮華經》也聽聞到這個地步，知道了《妙法蓮華經》的眞實義；現在 世尊老婆心切，憐惜我們大家，告訴我們說修集福德不一定要很辛苦去作義工出勞力，也不一定要很努力地去東挪西挪而挪出一大筆錢來護持講堂，而是當你爲人解說《法華經》中的一小部分時，也是累積自己的大福德。勸人來聽《法華經》是大福德，自己每週來聽《法華經》也是大福德；然後假使可能，爲別人「解說其義趣」，這也是大福德。

這些福德都不可限量，既然如此，我們就想一想：當我們聽完《法華經》以後，可以作什麼？既然《法華經》說的「此經」是可以實證的，那麼顯然這部經中說的就是眞實法。佛陀既然說確實是有這麼大的福德，那我們「如說而修行」，首先要修什麼行？每週來聽聞《法華經》心中隨喜，是第一個福德。接著，勸人來聽《法華經》，是第二個福德。再接下來，要設法實證「此經」，使你可以心得決定，就可以一心聽、一心修，這是第三個福德。接著遇到有人想要瞭解《法華經》是什麼，你就「解說其義趣」，這就是第四個福德。最後一個是「如說而修行」，這是第五個福德。那麼如果能夠具足這五種行，未來世福德不可限量啊！那諸位想一想，這個福德要不要修？（有人回答：要！）《法華經》的功德要不要隨喜？（大眾回答：要！）聰明啊！那麼這樣子，諸位未來世都會很有福德；很有福德就不缺道糧，咱們大家來世又同聚的時候，可以再幹一番復興佛教的大事業了。〈隨喜功德品〉講到這裡也就圓滿了，下週要開始講〈法師功德品〉。

《妙法蓮華經》

〈法師功德品〉第十九

經文：【爾時佛告常精進菩薩摩訶薩：「若善男子、善女人受持是《法華經》，若讀、若誦、若解說、若書寫，是人當得八百眼功德、千二百耳功德、八百鼻功德、千二百舌功德、八百身功德、千二百意功德，以是功德莊嚴六根，皆令清淨。是善男子、善女人，父母所生清淨肉眼，見於三千大千世界內外所有山林河海，下至阿鼻地獄，上至有頂；亦見其中一切眾生，及業因緣果報生處，悉見悉知。」爾時世尊欲重宣此義，而說偈言：「

若於大眾中，以無所畏心，說是《法華經》，汝聽其功德：
是人得八百，功德殊勝眼，以是莊嚴故，其目甚清淨。
父母所生眼，悉見三千界，內外彌樓山，須彌及鐵圍，
并諸餘山林、大海江河水，下至阿鼻獄，上至有頂處，

其中諸眾生，一切皆悉見。雖未得天眼，肉眼力如是。」】

講義：現在是第十九品，要談論《法華經》的說法之師的功德。爲什麼世尊這一品要講法師的功德？因爲前面一品是講隨喜的功德，所以現在要把法師的功德來跟隨喜的功德作一個校量，所以接著就是宣講〈法師功德品〉。當然〈法師功德品〉顧名思義就是，爲人演說《法華經》、宣講如來藏妙法的這位說法之師的功德。那「法師」的定義就很廣了，但是也可以很狹隘。很廣，是說不論是天人或者人類，乃至有神祇或者鬼道有情，或者是狗類等畜生，只要牠們能通人語，也有智慧而能爲人演說《妙法蓮華經》，那麼牠們也就是「法師」，所以這個函蓋面的定義很廣。

可是也能夠很狹隘，就只有一個定義，也就是親證了「此經」然後來爲大眾演述，才能叫作《妙法蓮華經》中所說的「法師」。就好像在四阿含諸經裡面對法師也有一定的定義：爲人演述色陰，不管是過去色、現在色、未來色，都是無常、苦、空、無我，都應該要滅盡、離欲；這樣爲人說法的人，才是眞正的法師。同樣的道理，爲人演述說明：受、想、行、識，特別是說識陰了了分明離念靈知，都是無常、苦、空、無我，全部都應該要離欲、要滅盡，這樣為人說法，才是二乘菩提道中的「法師」。那如果教導你要把握自己、當自己，那是落在色陰裡面，也是落入受、想、行、識四陰中啊！那就不是「法師」——不是聲聞法中的法師。

如果教人要把握自己、要活在現在、活在當下，那麼這是活在什麼之下？是活在色陰跟識陰之下，當然也同時活在受、想、行三陰之下；那就是完全活在五陰具足的情況下，就只能繼續輪轉生死了。所以曾經有專門教禪的大法師說：「專心生活就是禪，吃飯的時候滋味要了了分明，不能忘記，不能忘念，這就是禪的生活。」那他就是完全活在五陰中。又如釋印順主張細意識常住不壞，落入識陰中；像這一類人，不是教導人家色陰乃至識陰的無常、苦、空、無我，不是教導人家對這五陰應該要離欲，應該要滅盡，他就當不上二乘法中的「法師」了。

同樣的道理，為人家解說因緣法時，一定要依涅槃本際的常住，要依「齊識而還」的那個第八識來演述十因緣，先把大眾安住於涅槃常住不變而非斷滅空的正見中，使大眾不會「因內有恐怖、因外有恐怖」，可以安心了，然後才為大眾演述十二因緣，來滅除對於五陰的我見和我所的貪愛，再面對我執的堅固而加以破壞，這樣才是因緣法所說的「法師」。否則就不是眞「法師」，不管他是什麼身分，戒疤燙得再多、身上穿著九條衣，甚至發明十三條衣來穿也沒用，都不是眞正的「法師」。

同樣的道理，在大乘法中如果宣講般若的時候，教人家否定眞如：「眞如是不可證的，眞如的所依體如來藏是不存在的，滅盡一切法的滅相就是眞如。」那他就不是大乘法中所說的「法師」，因爲他不懂「此經」，也因爲他是正面否定世尊的妙法。所以「法師」的定義，從佛法的眞義上面來說，在三乘菩提中的定義是很嚴謹的。一定是在三乘菩提中有所實證了，然後來爲人演說所證之法，才能夠叫作「法師」；至少也得不違背聖教量，依文解義而不是自己作解、自己過解來爲人說法。

那麼這一品講的「法師功德」，所說的功德要從他具備了說法之師作爲前提來說起，所以他必須要對於「此經」有所實證，證了以後對於《法華經》所說的十方諸佛深廣內涵、以及諸佛實證的境界都深信不疑，所以他才能爲人如實演述《妙法蓮華經》；這樣的人才是《法華經》中 世尊所說的「法師」；像這樣的說法之師，將會具有這一品所說的功德。現在先把經文來語譯一下：

語譯：【這時佛陀告訴常精進菩薩說：「如果有善男子、善女人，受持這一部《妙法蓮華經》，他或者讀、或者誦、或者解說、或者書寫，這個人將來會得到八百的眼根功德、一千兩百的耳根功德、八百的鼻根功德、一千兩百的舌根功德、八百的身功德、一千兩百的意根功德，以這樣的功德來莊嚴他的六根，進而修行而使六根全部清淨。這樣的善男子、善女人，當他六根全都清淨了以後，可以用父母所生的清淨肉眼，看見這個三千大千世界內以及三千大千世界外的所有山林河海，他的所見往下到達阿鼻地獄，往上乃至有頂天；同時也看見了三千大千世界的一切眾生，以及這些眾生業、因緣、果報和所出生的處所，都能全部看見、全部了知。」這時世尊想要重新宣示這裡面的義理，就以偈頌重新說道：

「如果在大眾之中，以無所畏懼之心，演說這部《妙法蓮華經》，你聽我解說這位法師的功德：

這個人會得到八百具足之數，具足功德的殊勝眼，以這個莊嚴的緣故，他的眼睛非常的清淨。

他能以父母所生的肉眼，直接看見三千大千世界的全部，乃至於三千大千世界內外的全部彌樓山、須彌山以及鐵圍山，還能看見世界中其餘的山林、大海、江河其中的水；往下可以看到阿鼻地獄，往上能夠看到有頂天，這其中的一切眾生，全部都看得清楚分明。

雖然他剛剛下生人間，尚未出家修道而還沒有得到天眼，他的肉眼力量已經可以這樣子。」】

講義：先要請問諸位：「你們信不信？」信？眞的嗎？我不相信你們眞的信啦！（大眾笑…）大約是爲了安慰我，所以才說「信」。實際上可能是一面說信，一面腦海裡面有一個鉤鉤的標點符號生起了。這就是《法華經》難解之處，所以這部經典眞不是容易瞭解的，因爲它的密意很難了知，所以要把這部經文詳細地、如實地、如理地演述是不容易的。否則的話，憑什麼能得到世尊所說的這些功德？那麼講到這裡，諸位一定會想：「欸！不曉得蕭老師他有沒有用天眼看到？能不能這樣看見？」一定在打出這個問號了！對不對？這也是人之常情，並不奇怪。老實說我也會這樣想啊：「我蕭老師能不能這樣看見？」連我自己都懷疑了，你們怎能不懷疑！（大眾笑…）

可是不必懷疑啦！因爲這其實有理上的說法，也有事上的說法可以解釋清楚，所以大家都不需要懷疑。就好像大乘經典裡面往往 佛的說法很奇怪，末法時代的佛弟子們往往讀不懂；例如天魔波旬來請求 佛陀趕快入涅槃，別再度眾生了；他常常會來請 佛入涅槃，三不五時想到了就來請求。他請 佛入涅槃是很殷勤的，有一次 佛陀演說《不退轉法輪經》，結果連他的魔宮都大大震動了，他心裡面就很擔心：「不曉得又要度走我多少魔子魔孫啊！」所以他很擔心，發動了四兵來壓制，想要阻止 佛陀繼續宣講。

這是因爲 佛講的《不退轉法輪經》，是要使所有的人都不退轉於正法輪的。這是天魔波旬的最大痛處，那還得了？聽聞 佛陀講經說法的人，都還只是全體人類中的極少數，若是要說到鬼道那些有福鬼、大力鬼，以及天界的那些天人們，那數量可就多了，如果全都被度而不退轉了，可就不再是他所管轄的眷屬了，所以他覺得受不了啊！就會想要來請求 佛陀停止度眾生。可是他知道這個請求是不通的，因爲 佛陀講經說法一定不會接受他的阻止，他也是沒辦法說服 佛陀而阻止下來，所以他就發動所有的兵將，嚴整器杖，就向 佛陀這裡來進逼了；沒想到他們所有兵將靠近以後，才剛聽到 佛陀說法的音聲，大家全都動不了，個個都變得很衰老而且體弱，連走路都沒辦法了。

這天魔波旬倒眞是魔王，於是撐著拄杖一步一拐地拐到 佛陀面前來，要求 佛陀不要繼續說法度眾生。佛陀說：「我不能不說法，爲眾生說法是我來人間示現成佛的目的啊！」可是天魔波旬講了一句話，使得 佛陀不得不聽，他說：「佛陀您憐愍一切眾生，我波旬也在眾生數中，您難道就不憐愍我嗎？」（大眾笑…）他又說：「世尊演說這部《不退轉法輪經》，害得我現在連想要一個人來扶持，都作不到了。」欸！他眞的很聰明，懂得用這一招。但 佛陀是什麼樣的智慧，哪能夠用這句話就把 佛陀給阻止了呢？佛陀就安慰他：「好啊！你別擔心，我不會度盡一切眾生啦！就算我每天度恆河沙數的眾生入涅槃，盡我形壽每天這樣子度化，眾生也是度不完的。你安心吧！回去啦！回去啦！」

但天魔就是賴著不肯走，就說：「佛陀您就不憐愍我，您看我現在變得這麼老，連正常走路都沒辦法，如今連一個可以來扶我走路的人都沒有了。」他想要有一個人當作手杖一樣來扶持，也都辦不到了，因此又說：「那您大慈大悲，是佛陀，難道都不憐愍我嗎？」佛陀就說：「好啦！我說一切佛法時，都不度眾生入涅槃，也不度眾生斷我見；不度眾生得解脫，也不度眾生成佛，一切眾生都不會得度，你現在可以回天宮去啦！」他這一聽，世尊對他作了承諾，他認爲這樣就不會使他的欲界眷屬減少了，心中很歡喜，因此又回復年輕力壯的模樣，神通也全都回復了，而他的那些徒眾也就全部跟著回復神通，也都像原來的那樣強壯了；於是大家都很歡喜，他也就領著魔宮的徒眾「歸依三藐三佛陀。」（編案：經文是「我今心歡喜，救世三佛陀，佛所說無異，眞實不虛妄」。）那時他可是眞的歸依了，就告別說：「世尊眞的憐愍我，我現在歡喜回天宮了！」就回復爲盛壯之身，回魔宮享樂去了。這也是世尊的方便善巧，把成佛的種子爲他種下去了，所以他未來也會成佛的。

可是世尊說的是什麼意思？難道會是語言表面上的意思嗎？從表相佛法而言，一切眾生都應該滅盡五陰，解脫於三界生死輪迴，這才是眞正要大家實證的。可是佛陀竟然告訴天魔說：「我不教一切眾生滅盡五陰入涅槃，你可以回去了！」不滅盡五陰，那就是繼續在三界中流轉生死囉？那永遠就會當天魔的子民！「我也不教一切眾生離欲，所以你放心啦，他們都會繼續活在欲界裡面。」那就是繼續成爲他的子民囉！他以爲是語言表面的意思。

可是他不懂佛陀在講什麼，佛陀是依第一義而說的啊！因為度一切人成阿羅漢才會入涅槃，可是佛那時說的是第一義法，所以度一切人證道時，證得本來自性清淨涅槃，卻教一切人不滅盡五蘊，永遠不入無餘涅槃，繼續邁向佛地，這就是菩薩道，當然是證得如來藏以後永遠不入無餘涅槃，不會滅盡眾生。

欸！天魔聽了很歡喜，誤會了就認為欲界眾生不會被 佛陀所度而進入涅槃去，他就可以繼續擁有欲界中的一大堆有情，永遠可以由他來統治。那麼 佛陀說：「我也不度一切眾生成佛。」對啊！哪有誰成佛？當你證悟以後，以及證得佛地境界以後，你從第八識來看時，有誰得度、有誰成佛？一切眾生後來成佛的時候也都沒有成佛，因為你是從如來藏來看，當然沒有一人成佛。那天魔不懂，只從語言文字上面來看、來聽，所以他認為 世尊應許他，繼續說法時不會度眾生離開他管轄的欲界境界，所以他心中很歡喜，回復身強力壯就回天宮去了。

這意思是告訴大家什麼？世尊對他演說的好像是一種承諾，但其中的理說跟事說，天魔當時聽不懂，他只從語言事相上來聽 佛陀所說，誤以為 佛陀允諾他不再令眾生得度了，認爲是承諾給他：使得聽受 佛陀說法的眾生都不能得度。但是從實相法界如來藏的境界來看時，得度的菩薩們其實都沒有得度啊！因爲菩薩們得度的時候，還是住在自己的如來藏境界裡面，哪有被度到哪裡去；是依舊住在自己的如來藏中而沒有度到另一個彼岸，這樣才是眞正的得度。所以 佛陀並沒有說謊騙他，是他誤以爲 佛陀答應他不使眾生得度，其實 佛陀是在爲他宣說甚深第一義諦，是在度他啊！

即使將來他來責備 佛陀，佛陀會告訴他：「**等你悟了，你再來責備我，現在不接受你的責備，因爲我說的是如實語。**」等他有朝一日眞的開悟了，他就當菩薩了，他就會知道：「**啊！佛陀是那麼慈悲對待我，佛陀眞的沒有騙我，只是我自己當時聽不懂其中的眞義，只聽到表面上的意思。**」所以 佛陀沒有說謊，佛陀是從第一義來告訴他、來開示給他，恩德比山高、比天大；但他只從事相上來聽，認爲沒有妨礙他繼續擁有欲界眷屬，所以色身回復強壯而且很歡喜回天宮去了。從表面上看來好像 佛陀騙了他，其實 佛陀沒騙他。佛陀對他說的這些法，是把了義、究竟的法種到他心田裡面去，當然他未來就會有因緣修學正法，所以後來 佛陀也授記說，魔王波旬未來也會成佛。那你想，事說跟理說如果聽不懂，那差異就很大了。

那我們來看這一品，這一品是〈法師功德品〉。佛陀告訴常精進菩薩摩訶薩說：「如果善男子、善女人受持這一部《妙法蓮華經》，或者讀、或者誦、或者解說、或者書寫，」好！先來談這些。諸位當然知道 佛所說的不只是字面的意思。受持《妙法蓮華經》，這一部經稱爲《妙法蓮華經》，主要就是在人間受持，因爲蓮華得要在人間汙穢之處才能生長，才能長得具足美好。當然也包括欲界諸天，但主要是在人間，欲界天中生長的蓮花不是很具足圓滿。就是在人間這個污穢之地，「蓮華」生長出來的「妙法」，才能圓滿具足。爲什麼稱爲「妙法」？因爲具足世間與出世間的一切法，也具足第一義諦妙法。人間是具足三界一切法的，這些法卻是成佛時所必須全部瞭解的，所以便叫作「妙法」。

那麼這個「妙法蓮華」本身卻是清淨而沒有污染的，並且是本來就清淨、本來就沒污染，不是修行以後才清淨離染的，所以才稱爲「妙法蓮華」。那麼《妙法蓮華》這部經講的就是第八識如來藏，是大家各自都有的如來藏妙心。而這個如來藏，你如果去讀的時候該怎麼讀？你請了經本來讀，那就是讀啊！這還不夠簡單嗎？太簡單了。然而同樣一種讀，卻有兩樣心情。有的人眞是讀，有的人卻只是從文字表面讀。那眞正去讀才是「此經」所說的「讀」啦！因爲正在讀時，都知道究竟這裡面在講什麼道理。例如《如來藏經》、《不增不減經》，還有《無上依經》、《解節經》等經典；又如我們已經講過的《維摩詰經》、《勝鬘經》，全都在這裡面，都叫作「此經」。這些經典，當你去閱讀的時候，你都可以如實理解，那就是 世尊在這裡所說的「讀」。如實理解而精進去閱讀，那就是「讀」啦！

那麼如果是「誦」呢？誦就是你可以把祂發揮出來，就是「誦」啊！你一個人在讀經的時候，不是默默地讀嗎？可是早課、晚課作課誦的時候，成爲定課而誦出來的時候，人家都聽得見，對不對？嗯！別人都聽見了，可是聽不懂。因爲你也沒有解說嘛，那就是「誦」。誦出來的時候，就顯現在外了。同樣的道理，當你悟了《妙法蓮華經》，一定會不知不覺地顯現在外；即使你不說法，學佛人看到你，一眼就知道了：「欸！這個人和別的學佛人不太一樣。」當他跟你接觸了，他就會發覺你不一樣啊！那就是你已經在爲他「誦」這部經典了。

「誦」了之後有些人對你開始有興趣，甚至央求你爲他解說；百般央求之下，你當然不好拒絕，於是就爲他略講了，所以你就有這個「解說」的事情出現了。那麼「解說」久了，人家也希望你把它寫下來，讓大眾可以反覆去閱讀，那不就是「書寫」嗎？對啊！所以對這部《妙法蓮華經》，你能夠「讀、誦、解說、書寫」，那你就顯示已經得到「八百眼功德」。當然，這只是從見地上面來說，與《楞嚴經》所說實修的八百眼根功德還是有差異的，這且暫時不說；想要眞正瞭解眼根八百功德的人，可以直接去閱讀《楞嚴經講記》。

現在先說後面這個部分。眼有八百功德、耳有一千兩百功德、鼻有八百功德、舌有一千兩百功德、身有八百功德，意就是一千二百功德。爲什麼如此？也許諸位有讀過《楞嚴經講記》，也就瞭解了。可是我想現在有很多明心的人不太想讀了，因爲讀到第四輯還行，到了第五輯還覺得馬馬虎虎，勉強還可以讀懂；讀到第七輯、第八輯時覺得很吃力，到後面講五陰盡、五十陰魔時想：「呵？那在講什麼？」不懂了！是不是？是喔！

老實說，有的人明心後讀到第五輯、第六輯就不再讀下去了：「前面講眞如佛性，那我很有興趣，我有明心了，可以讀懂啊！後面太艱深，我就不讀了。」會內如是，會外更如是啊！所以我們出版社曾經有一個月收入最低的時候，總經銷那一個月結算時才只有台幣七萬多塊錢，那段時間出版的正是《楞嚴經講記》，因爲太深，多數人就不請購了。可是到後來又開始增加了，是發行到第十四輯、第十五輯的時候，又變回到十二萬多了，好奇怪喔！這表示說，後來讀者們多讀了幾遍，覺得說：「嗯！這眞是妙法，還得要好好讀。」可能也覺得古來沒有人把這部經典註解得這麼深入明確，講得太好了，於是又珍惜起來了。那《楞嚴經講記》裡面就講到這六根的功德。

可是這六根的功德會有這兩大類的差別：第一大類是八百功德，第二大類是一千二百功德。六根有這兩大類功德，是一半一半，那就要去瞭解了。也就是說，這六根的功德，如果在人間全部具足發揮出來的話，要定義爲一千兩百；那我們把它分爲三份來說，是每一份四百功德，就容易說明了。例如眼根能見，那麼請問諸位囉：眼的所見，三百六十度，你能夠看得見幾度？可以轉頭看看啊！你轉過頭去，再把眼睛努力轉，能看到幾度的範圍？（有人說：一百八十度。）兩邊轉了以後不只一百八十啦！就是說，你轉頭去看的時候，包括眼睛同時也轉過去，有一個極限，看不到正後面。那麼往另一邊轉過去看時也是一樣，兩邊都一樣，你無法完整看到後面；除非你能像 佛陀一樣連上半身也轉過去，才能具足面對後面。所以眼根，以一千兩百功德作爲圓滿的程度來算，只能看到三份中的二份，它只有三分之二的功德，所以眼根只有八百功德。至於詳細的部分這裡就不講了，因爲現在不是在講《楞嚴經》嘛！

那麼耳根呢，耳根就不一樣了；不管人家說法的時候，法音是從什麼地方說過來；即使是在你背後說，你也聽得清清楚楚啊！但你眼根只能往前看，你可以閱讀，但是讀的時候也就只是前面，假使有人從左邊寫過來給你讀，你最多也只能夠讀到某一個程度，沒有辦法再轉過去看後方，因爲頭轉不過去，而你的眼睛就看不到背後的正面。景象、色塵亦復如是，所以眼根的功德只有八百。可是耳根就有一千二百，因爲全分能聽；不管你怎樣聽，從前面聽、從後面聽、從兩側聽，全都一樣聽得清楚，所以耳根具足一千二百功德。

眼、耳之後，再來是鼻根，鼻根爲什麼只有八百？你吸氣的時候可以嗅到香塵，可是你不會是一直繼續不斷地吸吧？對啊！你總會停頓，停頓的時候就沒有嗅到了，所以這個時候是停止的，停止的時間大約是你要再重新呼吸的四分之一的時間，雖然不是很長，但也不短；然後吸滿了氣，你停頓了一會兒，總要吐氣吧？吐氣的時候，身體裡面的味道就出來了；有時候自己都會覺得：「嗯！好臭！」有時候覺得：「今天不臭。」可是吐氣也不可能一直吐下去吧！總有個極限；所以吐完了，又要改爲吸氣了；可是吸氣之前，又會停頓了，大約要停頓一個吐氣時間的四分之一。除非你正在跑步，否則平常大概就是這樣子。所以鼻根嗅香的功德，只有吸與呼的時候有；停頓的時間，例如吸以後的停頓、呼以後的停頓，那兩個時間裡是沒有功德作用的，所以合起來大約就是吸氣、呼氣的兩個時間有辨香的功德。好啦！你這樣算一算，鼻根就只有八百功德了。

眼、耳、鼻，鼻根是如此，再來舌根。舌根就不同於鼻根了，因爲可以爲人家說法啊！只要你心中有法，你就可以全部都講解出來，就不會有限制。當你說法的時候，舌根的功德沒有限制；若是覺得有限制，一定是因爲你的智慧不夠。但是你那些智慧要全部表達出來的時候，舌根不會對你有所限制。它的功能是可以具足演述的，所以舌根有一千兩百功德。

眼、耳、鼻、舌，再來是身。身根的觸覺一定要接觸才能夠了知那個觸是什麼，那麼接觸之後的離，又會有離時的觸覺，也就是不知原來的觸覺；可是接觸與不接觸的感覺就限制在那一邊，離的時候你是不了知的，所以那個不了知的部分大約就把它歸納到三分之一裡面去；那你有觸樂、觸苦以及離的知覺時成爲三分，有觸的知覺就只是兩分，只有八百功德，所以身根也有它的侷限。某一些觸覺沒有跟你接觸時，你是無法了知的，你就只能了知那個離觸，不會有接觸時的觸知，所以這時候就剩八百功德了。那意根可以緣於一切諸法，只要你意識在的時候，意根就可以這樣作用；當意識不在的時候，意根也還是能緣於一切諸法，所以所緣的諸法沒有限制，意根就有一千二百功德。這是《楞嚴經》中講的。

說到這裡，有人說：「《楞嚴經》是僞經，不該相信。」這種話是什麼人講的？什麼人講的？最有名的是呂澂，讀作徵還是讀作澄？那個字怎麼唸？徵收的雙人旁改爲三點水，（有人回答，聲音不清楚。）喔？最有名的正是他，他寫了一篇〈楞嚴百僞論〉。其實呢，我要送給他四個字：狗屁不通。因爲他那個百僞論講不通，凡夫就可以破斥他了；更何況《楞嚴經》中所說的勝妙之法，又是佛菩提道中不可或缺的一部分。如果缺了這部分的佛法，世尊所說的勝妙法就不是具足圓滿的，那當然是 世尊所說的正法，否則誰能懂得五陰區宇和五陰盡的境界，又如何能修到佛地呢？而其中的聖境，有些也是我已經體驗過了的，並不是凡夫們想像杜撰出來的，這就證明是眞正而且勝妙的經典，一定是 佛陀所說。

那麼他們爲什麼要反對？先來談這個部分。他們要堅決反對的原因，是因爲那部經中都在講如來藏，都在講佛性，他們想：「這如來藏、佛性，都是我沒辦法實證的，我是六識論者，不同意這部經典中說的八識論，我一定要推翻它，要說它是僞經，大家就不可以說我們沒有實證佛法了。而且卷五以後所講的五陰盡的內容，說那是諸佛的境界與實證的過程、內涵，哎呀！那簡直像天方夜譚，不可信、不可信！」這就是他們否定《楞嚴經》的目的啦！因爲他們完全不懂，是一開始就不懂了，就別說後面也讀不懂啦！那麼他寫了《楞嚴百僞論》，印順法師也是支持得不得了啊！因爲如來藏是他們所不能信受的法，所以就一起反對。

但是我們回頭來看，在整個佛菩提道中，固然其他的經典也有說明佛道——成佛之道五十二個位階的內涵，可是從入地後怎麼樣達到六根清淨的佛地境界，在十地修行的過程中，所歷經的五陰區宇和五陰盡的實修內涵與實證境界，在其他經典中有沒有講過？沒有。就只有在《楞嚴經》中才有講到五陰區宇跟五陰盡的內涵，只有《楞嚴經》中有說明，這顯示《楞嚴經》一定是眞正的聖教。因爲即便是入地的菩薩也都還無法杜撰其中的內容，何況凡夫大師們能夠杜撰出來？

五陰區宇講的是五陰的習氣種子境界，還沒有斷盡五陰的習氣種子，就會落在五陰習氣種子所遮障的境界之中，被五陰的習氣種子所侷限，所以說是五陰區宇。那麼色陰盡的時候，超越了色陰的習氣種子時，那是什麼境界，在經中就明白告訴你，但是在其他經典中有說過嗎？都沒有！那麼受陰盡的時候，就是斷盡了受陰的習氣種子，那個境界相，其他經典有講過嗎？也沒有！同樣的，想陰、行陰、識陰的習氣種子如何斷盡，斷盡的境界相是什麼樣貌，其他經典中也都沒有講，就只有《楞嚴經》有講啊。所以這一部經典是整個佛菩提道中不可或缺的一部分，因爲它把入地後的那一些修行和實證境界的內容鋪陳出來了。

可是爲什麼它屬於密法？因爲這是「如來密因」，也是菩薩們所證的密境；既是如來的密因和菩薩所證的密境，就不是對一般眾生可以宣講的，也不是一般眾生所能理解的。可是我仍然要講，因爲我必須要用這部經典來建立大乘妙法於永遠不敗之地！所以我必須要講，也必須要如實註解出來。如果不把它解釋出來，眾生將會繼續毀謗，會繼續否定啊！那我們如實把它演述出來，整理成文字流通出去教育佛門大眾，那些大師們以後就不能再毀謗，佛弟子四眾就能稍微理解它，對佛弟子們就有利益了。

就好像《大乘起信論》，有好多六識論者都在否定它，爲什麼呢？因爲它講阿賴耶識，不只講心生滅門，也講心眞如門。而眞如是他們都不能證的，所以他們就極力否定啊！辯論得最厲害的是日本人，日本佛教界有一派人是弘揚如來藏的，當然後來也失傳了。另有一派就是東密的六識論者，所以兩邊古來就辯個不停，他們雙方都寫文章、寫論來互相辯駁，辯論了幾百年，所以日本人對《起信論》諍論而留下來的文獻最多。

但是我不讀那些論諍的文章與書籍，我沒讀過，也不需要讀，因爲日本人是從那部論的字面上來辯論的，讀了對我沒有絲毫意義。也因爲那些辯論者，不論支持或否定《起信論》，我講解的《大乘起信論》就是他們應該要研讀的。他們應該要讀我的註解，我去讀他們寫的言不及義的東西幹嘛？專教微積分的大學教授，不需要去讀一個高中生或小學生寫的數學教材吧？不需要嘛！一樣的道理，當你去看近代密宗所自稱的「密法」，其實他們沒有密，只是故作神祕，只是不可告人而說爲「密」而已。只有《楞嚴經》說的眞如、佛性才是佛法中眞正的密，所以大乘入地後應該修的法與境界相，不能被世人所了知的，才眞正可以稱爲密宗；喇嘛教的雙身法沒有資格稱爲佛法中的祕密教，無密可言，只因爲不可告人、怕被人家知道才需要保密。

那《楞嚴經》——《大佛頂如來密因修證了義諸菩薩萬行首楞嚴經》，說這是諸佛如來的密因，因爲這是佛法中的密中之密，不需要給一般眾生閱讀或瞭解。因爲這部經中講的是給證悟後的菩薩們聽的，要教菩薩們瞭解眞如與佛性之間有何關聯，實質是什麼；而你悟後要繼續修行，以及入地後要怎麼修：必須把五陰習氣種子滅盡，滅盡了才有辦法成佛；而成佛的境界是六根互通的，所以眼根可以作六根用，耳根也可以作六根用，每一根都可以作六根用，這就是六根清淨相的圓滿。那麼這樣來看《楞嚴經》是不是僞經，也就了然分明了，就很清楚顯示它是佛菩提道中不可或缺的一部經典。

因爲菩薩在因地應該怎麼修，入地後又該怎麼修，一般說的都只是義理的部分；可是這實際修證的內涵與五陰盡的實證境界，卻都沒有講過，只有《楞嚴經》中才有說出來。所以這部經是佛菩提道中不可或缺的，怎麼可能是僞經呢？因此我們就要把它註解出來流通，後人如果讀了這部講記以後，就會知道：「哎！這部經典再也不能毀謗了，因爲所講的內容眞正是佛菩提道的勝妙內涵。」假使他有深入研究，把我的講記全部詳細瞭解，他會發覺許多經典在講入地後的修行時，都還有一些沒有講出來，佛菩提道的內涵就不夠具體。就是這一部經中講得非常具體，其他的經典都只是顯示法教內涵，可是實證內涵的境界並沒有詳細說明。因此有深入去閱讀、思惟、整理我們正覺的所有書籍的時候，他就不會再毀謗《楞嚴經》了。

那麼這裡講的眼八百、耳一千二、鼻八百、舌一千二、身八百、意一千二的功德，其實在《楞嚴經》已經講過了，現在由《法華經》總攝圓滿一切佛法的時候，還是有提到這個部分，這也印證《楞嚴經》不是僞經。現在話說回來，由於這個說法者爲人解說了這部《妙法蓮華經》以後，這個人未來世即將成佛時，「當得八百眼功德」，乃至當得「千二百意功德」。也就是說，只要願意依證悟的見地來解說這一部《妙法蓮華經》，未來一定會獲得這一些六根圓滿的功德。它告訴你「當得」，不是說你才一講完就有了；但是也有可能某些菩薩正在講的時候，他已經有，那就是看各人實證的層次差別了。

現在說「當得」六根的這些功德，那麼以這樣的功德繼續修行來莊嚴他的六根，一直到最後使六根都全部清淨了，這樣的善男子、善女人，將來可以用父母所生的肉眼，直接看見三千大千世界內以及三千大千世界外，也就是別的世界所有的山林、河海；不論他想要看哪一個世界，從那個世界的人間往下到阿鼻地獄，全都可以看見，往上到有頂天都可以看見，不必使用神通天眼來看。而且一般人若是修得天眼時，所見其實是狹小的，根本不能與此功德相提並論。

那麼到這裡，諸位也許會想：「我已經開悟了，如果我有一天或者有一世，終究要講《法華經》吧？因爲在成佛之道的過程中，總有一天要開始說法啊！那我將來講了《法華經》以後，是不是就會得到這個功德？」我跟你保證會得這個功德，不過我要先跟諸位預告：理上一定能得這個功德，至於事上的功德，那就要繼續進修了，得到六根都清淨時才能得。

那我們先從理上來說，也就是說，當你依於《妙法蓮華經》，也就是依於如來藏這個妙義繼續修行：讀、誦、爲人演說，或者書寫下來，那麼你一定會了知這六根的功德；你遲早會了知，不會一直都不了知。說是遲早會了知，意思是說你遲早都會讀到《楞嚴經》；等你讀懂了以後就會發覺說：「**啊！果然如此！**」因爲這在因地就已經如此了；當你證得如來藏以後，自己可以這樣去現觀。雖然如來藏的功德無窮，但是如來藏在你現前這個因地，用眼根來看一切色時，也就只有這樣子；左右雙方都是往後斜一點點，都沒有辦法看到後面的大部分或全部，所以你的眼根有八百功德。但是這八百功德，其實還是依「**此經**」而有，如果不依「**此經**」就沒有這個功德，因爲眼根、色塵、眼識以及能見之性，本來就是如來藏的妙眞如性之一。

說到耳根，當你讀了《楞嚴經》以後，一面讀、一面思惟，一面現觀：「**對啊！耳根眞的有一千二百功德。**」因爲如來藏示現在耳根來運作的時候，這個功德就是具足圓滿的，不會被方向所限制的，所以有一千二百功德；

乃至鼻、舌、身、意，都是各有功德。所以耳根一千二百功德，鼻根八百，而舌根有一千兩百、身根八百、意根一千兩百，這是在人間就可以這樣的，因地就已經是如此。你用如來藏的示現來說，祂透過五陰顯示出來的功德就是如此。

也許有人想：「欸！老師您這個話有問題吧？明明這都是五陰的作用欸！」可是我跟你講：這五陰的作用其實全都是如來藏的作用啊！《楞嚴經講記》裡面已經跟諸位講解過了。你眼根顯示的能見之性，能夠歸到哪裡去？你能歸給眼根本身嗎？不行欸！因爲這不是眼根自己就有的功能。你能歸給色塵嗎？能歸給光明嗎？能歸給各種藉緣嗎？都不行，最後只能歸到如來藏去。這個功德是從如來藏中生出來的，藉著眼根、藉著色塵、藉著光明、藉著眼識而顯示出來有這個能見之性，所以這個能見之性其實本是如來藏的妙眞如性。如來藏的自性很多，這只是其中之一。

那麼同樣地，耳根能聞之性呢？大家都說：「就是妄心的功德啊！」對啊！是妄心的功德啊！是希望大家斷了對五陰的我見、我執，才這樣講的！可是你已經證悟如來藏了，你知道這本來就屬於如來藏、附屬於如來藏啊！

因爲你這個能聞之性沒有辦法歸還給耳根，耳根自己並沒有這個功能；如果耳根自己就有這功能的話，就不可能有人悶絕了還聽不見。悶絕了耳根還是好的啊！但他的耳根爲什麼卻聽不見？所以這不是耳根自有的功德。這也不是聲塵自有的功德，如果聲塵自己有能聞之性，那麼聲塵自己就會聽了，也不必由你來聽啊！所以也不是聲塵所應該有的功德，當然不能把這個能聞之性還給聲塵啊！

那麼其中根與塵相觸而生起耳識來聽聞聲塵的功能，還得有其他的藉緣，而你也沒辦法把聽的功能還給這些藉緣啊！那你說：「那是耳識能聽啊！」對啊！耳識是能聽，這是對一般人說的；然而對於證悟的菩薩來講，耳識是從哪裡來的？而耳識這個能聽的功德又是從哪裡來的？都是從如來藏中來的，本來就是如來藏的一部分。但是你畢竟不可以說：「我看見了啊！我現在有能見之性，我找到了能聞之性，那我這樣就是找到如來藏了。」不是的，這只是祂顯示出來的一個部分而已，還不是找到如來藏，而這一些功德都要歸結於如來藏。假使沒有如來藏以「妙眞如性」來運作，縱使有耳根、聲塵、耳識具足不壞，也是無法聽到聲音的；而能聞之性也無法歸還給耳根、耳識等，當然是如來藏的「妙眞如性」在其中運作時，耳識才能聽得見聲音。這個功德在因地是受限於六根的，各自都不能出於六根之外運作；可是畢竟已經有這個功德，只因爲這六根還沒有究竟清淨，因此所見所聞等等，仍然被侷限在六根各自的範圍中。

那麼這樣來看，當你證得如來藏之後，依聖教之理來說你具足這六根的功德。可是如果沒有證得如來藏，也沒有聽聞這樣的法，可就無法瞭解，始終會想：「哎呀！這能聞之性就是耳識的功能嘛！這是應該滅盡的，因爲緣起性空。這能見之性呢，是眼識的功能，是妄心的功能嘛！這也是應該滅盡的。」然而對於實證的人來講，對已經悟後深入經藏、深入第一義諦的人來講，這其實都應該歸屬於如來藏；由這一朵「妙法蓮華」「此經」如來藏，來揭示出來而了知眾生在因地就已經有這六根的功德了。

那麼從這樣來看，佛地自然也是有這六根的功德，同樣是八百、一千二，八百、一千二，但是因地也有啊！只是尚未究竟清淨而不能六根互用而已。所以你證得「此經」如來藏以後，從這一朵「妙法蓮華」來看這些功德，你跟 佛不是很相似了嗎？好像一樣了嘛！對不對？特別是假使你又眼見佛性了，那就更像了；所以這境界叫作「相似即佛」。佛陀明心後，又眼見佛性，所以成佛了；那你明心了，後來也眼見佛性了，可是你還不能成佛，要繼續修到未來才能成佛。可是同樣明心了，同樣有眼見佛性，所以你跟佛地的實證是相似的，這叫作「相似即佛」，也就是天台教判中所說的六即佛中的第四個位階，這就是圓教之理。

在教判裡面有說「藏、通、別、圓」四種，三藏教是在講聲聞道、緣覺道的，通教是說只修證解脫道的菩薩，他證得二乘涅槃以後，因爲不是聲聞種姓、不是緣覺種姓，而是菩薩種姓，所以證得無餘涅槃以後，世世留惑潤生繼續在人間利樂有情，他當菩薩而沒有因緣可以明心，以致於無法實證第一義諦；但是他的所證通於二乘菩提與二乘聖人的果位，也通於大乘菩薩的所證，卻對第一義諦尚未實證，所以他是通教菩薩。通教菩薩證悟明心以後就轉成別教菩薩，別教所證則是不通二乘，更不共凡夫，所以有五十二個位階的實證，必須從明心及眼見佛性的實證開始；由於所證內涵有別於聲聞教與通教——有別於二乘聖人及通教阿羅漢菩薩之所證，因此名爲別教。可是當整個佛法收攝圓滿的時候，一圓一切圓，全部都從理上觀行而能夠互通，這就是圓教了。這就是「藏、通、別、圓」的「四教義」概略的道理。

從圓教的立場來看，說有六種佛，第一種叫作「理即佛」，為什麼是理即佛呢？是因為每一個有情身中都有眞如也有佛性，而且時刻現前；從已證悟的人來看，即使是一隻螞蟻、一條蚯蚓、一隻毛毛蟲，牠們也都有眞如，牠們也都有佛性，二者都好清楚地分明現前。只是牠們自己都不知道，所以牠們本來就是佛，因為諸佛的本質就是眞如佛性，都是由眞如與佛性所成就的，所以從理上來說，牠們本來就是佛，這叫作理即佛。可是你如果問：「螞蟻啊！蚯蚓啊！你們本來都是佛啊！你們知道嗎？」牠們根本不知道。那你如果看見一個人，告訴他說：「欸！你本來是佛欸！你知道嗎？」他也不知道，而且他連聽都沒聽過；可是在理上來說，他本來就是佛；因為他的如來藏本來就住在涅槃境界中，本來就沒有生死，本來就是中道性；這就是第一種佛，是圓教中說的第一種佛。

圓教講的第二種佛呢？是「名字即佛」。譬如說，你告訴他說：「欸！你身中也有眞如、佛性，我看得清楚分明，一點都沒騙你，所以你是佛。眞的！」那他終於信了，好高興說：「啊！原來我也有眞如、佛性，我將來也可以眞的成佛，我的眞如、佛性本來就是佛。」好高興、好高興。當他接受了這個道理，他就是名字即佛位的人，是從名言文字上來說他本來就是佛。

可是如果聽了不信，他就連名字即佛都不是，依舊是理即佛的凡夫。諸位現在可以看一看，台灣佛教界—大陸佛教界你們不知道—只談台灣佛教界就好；台灣佛教界那些大道場的堂頭和尚們，下至法師、信徒們，有多少人是名字即佛的？不多欸！即使是後山那個比丘尼自稱是宇宙大覺者，她相信自己成佛了，但仍然不是名字即佛；因爲她對於「佛是由眞如、佛性成就的」不相信，她是個六識論者。她有些搖擺，有一段時間她還承認有如來藏，還能夠依文解義去講《如來藏經》，所以那一段時間她叫作名字即佛；但後來又不信如來藏，也公然主張說「意識（靈魂）卻是不滅的」，那她就不再是名字即佛，已經倒退回去理即佛位了。

那麼第三種人叫作「觀行即佛」。他正在觀行：「我有眞如，我有佛性，但我的眞如、佛性在哪裡？」他始終找不到；找來找去總是落到離念靈知去，或者老是想要處處作主而落入意根自性中，或是想要時時刻刻了了分明而落入識陰中，那表示他還沒有實證，還在努力實證眞如、佛性之中，那他就是觀行即佛位的凡夫菩薩。他想要成就佛道，如今正在觀行，知道自己將來可以成佛，但是還沒有實證，就是在觀行即佛位。

最後有一天終於遇到善知識，遇到正法道場而明心開悟了，找到如來藏了。找到了以後，他一看：「欸！佛陀是開悟明心的，我也開悟明心了，那我跟佛陀確實有一點點像了！」雖然知道自己還不是眞正的佛，但是有一點點相像的現觀了，這就是相似即佛，已經到了六即佛中的第四位階了。乃至進一步又看見佛性了：「啊！原來佛陀看見佛性時是這樣見的！」雖然不完全一樣，畢竟有一分相像了，也是眞的看見了：「欸！我更像佛了哦！」所以叫作相似即佛。

然後繼續用功，過了十住位以後繼續用功；過了十行位、十迴向位，也繼續努力；不管在哪一階位都是繼續用功，也都還是相似即佛位。到了某劫終於滿足十迴向位了，然後福德也夠了，解脫果也證了，有能力取證無餘涅槃了，但是發了十無盡願，永無窮盡行菩薩道，那麼他便進入了初地；從初地來看眞如、佛性時，跟十住菩薩是不太一樣的。所以這時他跟　佛陀的距離是拉近了一些，但也只是一些，還不是拉近很多；因爲後面還有兩大阿僧祇劫要好好修行，所以只是拉近了一些；但畢竟是分證了佛果，所以叫作「分證即佛」，這時是到了六即佛的第五個位階分證即佛位。

這時他對於佛菩提道所應該實證的五分法身（編案：戒身、定身、慧身、解脫身、解脫知見身）已經有所分證，所以叫作分證即佛。接著就是《楞嚴經》講的，要超越五十陰魔、超越五陰區宇，也就是要滅盡五陰習氣種子，這是在初地到十地後的成佛修行過程中所要作的事。當他把這個部分完成的時候，就能漸漸滿足十地心，進入等覺又轉入妙覺位時下生人間成佛，就是六根清淨位；六根清淨的時候，可以六根互通。六根的作用可以互通的時候，每一根都可以當作其他五根來使用。

這時六根的功德都具足了，就是六根互通的時候，就可以眼根也作耳根及鼻、舌、身根用，乃至可作意根之用，因爲這時如來藏的「妙眞如性」已經不再被六根分開而侷限了。六根所能夠有的六種功德，本來都在如來藏的「妙眞如性」中，可以在任何一根全部使用出來，但是因爲執著六塵境界而被侷限於六根中；現在經由三大阿僧祇劫的修行，已經把「妙眞如性」在六根中的侷限一一解開了，這就是《楞嚴經》中說的「解結」。本來如來藏的

「妙眞如性」具足一切功德，不必被六根所侷限；可是因爲無明深重而不斷地輪轉生死，就成爲一個結又一個結地綁上來，於是如來藏妙眞如性的功德被六根綁成了六個結，祂的功德就得要透過六根才能運作出來。

那你悟了之後，剛開始也許一時沒想到，心裡想：「人家祖師不是說悟了就六根互通嗎？我怎麼沒有？我的眼根怎麼不能作耳根用？」那就是錯會祖師意了。祖師說的是如來藏在六根之中互通，不是講六根在事相作用上可以互通；而是指如來藏在六根中全部存在，方便說之爲互通。那麼悟後次第進修時，就是要解開這一些結；把眼根的結解開，耳根的結也要解開，鼻根、舌根、身根的結都要一一解開。大家請看我們九樓講堂 釋迦如來這尊佛像，那是什麼手印？就是解結的手印。

如來演說《楞嚴經》的時候，講到一個階段，說明「理則頓悟，乘悟併銷；事非頓除，因次第盡」的時候，如來要開始說明解結的道理時，就把梵天供養的劫波羅巾取來綁成六個結，告訴大家說：「你們想要解開這個結時，是用右手呢？還是用左手呢？還是同時要用兩隻手呢？」右手也不能解，左手也不能解，一定要用兩手一起作用才能解開這六個結。所以你要解結時，得要從根與塵兩方面都要去同時解開。如來又說明，想要解開這六個結時，是應該一次同時解開六個結，還是一個結解開以後再解開第二，乃至第六個結？當然是要次第解開而不是雙手同時把六個結一次解開。

那麼眼根的這個結解開了，就是眼根清淨了；眼根清淨的時候，第一步清淨是什麼時候？第一步清淨就是色陰盡的時候；在完全沒有光明時也可以看得見所面對的景象，不分遠近都看得清楚。第二個結解開了，就是耳根清淨；乃至第三、第四、第五、第六個結次第解開了，就是意根清淨位。可是這時的清淨還不是究竟的清淨，因為清淨也有許多的分位；等到眼等六根的六個結全部都解開了，已經究竟清淨的時候，才能使六根的作用可以互通。

可是六根清淨的分位，譬如你如果到了三地滿心的時候，由於「色陰盡」而使眼根清淨時，耳根就同時也會有一分清淨，鼻、舌、身、意根就同樣有一分清淨，那時是不必用天眼通的，那時你只要一動念，想要看某一個世界，你用肉眼就可以看見了；想要看這個世界某一個星球的山河大地，你用肉眼就可以看見而不必使用天眼通。這就是說，它有一個分位差別，並不是一時間就全部清淨的，得要修到十地滿心位進入等覺位中，再進修到妙覺位而下生人間成佛時，才能使六根都究竟清淨。

那麼回到《法華經》來，世尊說「以是功德莊嚴六根，皆令清淨」，意思是說你悟後只要如法讀、誦、解說、書寫、為人演說這部《妙法蓮華經》，那麼未來你將會具足這眼八百乃至意一千二百的功德，但這是要悟後繼續進修才能得到，而第一步的清淨就在三地滿心位，當你「色陰盡」時眼根有一分清淨了。所以到那個時候以父母所生眼，而不必入定使用神通，就可以看見自己所住這個三千大千世界內所有山林河海，下至阿鼻地獄，往上至於有頂天，都不必使用天眼就能夠看得見。如果是具有五神通的人，得要用天眼才能看見，那就得要加行，就得先打坐、入定，然後發起天眼通再去看，那他還得要花幾分鐘、十幾分鐘的時間才能看得見。

可是這位三地滿心的菩薩到了「色陰盡」的境界時，不必用天眼，他想要見時就隨時都可以看見，這就是 世尊說的「父母所生清淨肉眼，見於三千大千世界內外所有山林河海，下至阿鼻地獄，上至有頂；」然而不只如此啊！這個三千大千世界看完了，他想：「那麼別的世界是不是跟這個世界一樣呢？」他也想要看一下，因為好奇，於是再以父母所生清淨肉眼去看，他一樣看見了，卻不是用天眼通來看的。那麼他不但看見這一些，而且他想要看見這一些世界內外的一切眾生時，一樣可以看得見。

那麼這裡所見的「上至有頂」，關於「有頂」有兩個說法：一個說法是色界頂，另一個說法是無色界頂，也就是三界頂；那要看有頂天三字的前提是在說什麼；因爲這裡所說的是「看見」，所以這裡講的「有頂」當然是指色界天之頂，也就是色究竟天。無色界天你能看見嗎？你怎麼看也看不見的，因爲它無色，純粹屬於精神狀態，所以這裡講的「有頂」就是色界頂。

這位菩薩不但能夠看見其中一切眾生，也能夠看見這一些眾生們，是由於什麼樣的業來作因緣，所以產生了什麼樣的果報而生在那樣的處所。這在三地滿心的菩薩來說，不必再去思惟說：「別的他方世界某一個星球、某一個村鎮，我看見一條狗，牠是什麼因緣而當狗。」不必再去思索，只要直接去看，就會知道牠是由於什麼原因，所以會在他方世界成爲一條狗。他不必思索，也不需要用宿命通就可以直接看見，只要一念之間就會知道牠是什麼因緣而變爲狗。

果報是一定的，狗一定有牠成爲狗類眾生的原因；這在《楞嚴經講記》

裡都已經講過了，現在這裡就不再重複。那麼生而爲人、生爲欲界天人、生爲色界天人，乃至下墮地獄等各有不同的因緣，各有不同的業因，所以會產生那樣的果報，就生在那樣的處所。但他是用父母所生眼一看見時就可以知道的，所以三地滿心的菩薩就有第一階段的六根清淨功德，但還不是究竟清淨，所以還不能六根互通。

那麼這樣子說明完了，在事修上面以及理證上面，大家就可以瞭解這一段經文所說的，到底是不是眞的。至少我已經爲諸位證明三地心的「色陰盡」境界是確實存在的，三地滿心的境界我曾經體驗過，雖然就只有那麼一次；心想：「最好是時時刻刻都可以保持。」因爲那表示又快要跳過一個階段了，可是並沒有時時刻刻都保持住啊，因此就不能引作三地滿心的「聖證」，知道嗎？如果只是體驗一次便引作聖證，當然是「大妄語業成」，果報呢？可眞是不得了！

那只是讓你體驗一下，是因爲你的修行跟三地滿心這個「色陰盡」的境界開始相應了，所以偶然會出現一下。既是偶然出現的，不是時時刻刻都能如此，就不算是實證；必須是你每一次想要見的時候，都可以這樣看見，那才能叫作實證三地滿心的果德。所以《楞嚴經》跟我們講得很清楚，這只是偶然出現的，所以 世尊說：「非爲聖證，不作聖心，名善境界；若作聖解，即受群邪。」這時還不是神聖的三地滿心境界實證，如果「不作聖解」而沒有大妄語自稱三地滿心，自然就沒事。也不要去執著已經體驗過的境界，如果去執著，就會癡心妄想，結果是每一次才一上座打坐，魔王波旬就來了，最後爲了貪求那個境界，就被引入魔道去。引入魔道時，最後可以看見的表相境界是什麼呢？就是走入密宗精修雙身法去了。所以走入密宗的人都是進入魔道的人，可惜他們自己都不知道；縱使我們爲他們大聲說明了，他們也不願意相信。

因此說，這一段經文中 世尊的開示是如實語，只是依文解義的人讀不懂，所以他們心中就產生了懷疑；因爲懷疑，就對了義正法的實修遲疑不前，對《法華經》的隨喜功德就先砍掉了一半，或是砍掉十分之九，乃至有的人可能當場砍掉百分之九十九了，多可惜！所以不要疑，要把信根圓滿具足地發起來成爲信力，就能具足隨喜的功德。那麼這一品是〈法師功德品〉，身爲「法師」就是要能夠爲人這樣如實演講，也就是說他對於「此經」要先有實證，實證之後還得要通達，通達之後才能夠這樣讀、如此誦，然後「為人解說」，甚至把它書寫下來，以現代的狀況來說，書寫就是整理以後印成書籍流通出去。

所以說，為了完成這個功德，希望未來世可以具足發起這六根的清淨圓滿功德；雖然不能夠像 佛陀那樣把六根的作用互通，至少可以把這六根的一千二百跟八百的功德都獲得，當然我要把它整理出來。整理出來，流通之前就是「書寫」。所以將來印出來以後，凡是為我整理這一些文字、校對、定稿的人，就跟我產生這個書寫的善淨共業；那你們在座聽聞或者將來買去閱讀的人，就跟我一起成就「為人解說」的共業；這些共業最好綁緊一點，對你我都有好處，這是兩方都得利的事情，所以不要吝嗇。

那麼這樣子說完了，大家就瞭解 佛所說的內涵了；大家應該有的態度是：只問我們懂不懂，不要去懷疑大乘經典到底是眞的、假的？寧可信其為眞，不要疑其為假。但是在僞經方面，我們也要採取嚴謹的態度，當我們在實證和教證上面都可以明確證明其為僞經時，我們才可以說它是僞經，否則就不能說它是僞經。當我們有智慧可以證明它是僞經的時候，那我們就舉證出來而勇敢地說它是僞經；否則那些僞經會來破壞眞經的弘傳，那就麻煩了！好，這樣子講完了，把理說以及事說都說完了，大家已經瞭解了，接著再回到重頌來說。

世尊怕大家沒有聽得很清楚，可能會忘記，因此又以重頌再演述了一遍：「如果在大眾之中以無所畏懼之心，爲大眾演說這部《妙法蓮華經》，那麼你就聽我說明這個人的功德：這個人將來會獲得『功德殊勝眼』，而具足八百眼根功德；有這個功德來莊嚴的緣故，所以他的肉眼是很清淨的。他不必使用天眼通，單單使用父母所生眼，就能看見這個三千大千世界全部的彌樓山、須彌山、鐵圍山，以及這個三千大千世界內和其他三千大千世界中，所有的山林、大海、江水、河水；甚至於看見三千大千世界內外的人間以外，下從阿鼻地獄，包括畜生道、鬼道的一切境界，往上看到欲界天、色界天，一直看到色界頂的色究竟天等一切處所；而其中一切眾生，他都可以全部具足看見。雖然他還沒有好好修學而得到天眼，但他的肉眼能力也可以這樣子見的。」那麼這樣子從事說來講，進修到三地滿心時就可以具足看見；縱使未到三地滿心位，還沒有修學五神通，但因爲六根部分清淨的緣故，他也可以用肉眼來體驗一、二次這樣的證境。

那麼再從理說上來看，請問：你所看見的一切，譬如你晚上往夜空一望：「喔！那兒有一顆恆星。」只要你看得見的星星都是恆星，有恆星就可能會有行星，也許其中那個小世界中的行星有眾生，因爲可能有山河、樹林等等。那些眾生，你用眞實理去作比量觀察：那些眾生是不是同樣都有「此經」？有哪一個眾生不是「此經」？那你就是從理上「悉見」了。那麼回頭看看這個地球好了，站在這個地球往地上一看，剛好看到一隻螞蟻爬啊、爬啊、爬啊！「哎呀！我看到畜生道了，欸！畜生道的有情還是『此經』，可是牠沒有辦法獲得這六根的功德啊！」因爲那螞蟻的六根功能實在太差了。

人類可以有眼八百功德，螞蟻沒有眼八百功德；螞蟻的所見不過一寸或一分吧！然而比起天人來，我們的八百眼根功德又太差了。那麼螞蟻有沒有耳根的功德？也許有吧！可是牠的聽力太差了，我在牠的上空大呼大叫，可是牠依舊聽不見我在說什麼，所以牠沒有人類的耳根功德。這樣觀察螞蟻以後就知道其他的旁生類有情狀況，那你不就是理上悉知悉見了嗎？那麼如果是鬼道的眾生，地獄道的眾生呢？你就這樣子從理上去比量思惟，這也叫作親見啊！這叫作理上的親見。當你能夠爲人如實演述《法華經》的時候，你就可以在理上如是親見，怎麼可以說是不見？下至地獄，地獄最痛苦的就是阿鼻地獄，那阿鼻地獄的有情是不是都有六根？有喔！都具足喔！然而越具足就越痛苦。

那他們爲什麼下阿鼻地獄去？就是因爲在人間時殺人越貨，或是誣謗賢聖、毀壞正法。「喔！怪不得他會下阿鼻地獄！」那麼下去阿鼻地獄的人，你已經知道他未來劫上來的時候會成爲什麼鬼了，對不對？因爲造了不同的因，將會下墮不同的地獄中，回來鬼道的時候就會成爲不同種類的鬼。那不同種類的鬼，再上來當畜生的時候，又會成爲不同種類的畜生。所以你只要把《楞嚴經》讀通了，不忘失了，當你看見一隻喜鵲來報喜的時候，你就說：「哦！原來無量劫前牠幹什麼惡業，牠以前一定是當什麼鬼來的，現在來到畜生道當喜鵲；牠是屬於休徵一類，專門來報喜。」烏鴉則是咎徵一類，專門來報憂的；那牠以前在地獄時應該在什麼地獄裡面、受什麼苦，下地獄之前應該是在人間幹了什麼惡業，你就知道了。那你從理上不就眞的見了嗎？對啊！所以從理上眞的可以見，只是你沒有具足見而已。

可是你如果到了十地滿心進入等覺、妙覺而成佛的六根清淨位，那你就可以在事相上具足見。那時不必入定使用天眼去看，你想要看時就可以看得見。才一看見一隻烏鴉，你想要看牠前世是什麼的時候，一看就知道牠原來好幾世、好幾劫都是當烏鴉；再接著往前推，原來牠是當什麼鬼；那鬼道之前是什麼地獄呢？下地獄之前他在人間又是幹了什麼惡業，你都不必用天眼去看，也不必入定之後用宿命智去推求，你想要看就可以用肉眼直接看見。這就是菩薩以肉眼直接看見，和二乘聖人用天眼去看的不同之處，這是由無生法忍而來的。這樣講解完了，這段經文可以信受了哦？沒有疑惑了！對啊！所以說只要有證得「**此經**」，然後有繼續努力去進修，你到了三地滿心的時候，《法華經》中說的這一分功德一定是有的；那時六根的具足功德你是有的，只是還沒有完全清淨罷了；那你到了那時想要看就可以看得見，那時你若是想要用天眼去看，當然也行。

如果你修到了三地滿心的時候，我要勸你—現在先請諸位把這個觀念種在心田裡面去—別急著要完成四地、五地、六地的功德，先別急著想要完成第二大阿僧祇劫的修行，因為急著去完成也沒有用；我勸你要多情一點。為什麼呢？因爲多情一點就會把步伐放慢一點，多花時間來照顧一下你的徒眾；若是他們的次法修學還不夠，你就教他們修學次法；若是他們的法修學不夠，你就教導法；要多照顧他們。你如果很快進入遠行地，對你其實也沒有好處，爲什麼呢？因爲你到了遠行地的時候，對徒眾們就非常無情了，不再常常顧念於他們，你將會越走越快，那你將來成佛的時候，身邊沒有等覺菩薩，也沒有即將成佛的妙覺菩薩，至於十地、九地、八地的菩薩也沒有，只有初地、二地、三地的菩薩；問題是，你能夠這樣子成佛嗎？不行欸！所以你滿足三地心以後，得要放慢腳步，別一心只想往前走。諸位心中要有這樣的正見種子，未來世只要有人這麼一說，你就會馬上信受，就能多回頭看看你的徒眾們。要多照顧他們，不要太絕情！

在未來世，你一定有一世會開始領眾，領眾的時候不要太絕情；別一絲不苟，誰犯了規就亂棍打出門去，剝奪了他的僧服、戒牒，不許他再過出家生活。古時在大陸叢林一向是這樣欸！所以很多出家法師們，都是到了晚上才被清算，因爲白天大家都忙啊！晚上大家有空了才來清算，清算完了若確定是大過失，就剝奪僧衣、燒毀戒牒，然後把他趕出去。那樣領眾的方式，住持和尚其實已經跟這個犯清規的僧人絕情了。

這個情分斷絕了以後，未來世就不好攝受了；但這還不是最重要的，重要的是這個習慣或作風會產生影響，使其他的徒眾產生恐懼，恐懼的結果就是戰戰兢兢過日子，然後對住持和尚就會開始保持距離。有了距離就不好，因為像這樣繼續下去，將來他身邊沒有妙覺、等覺菩薩，就沒有成佛的時候了；也不會有十地、九地、八地的菩薩；連七地、六地都沒有，因為大家在因地時都跟他有距離，修道速度就慢了很多。

所以諸位如果不想走上須菩提的老路，那就要多容忍、多包容。當過去的事情已經檢討了，檢討了以後就讓它過去，不要老是把它記在心裡面。這樣子，你跟大家的距離就不會拉很遠，大家都很親近，然後大家一步一步共同往上走。若是當親教師了，就得常常顧念弟子的道業，別老住在空性中，當你往上走時，要常常回頭看一下；如果大家往上實證的福德不太夠，你就多開一些福田給大家種，大家的福德資糧很快就會圓滿起來。所以開闢福田也是你的責任，如果領眾了，就有這個責任。那你把福田開闢出來以後，大家不肯種，那是他們的事，已經不是你的事了，那你領眾上面就沒有過失。

這就是說，修到這個地步的時候，要記住：「不要太絕情，要顧念大眾。」甚至於在《瑜伽師地論》裡面，彌勒菩薩還特地說要對大眾「顧戀」；不是想念的「念」哦！而是戀愛的「戀」喔！就是叫你不捨一切弟子，任何一位弟子你都要攝受；只要他願意被攝受，你就得要攝受；他若不願意被你攝受，就留到未來世去，你還是要攝受他。這樣大家共同往佛道邁進，這才是《法華經》的真正信受者、修學者，這是大家都應該要有的觀念。好！那麼這一段說完了，接者再來傾聽　世尊怎麼開示？

經文：【「復次，常精進！若善男子、善女人受持此經，若讀、若誦、若解說、若書寫，得千二百耳功德。以是清淨耳，聞三千大千世界，下至阿鼻地獄，上至有頂，其中內外種種語言音聲：象聲、馬聲、牛聲、車聲，啼哭聲、愁歎聲，螺聲、鼓聲，鐘聲、鈴聲，笑聲、語聲，男聲、女聲、童子聲、童女聲，法聲、非法聲，苦聲、樂聲，凡夫聲、聖人聲，喜聲、不喜聲，天聲、龍聲、夜叉聲、乾闥婆聲、阿修羅聲、迦樓羅聲、緊那羅聲、摩睺羅伽聲，火聲、水聲、風聲，地獄聲、畜生聲、餓鬼聲，比丘聲、比丘尼聲，聲聞聲、辟支佛聲，菩薩聲、佛聲。以要言之，三千大千世界中一切內外所有諸聲，雖未得天耳，以父母所生清淨常耳，皆悉聞知，如是分別種種音聲而不壞耳根。」】

語譯：【世尊接著開示說：

「復次！常精進啊！如果善男子或者善女人，受持了這部《妙法蓮華經》，或者閱讀，或者課誦，或者解說，或者書寫，得到耳根的一千二百功德。由於這個清淨耳，他可以聽聞這個三千大千世界，下至阿鼻地獄，上至有頂天，其中內外的種種語言音聲都能聽見：也就是聽見大象的聲音、馬的聲音、牛的聲音、車子的聲音，聽見了啼哭的聲音、愁嘆的聲音，聽見了吹螺的聲音、打鼓的聲音，聽見了鐘的聲音、鈴的聲音，聽見了笑聲和說話的聲音，也聽見了男人的聲音、女人的聲音，聽見了童子的聲音、童女的聲音，聽見了說法的聲音、說非法的聲音，聽見了痛苦的聲音、快樂的聲音，聽見了凡夫的聲音也聽見了聖人的聲音，聽見了歡喜的聲音和不歡喜的聲音，也聽見了天人的聲音以及龍聲、夜叉聲、乾闥婆聲、阿修羅聲、迦樓羅聲、緊那羅聲、摩睺羅伽的聲音，還能聽見火聲、水聲、風聲，也聽見了地獄聲、畜生聲、餓鬼聲，甚至於在修行人之中還能聽見比丘聲和比丘尼聲，也聽見聲聞聲、辟支佛聲，還有菩薩聲、佛的聲音。總而言之，概略地來說，三千大千世界中一切內外的所有聲音，即使他沒有得到天耳，以父母所生的清淨而平常的耳根，他也都能全部聽聞而了知啊！像這樣分別種種不同的音聲而不毀壞他的耳根。」】

講義：這一段經文諸位當然知道，同樣有理上和事上的差別，我們先從理上來說。世尊告訴常精進菩薩說，如果有善男子或善女人，確實能夠受持「**此經**」，那麼這樣的善男子顯然是菩薩摩訶薩，因爲凡夫是絕對作不到的。這在告訴大家什麼意思？其實一切聲莫非從如來藏而發，若非如來藏，不能發起這一切聲；所以我說的聲，也是指十八界所含攝的聲，不單是外聲。回到經文來，能夠聽聞十方三界六道的一切聲，你一定是有能力現觀的人；然而在剛開始是沒有辦法全部現觀的，剛悟的人最初所觀很有限，而且根本也沒有想到是這樣，所以剛悟的時候沒有人會想到說：「**我所聽見的聲音就是如來藏聲啊！**」依舊當作說：這是人類的聲音、狗的聲音、鳥類的聲音，都沒有想到這是如來藏的聲音，所以這裡還是要從理上先加以說明。

假使你是善男子、善女人，那就是說你實證了這部《妙法蓮華經》；也因爲不是只有剛剛實證而已，而是悟後很久，已經能夠閱讀、課誦、解說、書寫了。那麼這時說，你在理上已經得到一千兩百的耳根功德，也就是理上具足耳根功德了。諸位也許還記得《楞嚴經講記》裡面怎麼說耳根功德的，如果是更早期的同修們，十一年前聽聞《楞嚴經》的講經時，也聽過我解說耳根的一千兩百功德，那「耳根圓通」是很有名的法門。

以前的大德解釋「耳根圓通」時，都是叫你要打坐，要聽聲音，要聽到把聲音流掉了，說這樣子叫作「入流亡所」。你們一定也有人讀過別人寫書這麼解釋的，因爲我在悟前也曾經讀過。後來也有個錫克教外道，她剛開始是在農禪寺出家，後來被聖嚴法師派到美國的道場去，然後就胡搞瞎搞起來了，最後被驅逐。然後她就開始自己繼續胡搞下去，宣稱她有「耳根圓通」法門，剛開始還騙人家說是「觀音菩薩耳根圓通」的法門，後來乾脆不談觀世音菩薩了，就只是「耳根圓通」四個字。

但她那個不是耳根圓通，那只是聲論外道之法；錫克教聲論外道們，認爲在聲音之中有一切宇宙萬有的主宰，從聲音中可以去聽，然後可以去實證。可是問題來了，她自己有沒有實證？她也沒有實證啊！曾經有不少人被她引導以後繼續努力修行，結果是幻聽很嚴重，最後有很多人精神失常，只好去求醫；而那些愚癡的受害者卻還說是學佛學出問題來的，其實是學聲論外道而學出問題來的。所以她那個耳根圓通，既不圓也不通，不是眞正的耳根圓通法門。

耳根圓通爲什麼具備一千兩百功德？因爲不論是什麼法，你的耳根都可以聽聞。聽聞了以後懂或不懂，這是另外一回事；但是若有因緣聽到眞正善知識所說的法，從最開始就一直聽下來，所聽的都是正確的法。但善知識說法的目的是要教你「入流亡所」，從一開始就是要聽聞，那麼聽聞之後具足吸收了正確的法義，你才能夠「入流亡所」。這是先聽聞了善知識所說的正法音聲，聽聞之後已經懂得五陰無常、苦、空、無我，所以要把五陰眞實是我的邪知邪見放流出去，要把它從心中趕出去，這就是「入流」的正義。「入流」了以後在正見中就沒有五陰我的所在了，這才是「亡所」。

然後才進一步去追究：沒有了自我以後到底是不是斷滅空？善知識當然會繼續開示，所以聽聞以後知道滅了自我以後並不是斷滅空；然後依著善知識的說法教導，一步一步去實修，把我執給斷掉，這也還是在「入流亡所」的範圍內，這樣才是「耳根圓通」法門中說的「入流亡所」。是從智慧上面去聽聞，所以叫作「入」；聽聞以後知道各種不應該存在的邪知邪見、執著，都得要放棄掉，也就是要放流而被稱為「流」；然後把五陰我實有的我執滅掉了，於是心中不再有自己的所在，把自己的所在全都滅除了，就叫作「亡所」，這才是正確的耳根圓通入門。

所以觀世音菩薩「耳根圓通」的入門是要幹什麼？是要「初於聞中，入流亡所」。每一句話你都可以從耳根聽進去，都不會漏失，這不是具足一千兩百功德嗎？並不是善知識說一句，然後當善知識在講第二句之時你會漏掉一段，不會的，全都不會漏失。縱使有人擋在你的前面，但善知識說的每一句你都可以聽見，所以耳根具足一千兩百功德。

當你悟後繼續進修而通達了佛菩提道，能為人「讀、誦、解說、書寫」《妙法蓮華經》了，那時一定是有一千兩百功德的初分，所以你用這個清淨耳，可以聽聞三千大千世界了。假使有人告訴你：「哎呀！那個地獄道裡面多麼痛苦喔！他們是怎麼哭的你知道嗎？我用神通去看過，好可憐喔！」他表演給你聽，你聽了就說：「哦？這叫作地獄聲喔？那請問阿鼻地獄的痛苦眾生是怎麼嚎叫、怎麼哀號的？」他哀號給你聽，你說：「喔？這個是地獄聲喔？我知道，我知道了。」為什麼呢？因為還是如來藏聲啊！何曾外於如來藏而有聲？你用比量去聽，就知道地獄聲只是這樣。會有人在地獄受苦的時候呵呵大笑嗎？沒有嘛！對不對？這就是從理上說你已經聽聞到地獄聲。今天講到這裡。

兩梯次的禪三圓滿了，我這兩週感覺上好像老了一、二歲一樣，漸漸上年紀了卻還不能說老，因爲現代人都說「人生七十才開始」啊！未滿七十歲的人是還沒出生，怎麼就說老？所以剛才得要喝一點咖啡提提神，才能上來講經。這也是無可奈何，有生必滅，出生了以後就一定會老。這是無可避免的事，不過好在咱們都有一個不老的作依靠。所以眞要老了、壞了，再換一個色身再來人間就好了，不必每天坐在那邊辛苦練精化氣、練氣化神、練神還虛。他們如此辛苦修行，然後當個地行仙是想幹嘛呢？眞的好辛苦喔！咱們只要快快樂樂地講經說法，老了、死了就換一個身體再來，改個覺知心、改個色身再來，就不必辛苦練功了。

回到《妙法蓮華經》，上回我們略說完了嗎？還是略說還沒講完？整段的略說講完沒？只有講二行是嗎？是略說還沒講完？好！延續上週所說，以清淨耳聽聞這個三千大千世界，下方到達阿鼻地獄，上方可以聽聞到有頂天，在這裡面，也就是三千大千世界內和三千大千世界外，就是這一個三千大千世界裡的種種語言和音聲，譬如大象的聲音、馬的聲音、牛的聲音、車輛的聲音，啼哭的聲音和愁嘆的聲音、螺貝的聲音和打鼓的聲音、鐘的聲音和鈴的聲音、笑的聲音和說話的聲音、男人的聲音和女人的聲音、童子的聲音和童女的聲音、說法的聲音以及說非法的聲音、快樂的聲音以及痛苦的聲音、凡夫的聲音以及聖人的聲音、歡喜的聲音以及不歡喜的聲音、天人的聲音、龍的聲音、夜叉的聲音；並且還聽見樂神的聲音以及阿修羅的聲音、金翅鳥的聲音、歌神的聲音、大蟒神的聲音，還聽到火的聲音、水的聲音、風的聲音，又聽到地獄的聲音、畜生的聲音、餓鬼的聲音，以及比丘的聲音、比丘尼的聲音，聲聞聖者的聲音、辟支佛的聲音和菩薩的聲音、諸佛的聲音。大略來說就是一個三千大千世界中一切內外種種聲音，雖然他還沒有得到天耳，但是用父母所生的清淨耳，聽了就能夠全部知道；像這樣子分別種種音聲，而不毀壞他的耳根。

這意思是在說明什麼？也許大家想：「這是在事上說的還是在理上說的？」其實理上也通、事上也通。如果從事上來講，到了三地滿心以上自然也是可以不必用神通天耳的境界，他依無生法忍的「色陰盡」功德，也是可以父母所生耳這樣子聽聞，所以這一些聲音他都能夠聽得見。但是這一些聲音究竟是什麼聲音？這可得要從理上來說。也就是說世尊向常精進菩薩開示說：「如果有善男子、善女人能夠受持這一部《妙法蓮華經》，他自己直接從『此經』如來藏來閱讀，或者可以將『此經』如來藏演述出來，或者他可以將『此經』如來藏爲別人解說，或者他能夠把祂的法義書寫下來，利益廣大的有緣人，他可以得到耳根圓通的一千兩百功德。」

從事上來說耳根有一千兩百功德，因爲不像眼根左右顧視才只有八百功德，後面四百功德是看不見的，只有左右各四百，所以眼根只有八百功德。從理上來說，眼根也確實只有八百功德，因爲經典不可能用非常多的篇幅，以及非常微細的方式來解說，所以經典之中大概都屬於略說。那麼如果用眼根的功德來閱讀經典所聞，也就是所獲得的經中演述的功德，總是比較省略。就好像說，假使你跟人家溝通，若是可以當面說的時候，就比較容易講得清楚；如果只能用書信往返，那就不可能寫很多，不會講得很詳細，所以從閱讀上來說，眼根的功德也是只有八百。如果你是當面說明，說明的人舌根有一千兩百功德，是具足的；聽的人也用耳根聽，不是用眼根聽，功德也是具足一千兩百，所以耳根的功德與眼根並不一樣。

那麼這個耳根一千兩百功德，若從事上來說，三地滿心以後，他若想要聽聞這個三千大千世界的一切音聲，其實不必用天耳就可以聽得見，依無生法忍生起的三地滿心色陰盡的功德可以讓他如此。可是理上呢，一個實證的人依於「此經」，不但能讀、能誦，還能爲人解說，甚至書寫爲文字廣爲流通；這樣的人是有三地的無生法忍功德，所以他聽到某一些聲音的時候，他可以判斷——也就是用耳根而不是天耳通，當他聽聞到三千大千世界的某一種聲音，他可以去判斷這是什麼聲音。

就像這樣子，從低賤、痛苦的層次，也就是阿鼻地獄來說，只要那邊的眾生的聲音讓他聽到了，他就會知道這一定是阿鼻地獄。那麼這樣子逐次轉聽餓鬼的聲音，也聽見鬼道裡的有福鬼、大力鬼的聲音，畜生道裡的象、馬等聲音，乃至於人間、欲界天、色界天人的聲音；那麼這三千大千世界裡面的聲音，或者甚至於別的世界的聲音，如果有因緣讓他聽見，他也可以了知。因爲一切世界有情的聲音或者其他非有情的聲音，其實都是與這個娑婆世界有情同一類聲音。

不要想像在別的星球有生物與我們地球上的生物不一樣，不必這樣想像，一定會是大致相同的，都是大同小異的。如果有人說什麼外星來的飛碟下墜，所以抓到什麼樣的生物跟我們完全不同，那是不可能的；因爲人類的形相是永遠如此，天人的形相也永遠如此，只有身形大小與五色根功能是否具足的差別，導致五色根有些不太大的外表差異，但都同樣會有六根，這是十方世界三界中的定律，所以不要迷信某些所謂的科學。我曾經在吃晚飯的時候看到Discovery的一個節目，講到某一個行星的情形可能是如何，說那裡因爲太陽光焰很劇烈，所以生物會是怎麼樣的（我相信有人看過這個節目），然後節目中主張說有一種動物叫作什麼大胃豬，有沒有？說是兩隻腳的，我看了就說：「胡說八道。」看到一半我就不想再看了，因爲那根本不符合高等生物同有六根的法則。

一切有情，凡是屬於這種物質世間的有情，他們的生存都有一定的法則；凡是違背了那個法則的說法，我就都不再看，因爲眞的看不下去了。但是迷信科學的人就會被騙，而我不信那樣的境界。所以，一切三千大千世界，不管是娑婆或極樂世界，或者琉璃世界，不管多麼遠或多麼近的三千大千世界，一切天人莫非如是；也就是說，欲界與色界的境界全都一樣，而無色界不可眼見，那麼人間的人類也莫非如是。我就現在講出來，將來可以整理成文字，一萬年後如果眞的有外星人來了，大家再來瞧瞧看嘛！因爲這是生物的法則，他們不能藉著科學之名來籠罩別人，那種說法依無生法忍的智慧而言是講不通的。所以應該要從事上和理上兩面來看，因此說這個三千大千世界的有情如是，別的三千大千世界有情亦復如是，因爲這是物質人間現象法界中的定律。

那麼當他聽到一個三千大千世界內，和一個三千大千世界外的其他世界的聲音，包括什麼聲音呢？首先談到的是跟畜生道有關的聲音，是指主要的畜生而不是無關重要的畜生，例如大象的聲音、馬的聲音、牛的聲音，以及馬與牛拖拉著車輛的聲音；甚至於科學進步了會有汽車的聲音，一切交通工具就把它歸類到車子的聲音裡面來。接著還有其他有情，主要是動物類，不屬於哺乳類一類有情的啼哭聲音、愁嘆聲音。關於啼哭，鳥會不會啼哭？鳥，你聽不到牠們啼哭的聲音，只有哺乳類會有啼哭的聲音，所以當小貓跟母貓散失時，你會聽見小貓啼哭的聲音；小狗被遺棄了，也有啼哭的聲音，不是只有人類有哭泣的聲音。但是有誰聽過鳥哭泣的聲音？有誰聽過？請舉手。鳥不會有哭泣的聲音，牠只有悲鳴，但是不會哭泣；因爲哭泣是有尾音的，你聽過鳥在哭而有尾音嗎？不會有。所以哭泣的聲音主要是指人類，旁及比較高級的哺乳類動物。這些都叫作啼哭。

如果是悲鳴，那就叫作啼，啼就包括鳥的哀悲之聲，所以母鳥如果失去了牠的子女，發出的聲音就叫作啼；那個聲音會讓你覺得牠好像很痛苦的樣子，可是牠不會哭或泣，所以鳥只有啼而不會哭。往往剛開始是互相呼喚，然後牠發現幼子跌下樹去，如果確定是跌死了，牠就開始啼。最常聽見的是什麼鳥聲？在人類居家周遭常常可以看見的鳥有兩種，一種是烏秋，還有一種是白頭翁；牠們就是會啼，所以鳥不會哭泣的。

那麼這個是指人類周遭的有情聲音，可是如果愁嘆呢？那就只有人類了！人類會啼也會哭，人類也會愁嘆。人類啼時是怎麼啼的？我想不必形容，諸位都知道啦！哭當然更平常。若是愁嘆的聲音，這在台灣比較少了，你如果到非洲去，就會聽到比較多；昨天還有機會吃了一餐，今天可就什麼都沒了，這時就有愁嘆聲音出現了。也就是日子不好過，越來越差所以感嘆。當然也有人會說：「現在的台灣，愁嘆聲也很多啊！」因爲什麼都漲價，只有薪水不漲，當然也會愁嘆。可是其實是抱怨多於愁嘆，愁嘆是因爲無可奈何所以愁嘆，如果可以出出氣、抱怨抱怨，也就不愁嘆了。以上說的是有情難過的聲音。

然後還有「螺聲、鼓聲」。用大螺的殼來作成可以吹出聲音而表示意思的器具，叫作螺貝。現在比較少看見人家吹螺，以前我們小時候，有一種賣肉的人，他沒有肉案子，是把肉放在自行車或是放在手拉車上面，然後到達某一處，他就吹起螺貝來，人家一聽就想：「喔！賣肉的來了！」那他用什麼包肉給買家帶回去呢？用姑婆芋的葉子包，再用大甲藺來綁，一種長長的草來綁。你們年輕人大概都沒見過這種景象，那你們住在香港一定更沒見過。我們五十幾年以前在鄉下，就常常看見這樣的景象，那個人一來就吹貝，這叫作螺貝之聲。好，但是在演戲的時候也有吹螺的事，後來只剩下什麼時候吹螺呢？只有道士為人辦喪事在作法的時候才吹螺，所以現在若是聽到螺聲呢：「哎呀！一定是哪一家有喪事了！」這叫作「螺聲」。

那麼「鼓聲」，在道教裡面他們打鼓比較少，通常是什麼時候？就是裡作法會時才有打鼓。可是在佛教裡，早晚課也是要打鼓的。一般民間信仰廟會中，通常是要唱戲時——就是演戲酬神，那時候會打鼓。「鐘聲、鈴聲」也是同樣的道理。鐘跟鈴，你聽了會知道它背後有什麼意義；如果聽到人家搖鈴，搖鈴通常是幹什麼用的？其實是集合。密宗弄起法會來，他們搖鈴是在幹什麼？是呼叫護法神，其實都是山精鬼魅一類的鬼神。那我們禪三時也會常常搖鈴呀！那是在集合大家，告訴大家說，即將要進行下一個階段的法事了。

那麼道教裡搖鈴呢，往往是宣示說：正神在此，鬼神遠離，護法快來。但通常搖鈴都是召集、召喚的意思。有的人喜歡在陽台上掛風鈴，有沒有？八字低的人，最好家裡不要掛風鈴。因為鈴聲的意思就是召喚，那麼鬼神一天到晚聽到鈴聲，他們來了發覺又沒有事情（大眾笑…），發覺主人家又沒有布施飲食給他們，那些鬼神會煩的，他們會討厭的，所以沒事不要掛風鈴。這是說，鈴聲是召集的聲音；可是鐘呢？鐘是警覺的聲音，是要警醒大家；所以扣鐘的意義與鈴聲不同，扣鐘的意義是要讓你知道說，這一天已經快結束了；或者現在開始某一種法事，進入另一個階段，就要扣鐘。有時候則是爲了對佛菩薩的示敬，所以要扣鐘。

鐘是對上位者使用的，鈴則是對於非人間的、比人間層次低的那一類有情的召喚，所以二者的用途是不同的。召喚鬼神時可不能扣鐘，扣了鐘，他們不敢來，你對鬼神所作的布施就無效，因爲他們不敢來受用。可是你若搖鈴呢，他們知道這是在召喚他們。那麼如果作施食搖鈴，那就得等候下午三點鐘以後，因爲法界中就是有這樣的一個定律，除非是佛寺針對護法的鬼神類施食。好！這鐘聲、鈴聲，菩薩聽了也知道是什麼意義。

接著說「笑聲、語聲」。笑聲、語聲聽了以後，菩薩知道這是爲什麼而笑，是什麼樣的笑；就知道笑聲、語聲背後的原因，知道是因爲什麼而笑、而說。有的人是因爲心裡面覺得無可奈何，所以不得不笑，就稱爲苦笑；因爲不能生氣，只好苦笑。有的人則是因爲歡喜、高興，所以他笑。那麼有的人笑是因為懵懂無知，可是因為人家都在笑，他就不得不跟著笑，這叫作傻笑（大眾笑…），對不對？其實笑還有其他的種類呵！那麼有時候這些笑是同時混雜不同含意的，但是你聽了知道說：「啊！這是什麼樣的笑。」也就是說，這菩薩知道眾生的心行，所以知道他們的笑是什麼意義；雖然只是笑聲，沒有語言文字，但也能知道是什麼意義。至於語聲那就更加可以判斷，因為從語言文字上來瞭解，會知道是什麼樣的語言，意思是在表達什麼，大致上可以瞭解；或者瞭解這些語言之中，所代表的是什麼樣的意義，這叫作語聲。

接著說「男聲、女聲」。男聲、女聲，你聽了如果真的不能理解，一定是對方有所變易了。通常你可以分辨這是男人的聲音、女人的聲音，某一個男人說話的聲音雖然蠻高亢的，你也不會誤會他是個女人，仍然知道他是男人。雖然有的女人說話嗓門很沙啞、很低沉，但你聽了也會知道那是女人，因為男女之間聲音畢竟有所不同。乃至於天子、天女，你聽了也會知道他們的不同。接著說「童子聲、童女聲」。童子與童女說話也不一樣，童子與童女的身分，是因為他們是守持不結婚的原則，所以他們說話的聲音與一般有家室的人有所不同；那你如果有這個智慧，聽了會知道這個人是終身不婚嫁的人，表示這個人是童子、那個人是童女；即使他們已經是八十歲老人了，也還是被稱呼爲童子、童女。那麼他們在言語裡面所帶出來的意涵，會讓你聽了知道他們是童子或者童女。但不是每一個人都能分別，而是說能夠這樣宣演《法華經》的善男子、善女人，有這個智慧能夠聽得出來。

接著有「法聲」與「非法聲」。法聲是演說正法的聲音，當人家演說法義的時候，這位菩薩聽了就知道那是說法之聲。可是反過來，如果有人演說的法義，於解脫道是非法的，或者於佛菩提道是非法的，或者於人天善法也是非法的，那麼這位菩薩聽了就知道這是非法之聲。這個並不難理解，當你的智慧到那裡時，你就可以聽得出來。

例如會外有人說：「禪宗所謂的開悟，就是清清楚楚、明明白白的境界。」那你一聽就說：「這是非法聲。」有時大師們對大眾開示說：「諸位在下面聽法的一念心，師父在上面說法的一念心，就是眞如佛性。」他還加上一句話說：「聖人說話是不打誑語的。」那你一聽就知道這叫作非法聲。但是一般人聽不懂，不論怎麼聽，都認爲對：「哎！師父這樣講有道理，師父是聖人嘛！所以他說的都沒錯啊！」大致上都是這樣迷信的。可是你們一聽就知道：「哦！原來他還沒有斷我見，三縛結俱在，更別說大乘法的見道。」

那麼有人說：「在修行的時候，每天晚上只要不倒單，這樣子坐著只要保持清醒、覺醒而不昏沉，一生都可以這樣子修，就可以出三界。」你一聽就知道這是「非法聲」，因爲這種修行的過程與結果，都跟解脫無關。至於那些所謂法王、仁波切等喇嘛的說法，已經叫作等而下之了，那都是不入流的，在三教九流之中都還排不上的，已在九流之外；他們都是九流之外，應該是什麼流，你們可以自己加個註腳，我就不必講了。這個就是「非法聲」。

可是如果有人開示說：「如果想要生到欲界天享福，應該如何？要修十善業。」有人問：「若是想要保住人身呢？」「應該持五戒啊！」哦！你聽了就知道這是人天善法的法聲。如果有人開示說：「在欲界中的欲界天，層次還是太低，你如果想要生到高一點的層次去，就應該要修學禪定；要努力從未到地定去修，再來降伏五蓋，可以發起初禪，死後往生到色界天去。乃至修得三禪、四禪以後，往生到四禪天去。」你聽了就知道這是人天善法的法聲。乃至有人講解如何修得四空定，都屬於人天善法的法聲。

如果有人告訴你說：「想要出離三界，第一步就是要斷身見，然後就是三縛結要全部斷除，這是第一步。接著修行要達到薄貪瞋癡，再接下去離開欲界地，接著修到畢地，就可以出三界了。」你一聽：「嗯！這是解脫道的正法。」那麼這個就是「法聲」，也是「聲聞聲」。乃至於告訴你：「如何是般若？證如來藏之後，可以現觀祂的眞實如如的法性，叫作證眞如，那你就有實相般若智慧了！」你一聽：「嗯！他講得對，這叫作『法聲』，也叫作菩薩聲。」反過來呢，如果人家告訴你說：「你只要覺知心中都如如不動，保持自己覺醒而不要睡著了，這樣就是證眞如。」你一聽到就說：「哇！顚倒過來了，變成『非法聲』了，這也是凡夫聲。」就這樣從這一些法上，只要你了知三乘菩提，就知道「法聲」與「非法聲」了。

那麼接下來說「苦聲」與「樂聲」。苦聲與樂聲，不但是人間，欲界天人也有，畜生道裡乃至於鳥類等非哺乳類的畜生，也可以聽得見「苦聲」與「樂聲」。所以如果鳥有一天在你家周遭嘰嘰吱吱、嘰嘰吱吱，使你覺得好吵，你就知道牠們不曉得爲什麼在快樂了。可是牠們的聲音若是有一點拉長的，叫起來跟平常不一樣，你聽起來覺得有一點哀戚，你知道牠們是在啼，就說這個叫作「苦聲」。至於哺乳類動物，那聲音可就更多了。甚至於你還可以聽到牠們的恐懼聲音、求饒的聲音，所以一群野狗在吵架的時候，甚至於有時候聽到打敗的狗哀哀大叫，有沒有？那你就知道什麼叫作「苦聲」。

好在人類有法律，不會以強欺弱，那個「苦聲」就比較不常聽見。但往往聽見的是前面說的「愁嘆聲」，因為被人家欺騙了，財產耗光了等等。可是偶爾也會聽見苦聲啊！例如有時一些不守法的人，或是秉性暴烈的人；或是有人遇到了流氓一類的人，他們專會欺負弱小，被欺負的人可就發出「苦聲」了。而那些欺負善良民眾的惡人，當他們欺負人家的時候，往往快樂地呵呵大笑；等到捨壽的時候換他們要發出「苦聲」，那時不是出聲給受害人聽，而是發出來給地獄的獄卒聽。所以這個「苦聲、樂聲」，其實也是常常有所變換的。那麼欲界天人為什麼也會有苦聲？當他們五衰相現時就會有嘆息的苦聲啦！不是他們的眷屬發出苦聲，而是天人自己會有的苦聲。所以苦聲是很普遍存在於欲界中的。

那麼接著說「凡夫聲、聖人聲」。凡夫跟聖人說話會有什麼不同？都一樣啊！但為什麼可以分得出來凡夫的聲音、聖人的聲音呢？因為說話的內涵互相不同，意涵有別。所以凡夫說話的時候，你一聽就知道了：他們一天到晚講的都是世俗法，縱使有人出家示現沙門相，例如外道法中的沙門、佛門中的沙門，可是說來說去都不是正論正法，都只談世間法，那你一聽就知道這是凡夫的聲音。如果是聖人呢，有時會談到五蘊無常、苦、空、無我，有時會談到其中的內涵，那你就知道這是聲聞聖者的聲音。如果還談到般若、如何證眞如，乃至說明證得眞如有了根本無分別智以後，接下來要如何取證後得無分別智，甚至於談到增上慧學、一切種智，那你就知道說：「喔！這是大乘法中的聖人，這是菩薩摩訶薩的聲音。」如果聽某一些人說：「應該如何行善，死後可以生天享福。」你就知道這是世間聖人的聲音，在三乘菩提中猶名凡夫；依三乘菩提而言，那依舊是凡夫聲。即使是一神教所謂的上帝說出來的聲音，依舊是凡夫聲；可是依於世間法而言，那就是聖人之聲，你都是聽了就懂得分辨。

接著說「喜聲、不喜聲」。歡喜的聲音，即使是鳥類，你也聽得懂牠們歡喜的聲音啊！特別是你家屋簷下一對鳥爸爸、鳥媽媽，牠們養了一些孩子；當牠們去外面找了一些蟲回來，那些鳥的兒女就嘰嘰吱吱、嘰嘰吱吱很歡喜有食物可以吃了，你一聽就知道：「喔！這個是歡喜聲。」可是如果鳥爸爸、鳥媽媽回來，是空著嘴巴回來，牠們總是輕叫一聲以後，就吱吱吱吱，好像有氣沒力一樣，也就沒下文了。有沒有？你就知道那是「不喜聲」。這些都是周遭可以聽見的。

假使你有因緣聽見了其他法界有情的聲音，其實也可以分辨出來，不一定要以前眞的聽過。那鳥類如果失去了子女，牠的聲音就會有一點拉長，但不可能像哺乳動物有那種哭泣的聲音，可是那個聲音，你聽起來會覺得有一點沙啞；眞的會有一點沙啞，你就知道說：「哎呀！這鳥媽媽不曉得是什麼原因這麼痛苦？」你出去瞧一瞧時，也許正好讓你看見，那個鳥子女正是從樹上掉下來摔死了。有時候會這樣啊！

我家前院有一棵三十年的桂花樹，一直都有鳥叫聲，後來我發覺原來有一個鳥巢在那上面；有一天聽到幼鳥叫的聲音，原來是白頭翁的幼雛；雖然長了羽毛，可是還沒有長齊牠就想飛，結果「啪、啪、啪」就掉下地了，那鳥媽媽在那邊就很緊張，一直在那邊叫啊、叫啊！大概是鼓勵孩子要飛上樹。我出去一看，可是又不容易抓到牠，因爲牠已經有一點點飛翔的能力，只是能力很差而已；後來終於把牠抓到，弄來一張木梯把牠放回巢裡去，然後我就離開了，接著就是牠們一家和樂（大眾笑⋯），就是聽到牠們的「喜聲」。所以雖然牠是鳥類，其實你也聽得出來牠是歡喜或不歡喜。

那麼又如幼狗、小狗，那聲音眞的就是哭聲，你可以聽得出來那哭聲。牠掉在河床爬不上來，而狗媽媽沒有能力救牠上來，於是牠三更半夜也在哭啊！那個狗媽媽不哭，河裡的狗兒子倒是一直哭。你聽到了就知道：「哎呀！這個叫作哭泣聲。」雖然牠只是一條小狗，你聽了也知道牠是在哭泣。但哭泣久了總是會累的，有時候牠就叫一叫、叫一叫，已經不是哭了，只是叫一叫，應該是叫喚牠的媽媽，你聽起來就知道牠心中很不歡喜，這就是「不喜聲」。只要你懂得去聽，然後從三界法界的道理去看待，其實你是可以聽得出來動物們的「喜聲、不喜聲」。所以假使你有因緣聽到鬼道眾生的聲音，或者他們的說話，或者聽到天人的聲音，你其實不必懂他們的語言是什麼，但是你聽了也會知道那是歡喜或是不歡喜的聲音。

接著要談天龍八部。天人或者海龍的聲音，或者夜叉的聲音，或者音樂神的聲音、阿修羅的聲音、金翅鳥的聲音、歌神的聲音，以及大蟒神的聲音，這是不一樣的。天人說話的聲音不疾不徐，沒有火氣。如果是海龍的聲音，牠說話的時候會有一點腔調，不好形容，但是會有一點腔調；而且海龍會有一點暴躁之氣，會讓你感覺到，但也會讓你感覺得到牠有一點點的驚恐。那麼夜叉呢，他們講話沙啞，讓你聽起來覺得渾身不舒服。乾闥婆說話都很斯文，而且有一點旋律的感覺，因為他們是音樂神；雖然他的聲音不一定好聽，但是會讓你感覺到他說話是不疾不徐的，而且有一點韻味，因為他的習性就是這樣子。

至於阿修羅呢，你一聽就知道了，因為他們粗魯暴躁，很不耐煩。阿修羅遍於五趣之中，所以人類之間也有阿修羅；他們不管見了誰，都會生氣而要欺負人，那就是人類中的阿修羅。如果是狗類中的阿修羅，你也會看得見。譬如野外常常會有野狗是三條腿的，本來是很完整的一隻狗，本來是很兇猛的喔！可是後來變成三條腿，因為牠太兇狠常常咬人，有人對牠不滿啊！所以設計打斷了牠一條狗腿，牠就變成三條腿。可是這種狗變成三條腿以後，依舊很兇猛；但是你靠過去時牠會走開，但依舊是對你吠個不停，還會跟你齜牙咧嘴。

為什麼牠會變成三條腿？一定有它背後的原因！好好的狗都不會變成

三條腿的，即使是被棄養的野狗也一樣。可是有時候，有一些動保人士不懂就開罵：「誰這麼可惡啊！把牠打壞了腿？」但他們不曉得那條狗已經咬傷了多少孩子，他們都不曉得或是不想瞭解，只是一味替狗抱不平。大多數的三腿狗，牠們之所以會斷腿，就是有它的前因後果，不會有人無緣無故去打斷牠的腿，所以大家都只看表相，不曉得牠的前因後果。那麼還有一種狗三條腿，那眞是可憐的，牠是被狗道中的阿修羅咬斷了腿；我們也常常半夜裡聽見了狗眾大聲地吠啊、咬啊，於是力量不夠而被欺負、被咬了，就是哀哀大叫；那你就知道牠是恐懼加上哀泣，這個一聽就懂了。所以阿修羅的聲音其實到處都有啦！

那麼如果是天道的阿修羅呢？他是要跟忉利天的天主、天人打仗的。但這一類阿修羅在鬼神界中就有了，所以有的鬼神下降到乩童身上的時候，說話是非常粗魯的。你們有沒有看過？有啊！那就是屬於修羅類的鬼神。而且他們降乩的時候，乩童往往渾身是血，所以神道中的修羅類跟正神是不一樣的。那麼正神，欲界天的天神來人間利樂有情而降神在乩童身上時，是很有耐心的，不會跟你粗魯；你再怎麼問，他都不煩。即使必須示現神威而使用兵器自苦其身，使得乩童也流下一些血，但是他的行爲是比較和緩而不粗魯的，所以問事時，信徒不懂而多問幾遍，他也是很細心柔和說明的。

如果是修羅類的鬼神，你只要再問一遍，他就會生氣起來拍桌大罵，不許你再問，不耐煩你再問一遍，這就是鬼神界裡的修羅。修羅大眾之中有修羅王，也有一般的修羅，各不相同，那你就自己去觀察；凡是暴烈的神祇都屬於修羅類，即使需要人類香火供養，他的脾氣也還是暴烈的，都屬於修羅類的鬼神。那麼鳥類也有鳥類中的阿修羅，畜生道有畜生道的阿修羅，反正阿修羅遍於五趣就對了。如果下了地獄，地獄裡面有專門在處罰人的，你就知道那也是修羅類；但是他仍然要受苦，不是都不受苦的。所以修羅的存在是遍於五趣眾生的。

接下來是「迦樓羅」的聲音，迦樓羅就是金翅鳥。我去年夏天有一天晚上出門運動，去走路；當我走過一個公園時，我說：「奇怪！靠河邊那垃圾桶上面怎麼有一個什麼東西怪怪的，很像是密宗的孔雀明王。」心裡覺得好奇，便走過去一看，果真是孔雀明王。那好像是樟木雕的，顏色有一點紅褐色，比較偏於深褐，大約有一尺多高，就是孔雀明王。孔雀明王其實就是欲界天中的金翅鳥。

密宗供的孔雀明王就是金翅鳥，但密宗把牠當作非常高位階的神。在欲界天，天人、天主看牠，認爲牠是畜生；但密宗把牠供得多高呢？竟然說牠威神之力有多大，說牠的佛法證量多麼高，其實牠就只是金翅鳥——被密宗所供的孔雀明王，是不懂佛法的。被丟棄的那個孔雀明王雕像，我看起來就是手工粗糙，雖然也不算很粗，就只是普通的手工，但不是細工；木頭大概就是樟木的，被丟在垃圾桶的上面。我心裡說：「唉！難道是咱們破密成功了嗎？」（大眾笑…）所以買回家供奉的時候一定是要花個幾千或一、二萬塊錢的；特別是向喇嘛買的，可能要花個八、九萬塊錢吧？結果如今被丟在垃圾桶上面。我看那個東西也不是新品，應該是被供奉七、八年有了吧！就直接丟棄在垃圾桶上面。所以想一想，我們破密好像是有一點成績了，所以人家就不要了，可能是因爲知道牠的本質了。這是有關密宗金翅鳥的一件趣事。

「金翅鳥」跟海龍有所不同，海龍有等級的不同，可是海龍等級通常是在卵胎溼化的溼類，即使是海龍王宮裡的龍王，也是屬於海龍。關於卵胎溼化四種龍，你去看看層次是怎麼樣的？卵生的龍在人間野外，大家都不喜歡看見。人家都不太想講出那字，所以台灣的老人家往往都說是「溜」，免得嚇著人，那是卵生的龍。胎生的咱們沒見過，不曉得牠的模樣如何；濕生龍就屬於海龍。可是還有化生龍，牠的層次就比較高；至於天龍，那是另一個種類、另一個層級，牠是只生活在忉利天。在人間以及須彌山頂和須彌山下之間都有天龍存在，但是比較少，屬於最高階的化生龍。

金翅鳥也同樣有卵胎濕化四種，金翅鳥跟龍之間的關係很微妙，就是人家說的生態平衡，有一個制衡的關係。可是金翅鳥卵胎濕化四生之中，化生鳥最高級；最高級的化生鳥可以吃一切卵胎濕化四種龍，如果是卵生、濕生、胎生的金翅鳥，都不可以吃化生龍；因爲化生是最高層次，卵生是最低的層次。依層次而言，所有金翅鳥可以吃同一個層次的龍，以及較低層次的龍；但是層次比牠高的龍，牠就不許吃，這是欲界天法界中的定律。

但也有例外，假使某一個層次的龍，牠受了八關齋戒，不管金翅鳥的層次多高，都不能吃牠，這也是欲界天中的法界定律。只要牠受了八關齋戒，牠是個佛弟子，每月上半月的第八天以及十四、十五天，以及下半月的第八天和十四、十五天，牠都是受八關齋戒的，那麼不管哪一個層次的金翅鳥，任何時候都不許吃牠。那為什麼不能吃牠？因為那個戒力——戒的力量，使牠無法吃。而且佛也告誡牠們：「這同樣是佛弟子，你們不許吃。」所以只要有機會去受八關齋戒，聰明的龍都會去受。這就是龍與金翅鳥的關係。

那麼「緊那羅」是唱歌的天神。在欲界天，有時釋提桓因派乾闥婆去向佛問候，請問什麼時候佛陀有空閒，可以前來請法？通常會派乾闥婆，但有時候同時會派緊那羅—唱歌的歌神—前去問候及請示，由乾闥婆奏樂。緊那羅那時見到佛陀時就唱歌讚佛，然後請問何時天帝可以來請問佛法？這就是緊那羅。「乾闥婆」是音樂神，善於演奏樂器。如果在欲界天福報享盡了，壽命終了，他們下來人間時會成為什麼樣的人物？就是像貝多芬、莫札特、柴可夫斯基那一類音樂家。所以他們往往六、七歲就會作曲了，而且作出來的曲子膾炙人口，那就是乾闥婆下生人間，因為他們往世熏習的就是這些東西。

如果是緊那羅福報享盡下生人間會當什麼？會成為萬人迷，也就是唱歌的。「唱歌的」好像有一點歧視吧？換個比較好的名詞叫作歌星。若是聲樂家，又更高級一點，就像 Pavarotti（帕華洛帝）。現在這些唱歌的歌星，例如惠妮休斯頓，我們台灣有名的歌星，這些人前世在忉利天都是「緊那羅」，所以他們生來就是有唱歌的天賦，容易訓練成功。可是你要叫他們誦誦梵唄試試看，絕對五音不全，因爲他們不是學佛人，覺得厭煩，所以梵唄他們是學不來的，還得要練一練才行。而且他們聽了也會覺得厭煩，得要很有耐心才能學得好。這就是說，這些人就是緊那羅。

可是你聽到緊那羅的聲音，就會知道這跟迦樓羅不一樣，也跟乾闥婆不一樣。因爲迦樓羅的聲音會有一點尖銳，你聽了可以去辨別。有的人講話聲音就是很尖銳的，迦樓羅就是這樣子。如果往世當了迦樓羅，他來到人間講話時，由於宿習的種子表現出來就是講話聲音非常尖銳，有一點吱吱吱的感覺，你聽了就知道了呵！我不知道諸位聽了知不知道，我曉得就是這種聲音。那麼歌神呢？歌神說話的時候就不一樣了，他說話時不會用暴烈的聲音來說，他會用比較持平的語氣來說；即使他是很不高興，說話的語氣也是比較持平的，不會是那種很尖銳的聲音；也不會是那種很粗暴的聲音，除非是正式吵架。摩睺羅伽就是大蟒神，大蟒神的聲音我不曉得，看看未來有沒有機會聽一聽，因爲咱們一直都不生在忉利天，一直都在人間混，不曾去天上享福。當然無量劫前一定也聽過了，不過已經沒什麼印象，也談不上來，咱們就不談它。知之爲知之，不知爲不知，是爲知（智）者。

至於「火聲、水聲、風聲」，火聲是什麼聲音？是不是呼呼的那種聲音？大火焚燒的那種聲音？不是，因爲這個火聲不是講人間這種大火燒的聲音，而是講火劫來的時候的聲音，火劫來的時候把大地萬物都燒乾了，諸位想像一下那個聲音是什麼？連大海都給燒光，這是火劫來的時候，這是三災之一。諸位可以想像，人間一切物被焚燒的時候總合起來，就是這個聲音，這叫作火聲。如果你有因緣聽見了——就是某一個特殊的因緣會讓你聽見，當你聽見的時候，就該知道這就是火劫要來了。聽見，並不是你用天耳通去聽見，就好像有時候會看見某一個景象、某一個狀況，你並不是有神通，但你有因緣就突然看見了。同樣的情形，突然有某一種因緣讓你聽見，你就知道：「啊！火劫要來了！」火劫來時該怎麼辦？要設法超越於火劫之上，這唯有禪定才能超越，那你得要修習禪定來超越於這個層次。那麼火劫來的時候會燒到什麼地方？會把他化自在天全部燒盡了以後，熱氣繼續往上熏，於是初禪天也波及了；因爲初禪天正好在他化自在天之上，熱氣是往上的，所以初禪天也會被波及。雖然火沒有直接燒到初禪天，可是初禪天由於火的熱氣往上熏，自然也一併壞掉了，都是因爲初禪天離欲界天很近。好，這就是火劫來時的聲音。

接著說「水聲」，也就是水淹的聲音。水災起時先生起大黑雲來，隨即開始下大雨；人間開始淹了，然後水氣開始往上噴，漸漸往上瀰漫，先淹掉四王天，又淹掉忉利天，繼續往上漸次淹掉，一直往上淹到二禪天，把二禪天也淹壞爲止。那爲什麼欲界會有火劫梵燒呢？因爲人間有欲、欲界天也有欲，色聲香味觸這五種法的貪欲引生了火。《楞嚴經講記》中我有依照經文講解過了，說五欲會引生欲火，於是人間必須熟食等等，既然需要有火，因欲生火而到了最強烈時火劫就出現了，就開始焚燒，一直燒到他化自在天，全部燒盡，這就是火劫。那初禪天跟著倒楣，因爲初禪天在他化自在天之上，所以熱氣把它給烤壞了。

可是二禪天爲什麼會被水所淹？當然有原因啊！人間生活必須要水，現在全世界不是常常在討論水資源的問題嗎？東南亞各國很害怕中國把喜馬拉雅山的雅魯藏布江等河流做了大壩，把水截流引到北方去，他們可能就沒水喝了，都很害怕；因爲這樣一來，可能泰國的湄公河就沒水啦，包括印度也害怕恆河水會因此而乾枯，好像要開始爭奪水源了。可是當水劫來的時候大家都不想要水了，因爲水太多就會淹啊！那爲什麼會淹？因爲人間生活需要有水，有水就會有不正常的時候而淹起來。

可是欲界天爲什麼也會被水淹？因爲欲界天人和人類一樣都有愛水滋潤，所以也會有水；既有火又有水，眞不是好地方。如果不是爲了修學佛菩提道，千萬不要生活在欲界中，因爲欲火與愛水交織，所以不但有火劫，也有水劫。當水劫來的時候從人間開始淹起，欲界天是物質比較微細的地方，但是會被水氣往上淹過去，一直淹到二禪天才停止。然而二禪天爲什麼也會被水淹？二禪天是完全離欲的，是完全離五塵的，可是因爲被定水所滋潤，二禪天人全都是以禪悅爲食，定水充沛。由定水滋潤的結果，就會引生了水氣來相應，於是水劫來時二禪天也會被水淹壞。那麼水淹的聲音呢，你如果有種智，屆時你聽了就會知道這是水淹的聲音，雖然它很難解釋，但是你聽了自然就會知道。

接著是「風聲」，當然不單是人間風吹的聲音，風劫時的大風吹，是包括宇宙中大風吹襲的聲音，是類似於一種……這也沒辦法形容，就是一種很奇怪的聲音，很低沉的聲音，那個聲音就是風劫來時的風聲。這個風是從三禪天開始吹起的，次第往下吹到欲界；風聲剛開始時很低沉，然後越來越尖銳，越來越渾厚，一直要吹到欲界世間壞了才停止；這時，凡是需要呼吸的有情所住的地方，都會被吹壞。

三禪天人的生活中還是需要呼吸的，既然他們需要呼吸就需要有空氣，所以三禪天還是有空氣的，只是很稀薄而已。既然他們的天界也需要呼吸，表示有空氣，所以風劫的大風吹起來時那邊也會被吹到。所以風劫來的時候連三禪天都全部吹壞，而四禪天不會受波及，因爲四禪天沒有空氣，他們四禪天人是不需要呼吸的，當然就不會有大風吹襲。因此有情在人間證得第四禪的時候，都是息脈俱斷，死後往生的四禪天，當然也是不需要呼吸的，就表示四禪天沒有空氣，所以大風就吹不到。那麼有種智的時候，對於三災的火聲、水聲、風聲，你會聽得見，聽了就可以判斷：「**這個是三劫的聲音。**」也就是火劫、水劫以及風劫來時的聲音。

接著說三惡道的聲音。地獄的聲音，諸位想想看，那好不好聽？一定聽了就知道很難聽。紅蓮地獄中，你會聽到由於太冰而使有情身體被冷凍，然後凍到肢體爆裂的聲音，那就是紅蓮地獄的聲音。若是炎熱地獄呢，那就是火聲啦！可是會伴隨著有情在那邊哀號的聲音。紅蓮地獄中，當然也有地獄有情在那邊哀號的聲音，那皮膚凍了也就算了，連肌肉也都凍僵了，最後是爆開來，就像冷凍庫拿出來的豬肉是紅色的，繼續再凍到爆開的時候，就好像蓮花一瓣又一瓣，那是很痛苦的，所以他們在即將凍僵以前都會哀號，最後當然會有爆開的聲音，也是地獄聲。平常是哀號的聲音，打哆嗦，痛苦的聲音，接著就是冷凍的聲音，這就是紅蓮地獄的聲音。

那麼炎熱地獄呢，那個聲音比紅蓮地獄更難聽，因爲既有燒、又有燙，例如熔銅灌口，或者綁在火紅的銅柱上，或者被壓在燒熱的鐵床上翻滾。如果是沸屎地獄呢，就會聽到好像火山泥漿熱到冒泡一般；每一個水泡裂開時就會有蒸氣沖上來，一堆熱水泡冒上來破裂了，就是一堆熱蒸氣沖上來，所以沸屎地獄又熱又臭。造惡業的有情生在那裡，終其一生都是無處可逃，時時刻刻在領受那種苦，一天到晚都在哀號，因爲完全無處逃避啊！那就是沸屎地獄的聲音。若是阿鼻地獄，那就是慘叫聲連連，不可能有停止的時候；

有時候那邊停止了，才過一會兒又接著繼續號叫，這是因為他才剛剛死，業風一吹，他的廣大地獄身又活轉過來，隨即又繼續受遍身的無量大苦。那就是阿鼻地獄了，這就是地獄聲啦！

畜生的聲音，那可多了！包括天界的金翅鳥、以及卵胎濕生的金翅鳥、龍等等，全部都是畜生的聲音。那些聲音還算少啦！人間畜生的聲音可就很多了！有時候你聽了都不知道那是什麼樣的畜生，通常是聽了就知道這是鳥類，這是哺乳類或者是爬蟲類畜生的聲音；可是往往又會出乎你的意料之外，原以為是鳥類的聲音，結果竟是獵食動物的聲音；有時以為是獵食動物的聲音，沒想到竟是鳥類的聲音，你可能不會知道。想要瞭解全部畜生的聲音，有時都還不容易呢！這就是畜生的聲音。

餓鬼的聲音，就是一天到晚嘴巴張開的時候就有火吐出來，你就會聽到火的聲音，就像人家風爐打氣的那個聲音，風爐不是會打氣進入煤碳爐嗎？一打進去就有熱氣上來，卻有一點嘶嘶作響的感覺；當他吐氣的時候沒有這麼大，可就是那個聲音。那嘴巴閉起來呢，就是肚子裡咕嚕咕嚕叫的聲音，這就是餓鬼聲。當餓鬼是要被欺負的，日子都很不好過，有福鬼也不會布施給他。有福鬼要過他自己的好日子，雖然當鬼，但是他的日子也很好，廣有財報，只是他的正報要當鬼；這是因爲生前也作很多善事，卻是用不義之財去行善，那他就去當有福鬼、有財鬼，比如土地公，人們稱爲福德正神，就是這一類。

如果一天到晚行俠仗義，殺害了很多、很多惡人；雖然救了不少好人，救了不少百姓，可是他也因此而殺了許多惡人啊！那他死後就變成大力鬼。大力鬼很有威勢，眾鬼都怕他，連有福鬼也怕他；可是大力鬼的正報就是要當鬼啊！因爲他前一世殺害了很多人，善中有惡，所以死後就得當鬼。因此菩薩在世間法中不輕易殺人，只有正法將會被某個人毀壞，而徵兆已經出現或確定了，於是不得不去殺他；這是爲了護法及救護眾生未來世免入三惡道，否則不管那些惡人在人間多麼惡劣，菩薩也絕對不去殺人，寧可避開。當有情被惡人欺負時，菩薩最多就是依法處理，不會主動去殺害。由於善業之中帶有惡業，這就是大力鬼的果報啊！所以像這樣的聲音——餓鬼的聲音，其實也還是容易理解。

餓鬼跟大力鬼、有福鬼是不一樣的。餓鬼的聲音是可以理解的，那麼大力鬼呢？講話聲音很暴烈，可是他很有威德；雖然你是人類，位階比他高，但你最好少去惹他。菩薩見了大力鬼，原則上避開；若是已經找上門來，就說之以法，把他度成弟子，這是菩薩本來就應該如此的本分，但原則上是避開的；除非他為了求法找上門來，否則菩薩原則上不去攀緣。這些是「餓鬼聲」。

接下來「**比丘聲**、**比丘尼聲**」，這是講什麼人？這就是講小乘法中的凡夫僧啦！是小乘法中的出家人。那你如果想聽呢，去泰國、緬甸、斯里蘭卡跑一趟，你們就能聽見了。因為那一些比丘們都是凡夫，他們雖然有時候也會講一點解脫之道，可是都沒有斷我見，因此說出來都落在意識境界裡面，你就知道這個叫「**比丘聲**」。如果在台灣、大陸，你也可以聽到「**比丘聲**、**比丘尼聲**」，因為南洋沒有比丘尼。大乘佛法弘揚的地區有好多的比丘僧、比丘尼僧，你聽他們有時候談論寺裡什麼事情，總是言不及義。有時難得聽到一兩句所謂成佛之道，卻只是聲聞解脫道，可是又不能使人斷我見，所說的法義全都落在意識、識陰的境界裡面，是誤會了的解脫道，卻自稱是成佛之道。那你聽到男的這麼說法，就知道這是「**比丘聲**」；如果是女的這麼說法，你就知道：「啊！那叫比丘尼聲。」

接著「聲聞聲、辟支佛聲」。「聲聞聲」與「辟支佛聲」有什麼差別？「聲聞聲」說的是可以讓人如實證得解脫果——就是實證聲聞四向四果的法要；當他們說這些法的時候，你聽了就知道這是「聲聞聲」；不管他是出家人或在家人，只要他說的法是可以使人證聲聞果，而他們不想修學大乘法，不樂意當菩薩，那就是「聲聞聲」。這表示什麼？表示這些人是實證聲聞果的聖者。如果你聽到人家演說因緣法，這因緣法就不像「比丘聲、比丘尼聲」，因爲他一定會先告訴你十因緣法，然後才會告訴你十二因緣法。如果他只講十二因緣，你就說：「啊！這是比丘聲，這是比丘尼聲。」如果他有談到十因緣，然後才談到十二因緣；或者先告訴你「名色緣識」的「識」，有告訴你名色是被此識所生，不是識陰六識中的識，然後才告訴你十二因緣法中說的「名色緣識」的識是識陰六識，你就知道：「嗯！這個是辟支佛聲！」

因爲像這樣的人在辟支佛道，也就是在緣覺道或者獨覺道中，他是有所實證的，否則他不會懂這些道理。這是事實，如果諸位不信的話，請看佛教界兩、三百年來有誰講過十因緣法？縱使釋印順曾經提過十因緣，他也還是曲解了，所以把十因緣法當作十二因緣法，而說十二因緣是十因緣法的增說，又說十因緣法是十二因緣法的減說，證明他不是眞的懂十因緣與十二因緣法。既然他在書中認定十因緣與十二因緣只是增說與減說的差別而已，沒有不同，那表示他說的不是辟支佛法，那他在那一些法上的說法聲音就叫作「比丘聲」，不是「辟支佛聲」。你要依據實質來判斷，才能夠認定那是不是「辟支佛聲」。

以上說的是二乘聖者。如果你有無生法忍，一定可以聽得出來「聲聞聲」與「辟支佛聲」。但是我們弘法到現在，我們會裡其實有很多人如今已經可以聽得出來了。你今天聽我說明了，又讀了《阿含正義》以後，如實瞭解十因緣與十二因緣的關係了，那麼以後聽到人家在說因緣法的時候，你也會知道那是「比丘聲、比丘尼聲」，或者是「辟支佛聲」。你也可以聽得出來啊！所以這個現在大家已經容易聽懂。

接著是「菩薩聲、佛聲」。什麼人說出來的是菩薩聲？諸位現在已經蠻清楚了，因爲我也已經講得夠多了。凡是有所實證，實證之後把他對佛菩提道的內涵，依於自己實證的證量，加上現觀所得而作出來的比量，或許再引用一些聖教量來爲大家演說；不論聽聞的對象是多是少，你已經實證了，那麼你聽了別人和你同樣的演說佛法時，就知道這個聲音是菩薩講的，一定是菩薩發出來的說法音聲。假使你聽到菩薩說法的聲音，不是你演說的聞所未聞的法音，但法義和你是一樣的，就知道這是菩薩在說法。但諸佛說法的時候，那法音和說法的內容都會與菩薩有所不同。

諸佛說法的時候不必像我們需要用麥克風、擴大機、喇叭來傳遞聲音；諸佛說法音量不大，但是不管多少人，遠近都聽得到；遠的人不會覺得太小聲，近的人也不會覺得太大聲，所以 佛陀也不必太大聲來說法，卻能讓大家都聽得清楚。那麼菩薩如果沒有麥克風呢？人多的時候得要撐開嗓門大聲地講，那就無法講很久啊！縱使八地、九地菩薩，他們說法的時候也沒有辦法像諸佛那樣，那音聲是有差別的。如果是像我們呢？我們得要靠這個麥克風等設備，否則你們坐在辦公室那邊，距離我很遠了，可能就不太聽得見我說法的聲音了，至於第二、第三、第四講堂就別聽了。爲什麼呢？因爲我們沒有諸佛那個證量嘛！

所以你去聽人家說法的聲音，距離非常遠而仍然很清晰地聽到，竟沒有使用麥克風、擴大機與喇叭，你就知道這一定是「佛聲」；而且其實你不必聽到說法的聲音，就會知道是佛，因爲佛的威德會讓你一旦相見了就會知道對方是佛；只要你有一些證量了，你見了就會知道祂就是佛。因爲祂的威德力以及大慈力，會讓你感受到；所以遇到這樣的人說法時，你就會知道這一定是佛，祂發出的聲音就是「佛聲」。

那麼菩薩就沒有到那個層次，所以還是會有所不同；而且說法的內容也會有所不同，菩薩會跟你說得很詳細，但是沒有辦法很全面、很具足、很深入，這就是「菩薩聲」。所以如果我成佛了，我所說的法就不是像今天這樣，不會說得這麼詳細、這麼瑣碎，怕你聽不懂，因爲我還不是佛。諸佛說法大致上都是概說，函蓋面都具足；而且說得也很深入，但是你不容易瞭解，因爲大多是概說，所以才須要大菩薩們來補充說法，來佐助諸佛。因此說，「佛聲」與「菩薩聲」是不同的，那你如果有無生法忍，你聽了自然會知道這是「佛聲」、這是「菩薩聲」。

總之，概略地、扼要地來說，三千大千世界中的一切所有諸聲，或者這個三千大千世界外的其他世界一切諸聲，假使有因緣被這位菩薩聽到，他雖然還沒有修得天耳通，以父母所生的「清淨常耳」都可以聽聞而了知。「清淨常耳」是說他已經修行到了清淨位，當然不是在凡夫位。如果還是在凡夫位就談不到「清淨常耳」，但他已經在清淨位，所以當他聽到某一種聲音的時候，他會去思惟，然後作出判斷說這是什麼聲音；那麼 世尊開示說他「皆悉聞知」。像這樣去分別種種的音聲，而不會毀壞了他的耳根，這就是修行清淨後的「父母所生清淨常耳」，就可以聽聞三千大千世界內外的音聲了，但這已是三地後的事了。接著 世尊以重頌重新再說了一遍，我們再來恭聆世尊法語。

經文：【爾時世尊欲重宣此義，而說偈言：「

父母所生耳，清淨無濁穢，以此常耳聞，三千世界聲；
象馬車牛聲，鐘鈴螺鼓聲，琴瑟箜篌聲，簫笛之音聲，
清淨好歌聲，聽之而不著；無數種人聲，聞悉能解了。
又聞諸天聲，微妙之歌音，及聞男女聲，童子童女聲。
山川嶮谷中，迦陵頻伽聲；命命等諸鳥，悉聞其音聲。

地獄眾苦痛，種種楚毒聲；餓鬼飢渴逼，求索飲食聲；
諸阿修羅等，居在大海邊，自共語言時，出于大音聲。
如是說法者，安住於此間，遙聞是眾聲，而不壞耳根。
十方世界中，禽獸鳴相呼，其說法之人，於此悉聞之。
其諸梵天上，光音及遍淨，乃至有頂天，言語之音聲，
法師住於此，悉皆得聞之。
一切比丘眾，及諸比丘尼，若讀誦經典，若為他人說；
法師住於此，悉皆得聞之。復有諸菩薩，讀誦於經法，
若為他人說，撰集解其義，如是諸音聲，悉皆得聞之。
諸佛大聖尊，教化眾生者，於諸大會中，演說微妙法，
持此《法華》者，悉皆得聞之。三千大千界，內外諸音聲，
下至阿鼻獄，上至有頂天，皆聞其音聲，而不壞耳根，
其耳聰利故，悉能分別知。持是《法花》者，雖未得天耳，
但用所生耳，功德已如是。」】

語譯：【這時世尊想要重新宣示這個眞實義，就以重頌再度這樣子說：

「以父母所生的耳根，由於已經修行清淨而沒有污濁垢穢，所以用這個世間人常可看見的清淨耳根，來聽聞三千大千世界中的音聲；

也就是聽到了象聲、馬聲、車聲和牛聲，鐘鈴螺鼓的聲音，琴瑟箜篌的聲音，簫笛的聲音，清淨好聽的歌聲，聽到了但是卻完全沒有執著；乃至於無數種人類的不同的音聲，聽聞了之後也能理解他們是什麼意思。

又聽聞到諸天的聲音，以及天界所唱微妙的歌唱聲音，也聽聞到男人聲音、女人聲音，和童子、童女的聲音。

並且在山川嶮谷中，也能聽聞到迦陵頻伽的聲音；乃至命命等諸鳥鳴叫時，也都能聽聞到牠們的音聲。

地獄裡面的眾生有各種苦痛，接受種種楚毒而發出非常痛苦哀號的聲音；也聽到餓鬼道的眾生，由於飢渴所逼而求索飲食的聲音；

諸阿修羅等有情，他們雖然居住在大海邊，但他們自言自語或者互相言語的時候，也發出了大音聲。

就像是這樣子，常為人演說《妙法蓮華經》的菩薩，他們即使安住在這個地方，也能夠很遙遠地聽聞到那一切有情發出的這一些聲音，而不會毀壞他的耳根。

十方世界之中，禽獸呼鳴的聲音，這位演述《妙法蓮華經》的人，在此也可以聽聞得到。

其餘乃至到達色界清淨天中，例如光音天以及遍淨天，乃至於到達色界頂的賢聖們言語的聲音，演說《法華經》的法師住在這裡，也全部都可以聽聞到。

一切的比丘眾，以及許多比丘尼眾，他們如果讀誦經典，或者爲別人解說時；爲人演講《法華經》的法師住在這裡，也全部可以聽聞得到。

另外還有諸菩薩們讀誦各種大乘經，或者演述各種大乘法的論典，或者爲人解說大乘法義，或是爲了撰集論著而爲同行者講解其中的義理，像這樣的種種音聲，這位菩薩也都可以聽到。

諸佛大聖人天至尊，正在教化眾生的時候，在種種大會之中，演說微妙之法，受持這部《法華經》的法師，也全部都可以聽聞到。

這個三千大千世界內，以及這個三千大千世界外的種種音聲，由人間往下到達阿鼻地獄，由人間往上到達色界有頂天，演說《法華經》的法師也都可以聽到這些聲音，而不會毀壞這位菩薩的耳根，由於他的耳根聰明銳利的緣故，全部都能分別而了知。

受持這部《法華經》而爲人演說的法師，雖然沒有得到天耳，只是用他父母的所生耳，功德就已經如是了。」

講義：好！這個頌裡面告訴我們說：假使菩薩修到滿足三地心了，那麼雖然他沒有運用天耳通，也可以依於清淨而沒有污濁垢穢的耳根，來聽聞三千大千世界內的所有聲音；乃至外於這個三千大千世界的所有聲音，也因爲他的耳根清淨無濁穢，所以用這個常人所能看見的耳根，他就可以聽見。

所以說，若是還有濁穢、還有垢穢，就沒有辦法全部聽見，換句話說，還沒有達到色陰盡境界的菩薩，都是還無法辦到。那麼由此來檢查那些所謂的法王們，他們既然自稱爲法王，至少也能夠聽得見某一些聲音吧？但是他們有沒有聽見？連一種聲音也沒有聽見；他們所聽見的都是凡夫外道聲，因爲他們所說、所接觸到的都是凡夫外道法與凡夫外道聲，所以他們最多只能聽到他身邊的「象馬車牛聲，鐘鈴螺鼓聲，琴瑟箜篌聲，簫笛之音聲」；因爲他們一天到晚在作法會收錢啊！所以這一些聲音是他們常所得聞的。

可是這些聲音背後的意義是什麼，他們卻都不懂，只能聽到表面上的音聲。然而菩薩聽到了，可以知道那是從何而來的音聲。也就是說，一切聲音從事上來講，莫非是一切有情淪墜於惡道中的聲音，莫非是人間一切器物的世俗聲；可是如果從理上來說，菩薩知道這一切莫非是如來藏之聲。例如「象聲」，如果不是如來藏，牠也就無聲了；而你聽聞到了「象聲」時，如果你不是有如來藏，那你也聽不到象聲。所以菩薩一聽就知道：「欸！如來藏的聲音！」你若是還沒有找到如來藏，聽我這麼說，會覺得好奇怪：「怎麼可能是如來藏的聲音？亂說，如來藏無形無聲，焉可有聲？」但實際上眞的是如此。

等你證得這個眞實理以後，你再來現前觀察自己所聽到的聲音，看一看是不是你的如來藏發出的聲音？雖然你聽起來那是大象的聲音，其實是你的如來藏發出的聲音，因爲你只聽到內相分裡的聲塵，沒有直接聽到外相分的大象發出來的聲塵，這是要現觀的啊！從另一方面來說，你聽聞到那隻大象發出的聲音，然而那依舊是牠的如來藏所發出的。你沒有找到如來藏之前，聽了一定百思不得其解，怎麼想也想不透。「那明明是五陰發出來的聲音，怎麼你可以說那是如來藏的聲音？」但實相法界中的事實確是如此。

這就是說，「象馬車牛聲」，即使是車聲，都還是如來藏的聲音；你若有智慧深入觀察到了，就不能否定它，因爲這是在現觀上就如此照見的。可是還沒有證得如來藏的人只能想像：「爲什麼那象馬牛拉的車子發出來的聲音也會是如來藏的聲音？」我告訴你：就眞的是啊！而這有事說與理說的差別，等你哪天找到了如來藏的時候，你去一一加以觀察；越觀察就越深入了知，你就只好認同我；如果你會反對我，我就知道你根本悟錯，落入識陰去了。

這不是說反對我的人，我就把他否定，因爲凡屬眞實證悟而能深入觀察的人，所見的事實就是這樣子啊！所以這是無可否認的，乃至「琴瑟箜篌聲，簫笛之音聲，清淨好歌聲」，全都是如來藏的聲音。如來藏的聲音，不管是外來的如來藏發出的聲音，自己的內相分所得的如來藏聲音，你根本就不必執著啊！因爲不管那樂曲多好聽，所謂「此曲只應天上有，人間能得幾回聞」，你聽了依舊是你自己如來藏的聲音；既然聽來聽去都是如來藏的聲音，那又何必去執著呢？所以菩薩「聽之而不著」，原因就在這裡啊！

離端午節還有幾天？（張老師回答：不知道欸！）原來妳不是世俗人。大概還有幾天？六月二十三，現在才五月一號，（有人說：閏四月。）喔！閏四月。不過端午節是依農曆講的呀！我說這麼熱了，爲什麼端午節還沒有來？老人家有一句俗話說啊：「未吃五月粽，破裘毋甘放。」（導師這句話以河洛語說。）我想現在的天氣應該是破棉襖可以離手了吧？爲什麼還沒有聽說端午節什麼時候來到？那麼今年端午節顯然是會非常熱的。

不管它了，上一週《妙法蓮華經》講到一百六十二頁第六行前兩句，那麼今天接著要從「無數種人聲，聞悉能解了」開始講。也就是說，依於父母所生耳，修行到清淨了，就能以這個「清淨常耳」聽聞各種聲音，包括非常多種的人類聲音，聽了以後也都能夠瞭解而無所遮障。這個「清淨」的意思可能大家先需要瞭解一下。譬如在《楞嚴經》上說的六根清淨位，其實並不是靠定或者智慧等等的修行，或者六根的修行而產生了六根清淨的功德；所以那個清淨位，完全是在煩惱的斷除，習氣種子的斷除，以及變易生死的斷除而達到清淨的。

因此，是從所知障的上煩惱和煩惱障的煩惱與習氣種子煩惱上面去斷除而變清淨，所以這個清淨是不靠禪定等等來獲得的，也不是單靠智慧等等來獲得，而是靠各種清淨行及無生法忍，對那一些種子修行清淨所產生的境界，在佛地六根互通的清淨位中就是如此。同樣的，還沒有到等覺位之前的清淨，也是如此的道理——就是在於三界愛的斷除，以及三界愛的習氣種子斷除上面來達到清淨，但是這個清淨是要靠無生法忍來獲得。所以這個清淨不是靠禪定、六通等等去獲得的，才能夠不用天耳而能夠聽聞到這些音聲而得了知，這一點是大家先要瞭解的。而三地滿心菩薩由於色陰盡的緣故，也能作到清淨常眼、清淨常耳的功德，只是所見、所聽的範圍，不能像等覺菩薩及諸佛那樣廣大罷了。因此就在這種情況下說「無數種人聲，聞悉能解了。」未滿三地心前，就只能從理上來了知這些聲音了。

瞭解了這一切人間的聲音無非就是如來藏的妙音，接著就從人間往上來說：「又聞諸天聲，微妙之歌音，及聞男女聲，童子童女聲。山川嶮谷中，迦陵頻伽聲；命命等諸鳥，悉聞其音聲。」現在說到欲界天的境界。前面說的是人間的境界，那麼欲界天呢？他們那些天主、天人的聲音，跟人間的人類說法暴躁粗魯，或者扭捏作態，是不一樣的。所以他們是一種正直的聲音，既不暴躁粗魯，也不扭捏作態；這是諸天主、天人的聲音，主要是指欲界天的聲音。接著說「微妙之歌音」，這是說忉利天的緊那羅唱歌的聲音；緊那羅是釋提桓因的眷屬，當釋提桓因想要享受美妙的歌聲，就有乾闥婆為他演奏，然後緊那羅為他歌唱。有時釋提桓因會派乾闥婆或者派緊那羅，也就是派樂神或者歌神來向 佛陀請安，請問 佛陀有沒有時間，他想要來拜見和求法。這時人間就有機會聽到他們彈奏天樂以及唱天曲，這個就是「微妙之歌音」。

「及聞男女聲」，這個男女聲就是欲界天一切男人、女人說話、歌唱的音聲。還有「童子童女聲」，這就是第四天——彌勒內院的那一些菩薩們；也就是說再過約九千年後，諸位要往生去的地方；去到彌勒內院時，雖然繼續有男女相，但大家都是不結婚的，所以叫作童子、童女；不管你是活了幾千歲、幾萬歲，終究還是童子與童女。那麼這就是指修行人的聲音，因為彌勒內院就是這樣的。接著說「山川嶮谷中」，因為在忉利天與四王天依舊還有山川與嶮谷啊！因為那是地居天。四王天是在須彌山的山腰，而我們在須彌山下；他們住在山腰，因此被須彌山的廣大距離所阻隔，就分成東西南北四大天王來統轄。那麼忉利天呢？在須彌山頂，所以四王天也有山川嶮谷。

在這兩天的境界裡面，有迦陵頻伽和命命鳥。迦陵頻伽叫作好音之鳥，或者叫作好聲之鳥；因爲牠發出來的聲音非常悅耳，大家聽了心中都會很歡喜。而迦陵頻伽這種鳥，據說是住於忉利天大雪山頂，菩薩也能聽到這種鳥的聲音，當然人間是看不見的。聽說這種鳥還在卵中尚未孵化出來之時，就已經開始發出很好聽的聲音了，所以這種鳥的聲音大家都喜歡聽；因此牠從還在卵中到牠出生，直到牠死前爲止，大家都喜歡，應該類似人間養夜鶯一類的鳥吧！夜鶯當然不能跟牠比，所以牠叫作好音之鳥。那麼命命鳥的鳴叫聲音，翻譯成中國的文字就叫作：「耆婆、耆婆、耆婆、耆婆。」耆婆這個聲音是印度梵音，就說它叫作「生命、生命、生命、生命」的意思。所以經中如果有誰的名字叫作「耆婆」，它的意思就叫作「生命」。因爲牠這樣叫，所以大家都叫牠命命鳥。那麼這裡說「命命等諸鳥」顯然不是只有這兩種鳥，還有很多不同種類的鳥；所以欲界天的忉利天、四王天中還是有畜生存在啊！只是牠們屬於欲界天下二天—地居天—的畜生，但牠們的福報比人間的畜生好，日子好過，生活無虞，無憂無慮，所以不把牠們列入三惡道中。這是屬於欲界的四王天跟忉利天中的事情。

所說諸天的聲音、緊那羅的聲音，欲界天的男女聲音，兜率陀天裡面的童子、童女的聲音，以及山川嶮谷裡面有迦陵頻伽以及「命命等諸鳥」，有這些聲音；若是已經讓耳根清淨了，也就是三地滿心的菩薩們，並且也受持了《妙法蓮華經》，這樣的菩薩都是可以聽見的，就是說在事相上是可以聽見的，前提是他的耳根已經清淨了，已到色陰盡的境界了。

接著說：「地獄眾苦痛，種種楚毒聲；餓鬼飢渴逼，求索飲食聲；諸阿修羅等，居在大海邊，自共語言時，出于大音聲。」這個欲界天的天道聲音說完了，現在換修羅道了。修羅道之下就是地獄道和餓鬼道了。受持《法華經》能如實依了義的眞實義為人宣演時，他的耳根又已經修行清淨了，那他可以聽見地獄中種種受苦眾生的哀號聲音，而瞭解到他們所受的眞的是種種楚毒，所以哀號的聲音就各不相同。從聽聞那些哀號的聲音就會知道現在這個聲音，是某一種地獄有情正在受什麼樣的苦。

接著說餓鬼，這裡就不談有福鬼、大力鬼；因為鬼道被稱為惡道，最主要是那裡的有情大部分是餓鬼。餓鬼最大的痛苦就是飢與渴，飢還不是普通的飢，渴也不是普通的渴，都因爲餓火中燒，因此肚子鼓得好大，可是全部都是餓火，那個飢與渴就可想而知！人間饑荒而沒有飲食的地方，不得不吃土、吃草的時候，那些人的肚子都非常之大，身體都已經畸形了；同樣的道理，餓鬼們正當餓火中燒時的樣子，也就像那些不得不吃土、吃草的窮人樣子。爲什麼又說他們的飢與渴不是普通的飢渴呢？因爲餓鬼的壽命很長，往往一萬歲、兩萬歲之間都得不到飲食；也因爲他們只能吃膿痰，沒有別的食物。

假使看見人類往地上吐了一口膿痰，那你想：「餓鬼現在應該有得吃了吧？」這可不見得，因爲力量大的鬼先搶了去。搶去以後就有得吃嗎？也不見得，那力量大的鬼搶去才準備要吃，口一張開，餓火噴了出來，那個膿痰也就變成焦炭，吞不進肚去了。所以你想，有大力氣而搶贏了的餓鬼都還沒得吃，那些力氣小的只好眼睜睜看著人家搶了去，但他們可以自我安慰說：「他們搶了去，也吃不到。」就只有這樣子，那你想，一萬歲、兩萬歲、三萬歲都吃不到一口膿痰，在餓火中燒很多年的情況下，他們的飢與渴如何能夠忍受？可是他們卻必須要忍受啊！

那麼有人也許想：「那餓鬼裡面難道都不能喝水嗎？」餓鬼道的世界當然也有水啊！可是水這個東西，我們人間看是水，欲界天看是琉璃，但是餓鬼所見則是一片的火海，這是由於業力的緣故而導致如此。我們所見的是河水，他們看見卻都是火河，根本沒辦法飲用啊！因爲他們的業報就是這樣！這也是「唯心所現」的一個具體事證，而他們的業報就是如此。所以他們的飢渴眞不是普通的飢渴啊！只能偶爾有機會得到不是被餓火燒成焦炭的膿痰，才能偶爾輕微解除一次大饑大渴。那你想，他們是不是要繼續每天東奔西馳爲了一口飲食而辛苦呢？所以求索飲食的聲音在餓鬼道中，是漫山遍野到處都聽得見的。這樣想起來，他們眞的很苦惱。可是這位菩薩聽了不會起苦惱，因爲知道那是他們的業報。

接著說日子比較好過的，造惡的有情從地獄境界說上來，漸次轉生以後日子比較好過的是阿修羅。這裡講的阿修羅，主要是指天界的阿修羅；他們住在須彌山腳下的大海邊，有的住在海裡，有的住在海心的水火交接之處，也是得受種種痛苦。有些阿修羅在大海邊互相言語的時候，或者自言自語的時候，由於他們的習氣，講話的聲音都是非常大；所以你如果看見人間有人講話非常粗魯、非常大聲，那你就知道那個人大概很急躁，脾氣又壞，就是人間的阿修羅啊！因爲他可能很衝動，很容易造惡事，屬於修羅類裡面的小小修羅；他們的心地還算好，但就是無德。

如果是人間的阿修羅，他們一天到晚都是看誰不順眼就打人、殺人，那就是人間的阿修羅。那麼天界的修羅，還有一個名稱就是無酒，他們的果報是沒酒可以喝的。欲界天人在四王天、忉利天中都還有酒可以喝，可是天界的阿修羅是無酒可喝的，那是他們的果報。至於爲什麼他們無酒可喝？當然有它的因果關係；就是因爲脾氣暴躁，太隨順自己的心意，想要怎樣就怎樣，套一句前些年年輕人流行的一句話：「只要我喜歡，有什麼不可以？」所以他想殺人就殺人，想害人就害人，但是他大部分的時間是在作好事，就只是不相信因果，所以他想要幹惡事時偶爾也就幹了；因此他雖然是有福報的，比人類在人間過得好，可是被叫作無德。換句話說，他缺德，缺乏了仁愛之心，缺乏對世間義理正確與否的正確觀念，因此肆意而爲，便叫作無德。既然無德，他們的果報就是生天以後沒有酒可以喝，以免更加亂性，所以阿修羅又叫作無酒。

既然是這樣，他們住在大海邊自言自語時，也是其聲如雷；互相言語時也是會常常大聲諍論，其聲如雷。假使你在人間修行到色陰盡而使耳根清淨了，同時能夠信受了義的《妙法蓮華經》，所以能聽見；那時一聽就知道是阿修羅的聲音。但是不會因爲他們聲音很大，就使你耳根毀壞，這就是耳根清淨以及受持《妙法蓮華經》的功德。

接著說：「如是說法者，安住於此間，遙聞是眾聲，而不壞耳根。」這就是說他的智慧、功德，已經使他修行到耳根初步清淨了，又因爲了義的《法華經》受持以及爲人宣演，而不是自己密藏自珍，所以他能夠有這樣的功德。因此縱使那些阿修羅的音聲很大，他聽到了以後依舊不壞耳根。因爲，如果很遠的微細聲音你也可以聽得很清楚時，那你聽到阿修羅說話的大音聲，耳根就會被震壞了！這是常理，就好像說，我們用麥克風來講話時，因爲我講話的聲音比較小，那麼我們控制音響的老師們，這時就會把擴大機的音量調大一點；可是這時我如果像張老師那樣講，由於張老師嗓門大，我如果像她那樣講話，喇叭放出來的聲音馬上就會「吱——」一直大聲叫起來，讓人受不了。

同樣的道理，如果某一種儀器，因爲所要接收的對象發聲太小，所以必須開到最大的靈敏度去接收，但是突然有一個正常的聲音或者比較大的聲音出來時，你這個接收的儀器就毀壞了，道理是一樣的。當你可以聽到很遠、很微細的聲音，這時表示你的功能是用到最大的了，但你如果突然聽到阿修羅的大音聲，耳根是會因此而壞掉的。但因爲菩薩的耳根清淨了，而且有最了義的《妙法蓮華經》在爲人解說的功德，而不是依文解義的《妙法蓮華經》，是如實了知並且來爲別人宣說；因爲有這兩種功德，因此雖然聽到海邊的阿修羅們說話等等的大音聲，他的耳根並不會毀壞，這就是他的功德。

接著說：「十方世界中，禽獸鳴相呼，其說法之人，於此悉聞之。」不但如此，十方世界，也就是三千大千世界外面的其他十方世界，那一些世界裡的人間禽獸在鳴叫，在互相呼喚的時候，這位爲人宣演《妙法蓮華經》的法師，因爲耳根清淨的緣故，所以他也能夠聽得到。「其諸梵天上，光音及遍淨，乃至有頂天，言語之音聲，法師住於此，悉皆得聞之。」那麼那一些世界中的「梵天上」，因爲前面已經講過欲界天了，現在講的是梵天，在色界清淨天上的諸天，不論是光音天或者遍淨天，乃至有頂天——就是五不還天的色究竟天，他們的言語音聲，這位法師住在這裡也可以全部聽聞到。

那麼梵天，從初禪開始都叫作梵天；初禪有梵眾天、梵輔天和大梵天，總共有三天，其實都是住在同一天裡面。但是初禪天既有三類不同的有情，是初禪天有情的眾同分而稱爲初禪的三種天。那麼光音天屬於二禪天，二禪天裡的最多的天眾就是少光天，在少光天之上有人數比較少的天眾，叫作無量光天。如果有人說：「喔！他入定了以後，放出的光明照耀半邊天。」因爲地底下照不進去，所以照耀半邊天；但是諸位不要被迷惑了，就算他眞的如此，只不過是二禪天的無量光天，依舊是個凡夫。要瞭解這一點，可不要被籠罩了。

假使你有了天眼通，有一天入定看見了誰的光明：「哇！不得了！不是萬丈，而是照耀半邊天。」那時你可不要去崇拜，要看他有沒有佛法的證量；要在三乘菩提的證量上加以檢查，不要先崇拜，崇拜就錯了。因爲他如果沒有三乘菩提的證量，只不過是個凡夫啊！他只是二禪天裡面的一種人，相當於初禪天裡的梵輔天一類，也就是二禪天裡面的無量光天，幫著光音天來管理二禪天裡的少光天等天人，都還只是在二禪天中。那麼光音天呢？光音天是已經走過了無量光天的階段，他可以把身上的光明作出種種變化，用身光來傳遞出他想要表達的意思，不必用語言文字，猶如我們用音聲在說話一樣。那麼二禪天的無量光天與少光天人們，一看到他所放射出來的光明變化，就知道他在表示什麼意思，所以他就被叫作光音天。由此看來，光音天在二禪天中會有幾位？正是只有一位。因爲他是二禪天的天主，就像大梵天在初禪天中也是只有一位，是同樣的道理。

那麼遍淨天跟光音天是類似的，卻是屬於三禪天的境界。三禪天有少淨天、無量淨天，然後才是遍淨天。同樣的道理，少淨，是說他離開二禪境界的執著了，已經稍微清淨一些了，叫作少淨天。那麼無量淨天就是把對二禪的所有執著全部丟掉了，所以二禪的境界對他完全沒有吸引力，主要是談這個，叫作無量淨天。至於遍淨天呢，一切三禪天中的諸法他全部都清淨了，有大威德來統理三禪天，叫作遍淨天。

接著是四禪天。四禪天人有什麼級別呢？有福生天、福愛天、廣果天，然後還有一個外道天，叫作無想天。所以四禪天中總共有四天，跟下面的初禪天到三禪天不一樣，這四種天人同樣都住在四禪天的境界裡面。福生天、福愛天是層次比較低的四禪天人，層級最高的是廣果天，也就只有這麼一位，廣果天是四禪天的天主。可是四禪天中還有一種人是不歸他管的，他也管不到，那些人叫作無想天。而無想天人，他也不用去管，因爲根本不需要管理，那些天人各自都在自己的宮殿裡面，好像木頭一樣動也不動，坐著入了無想定，就好像睡覺一樣，呼喚也聽不到，也不作任何活動；那就是外道錯入了涅槃，其實並不是涅槃，而他們當作那就是無餘涅槃的境界，進去「涅槃」以後結果變成無想定。證得無想定的人死後執著那個境界，所以生到無想天去，在四禪天自己的宮殿裡面進入那個境界中，誤以爲是無餘涅槃，那就叫作無想天人。那些天人都沒有在活動，所以廣果天不用去管理他們；因爲他們不會造惡業，也不講話，也不作什麼，等到他們出定時就下墮人間或三惡道中了，他縱使想要管也管不著，其實也不必去管。無想天是另外一個天，叫作外道天。

接著四禪天中還有五不還天。五不還天一直到最高層次是色究竟天；五不還天又名五淨居天，從第一天開始，就已經是證得第四禪的三果人往生去住的地方；最差的三果人，死後展轉受生到色界初禪、二禪、三禪、四禪，然後才到了五不還天，得要一一都去經歷；一直受生來到色究竟天，那是他已經迴心大乘而證得無生法忍，才能生到那裡去，就能面見報身佛在那裡說法。那麼色陰盡而且爲人演說《法華經》的這位菩薩，也都可以聽得見，所以他若是想要聽聞時，就能聽見報身佛在說法。那你想，這個功德大不大啊？太大了啊！欣羨不欣羨呢？欸！我也欣羨啊！

因爲我還沒有修到色陰盡，只是體會過一次色陰盡的境界，才會知道這些事情，卻不是眞的完成色陰盡的證量，所以耳根還不夠清淨啊！但是把它列爲目標，未來世是要親證的，關鍵是我的福德夠了沒有。但不要覺得說「這是不可能的」，因爲所謂的不可能，是由於自己達不到，才叫作不可能；但不要因爲自己達不到，就認爲別人也達不到，就亂毀謗說：「哎呀！那都是天方夜譚。」千萬不要這樣想，寧可信其有。因爲從我自己那一次色陰盡的體驗，就這樣子一步一步走過來以後，我知道：有了那一次的體驗，確定《楞嚴經》與《法華經》中說的這些正理都不能推翻，不能否定它。

例如《楞嚴經》中說的「色陰盡」境界，我曾經跟你們講過了，對不對？所以我相信確實是有那個境界。問題只是說，我什麼時候可以永遠住在那個

「色陰盡」的境界中。目前我還作不到，但是已經讓我體驗到了，那就夠我相信的了！同樣的情形，既然前面一個階段又一個階段的修證，你已經親自經歷了，而 佛陀所說的也讓你一一去親證，又一一去檢驗而證實為真；那麼後面的，你就可以同樣信其為真；因為前面的，你都已證實是真實的了，所以後面諸地的境界，你就應該跟著相信。因此我們還是應該要相信，耳根清淨的受持，而且能夠為人如實演說《妙法蓮華經》的菩薩，是可以聽見梵天裡的這些聲音。

接著說，這樣從事相上來理解以後，要回過頭來從理上來說了。當你聽見這些聲音時，從理上來說，也可以說你全部都聽見啊！因為不管哪一種聲音，你聽見了以後，依自己所證的眞實理，可以自己印證說：這一切聲音莫非都是「此經」如來藏之聲音。因為你所聽的聲音，外面的一切聲音，都是有情的如來藏所發出的聲音；乃至山川大地、河流、風聲等等，也是共業有情如來藏變現出來的山川、河流等等，才會發出來這些聲音，歸根結蒂，依舊是如來藏之聲。

宇宙中無有一法是無因而有，宇宙中的一切法都從如來藏來，差別只是直接、間接、展轉而已，莫非如來藏發出之聲。大家要瞭解這一點，沒有一法是無因而生的。那麼這樣子來瞭解以後，再來反觀；當自己聽到外面來的聲音，了知三千大千世界內、了知三千大千世界外的一切音聲以後，你從理上再來觀察，其實所聽到也都是自己如來藏的聲音，因爲你都只聽到內相分的聲塵，而那個內相分的聲塵與你所聽到的外相分的聲塵一模一樣，所以假名爲聽到，其實沒有眞的聽到外相分的聲音。既然都是只聽到自己如來藏所變現出來的內相分聲塵，所以說這一切莫非是如來藏之聲音，因此從理上來看，也可以說你已經聽見了。只要你悟了以後，繼續聞法而理解了這個道理，也能夠現觀這個道理，你就可以說自己已經聽到這一切的聲音。不過，這只是理上之所聞，不是像如實受持《妙法蓮華經》而且耳根清淨的菩薩之所聽。

接下來說：「**一切比丘眾，及諸比丘尼，若讀誦經典，若為他人說；法師住於此，悉皆得聞之。**」這裡講的，就是小乘法中的出家凡夫僧的聲音；這就是說，一切比丘大眾，一切比丘尼大眾，他們當然會常常讀誦經典；那他們讀誦經典時，你聽了就知道他們還是凡夫僧。爲什麼知道他們是凡夫僧？因爲他們誦經的時候，往往在斷句上或者音聲的高低腔調，都是不正確的。既是不正確的，你就知道他們沒有如實理解那一些解脫道的經典；那他們如果為人解說時，也會有同樣的情形，也就是解說錯了，所以聽他們在課誦二乘菩提經典時，也會知道他們是聲聞凡夫僧。

這種情形其實很普遍地存在，所以聽人家誦經的時候，你只要詳細一字一字去比對他誦經的字句，就會知道他懂不懂這一部經典；如果他們是不懂的，你就知道：「啊！這叫作比丘、比丘尼眾！」你就知道說：「啊！這個聲音是比丘、比丘尼眾的聲音。」這當然不是「聲聞聲」、不是「菩薩聲」。

這其實是很容易理解的事，例如誦《心經》的事；《心經》有很多人每天課誦，當他們誦成「……無罣礙故無有恐怖，遠離顛到夢想。究竟涅槃三世諸佛，依般若波羅蜜多故……」，你就知道他們其實斷句錯了。因為「究竟涅槃」四字是屬於前一句，不屬於「三世諸佛」這一句；而是說：「菩薩依般若波羅蜜多故心無罣礙，無罣礙故無有恐怖，遠離顛倒夢想，究竟涅槃。」就因為般若的緣故，菩薩才能究竟涅槃；然後接著說明三世諸佛也是因為般若波羅蜜多的緣故，所以得到無上正等正覺。因此應該這樣子誦：「……無罣礙故無有恐怖，遠離顛倒夢想，究竟涅槃。三世諸佛，依般若波羅蜜多故，得阿耨多羅三藐三菩提。」

當你聽人家課誦《心經》時，他們把這「究竟涅槃」四字歸到哪一句呢？若是歸到「三世諸佛」四字的前面去，與「三世諸佛」四字合成一句，那你就知道他沒有眞的如實理解《心經》；你就知道：「啊！這是優婆塞聲、優婆夷聲。這是比丘聲、比丘尼聲。」所以我們正覺同修會課誦《心經》跟人家不一樣，因爲我們已經如實理解《心經》的義理也能現觀了。這個還要請梵唄組留意，因爲有些人誦《心經》的錯誤習慣還沒有改正過來，依舊遵循那些未悟的梵唄唱誦者的習慣，繼續作錯誤斷句的唱誦，這可得要立即改正才行。也就是說，未來佛尚未成佛，哪能究竟涅槃呢？

因此這個聲音確實可以聽得出來，你只要聽人家課誦的時候，讀經典或誦經典的時候，你聽了就可以瞭解他是不是眞的理解那些解脫道的經典，如果他沒有眞的理解，他的斷句一定錯誤；斷句錯了，當他課誦時的音調也就跟著錯了，語意就不一樣，那你就知道：「這是二乘法中的凡夫比丘、比丘尼。」或者「這是二乘法中的凡夫優婆塞、優婆夷。」你一聽就知道了。所以說，爲人如實演說《法華經》的法師，由於他到了色陰盡時而使耳根更清淨了，所以誦經的聲音從很遠的地方傳來，他一聽就知道：「這個是凡夫僧的聲音。」他就知道了。

接著說：「復有諸菩薩，讀誦於經法，若為他人說，撰集解其義，如是諸音聲，悉皆得聞之。」聲聞人不會來讀誦大乘經典的，因為不相應；他們一讀到如來藏如何、如何，一讀到《不增不減經》，或是才讀到《解節經》、《如來藏經》說的那一些法，他們就讀不下去了，所以他們不可能來讀誦這一些大乘經典。你如果聽到有人在讀誦這一些經典，就知道這一定是菩薩。至於他是菩薩裡面的賢位菩薩、聖位菩薩或者凡夫菩薩，詳細聽了也是可以聽得出來的；因為如果是凡夫位的菩薩，例如《大正藏》斷句錯得一塌糊塗，他誦經時跟著錯；他也不知道哪裡有錯，因為他連理解都沒辦法，根本就不可能重新斷句。

那麼如果你告訴外面那一些正在學佛的人說：「我們現在正在處理《正覺藏》的某一些事宜，正在處理《大正藏》裡的某一些錯誤斷句。」他們眼睛會睜大了說：「嗄？你能夠為經典改正斷句喔！」他們會覺得你很不得了啊！可是實際上有那麼不得了嗎？沒有啦！只是明心開悟而已。但是明心之後，你已經可以理解到其中某一些斷句是錯誤的。這不必到聖位去才了知的，賢位就可以作得到了。所以當人家讀誦的時候，你就知道：「哎呀！這個人不懂經義，所以斷句錯了，他都不知道，還繼續在錯誤地課誦著。」你就會想要去告訴他。

可是念頭一轉：「不行！我告訴了他以後，他反而會罵我狂傲、大妄語，反而害他造口業，不如不講。」於是你就轉身走開了，通常是這樣。所以，如果有菩薩拿到了經本，他的讀或誦是完全正確的，斷句不會模稜兩可，並且你聽他一讀誦的時候就知道：「這個人已經如實理解這一些大乘如來藏妙義的經典。」那你就知道說：「這個人眞是菩薩啊！」就知道這不是凡夫菩薩了。

如果有的人還能夠爲人演說，功德當然更大。能爲人演說大乘經典，很不容易呢，特別是有關「此經」如來藏的大乘經典；你們聽聽看啊！有哪一些大師請出《如來藏經》來講？有哪一些大師請出《維摩詰經、不增不減經、無上依經》等經典來講的？都看不見嘛！因爲凡是談到如來藏、談到第八識的大乘經，他們全都不敢講，是因爲沒有實證而讀不懂，這是很容易理解的事。可是竟然有菩薩能夠出來每一段每一句詳細講解，不是依文解義，你就知道這個人真的是菩薩，那麼你一聽到了就說：「啊！這個聲音是菩薩的聲音。」

如果還有菩薩依大乘經典的法義而撰集論典，或者註解那些經典之中的眞義，所以他跟別人有一些對話：「這一句是不是這樣註解比較好？」或者說明應該怎麼樣註解等等，你一聽就知道：「啊！這個是菩薩的聲音。」因爲如果不是實證的菩薩，不可能這樣來撰集或者來註解，他就不會與別人互相來討論這件事情。所以你一聽就知道：「嗯！這個是菩薩的聲音。」因爲你已經走過這個階段了，所以聽了當然就懂。當你受持了義的《妙法蓮華經》，而且又修到耳根清淨了，這時你一聽到了立刻知道說：「喔！這是賢位菩薩、聖位菩薩的聲音。」你眞的一聽就知道了，一定不會把它錯認爲聲聞聲，也不會把它錯認爲二乘凡夫聲。

所以，只要他是菩薩，你一聽就知道是「菩薩聲」；你如果聽到聲聞聖者的聲音，你就會知道這是「聲聞聲」，不是凡夫比丘、比丘尼聲。因爲他們是不是有證得初果，你聽了他們講話就知道了。如果有比丘、比丘尼在課誦二乘經典，或者在演說二乘經典，你聽了就知道：「這個人是已經斷我見、斷三縛結的。」那你就知道這不是比丘、比丘尼眾，這叫作「聲聞聲」，你聽了就知道了。因爲他講解二乘經典時，已顯示他懂聲聞經典裡面的眞義。你若是聽到有人正確解釋二乘菩提經典時，更不會把他錯認爲外道，因爲他講的是二乘的經典；但是他已經斷三縛結，你知道這是聲聞人在講經，這已不是「比丘、比丘尼聲」了。

因爲一到證果階段以後，他們說法的聲音就不叫作「比丘、比丘尼聲」了，他們的身分就叫作沙門，因爲具有沙門的本質而證得沙門果了。所以你看阿含部的經典裡面，不管是在家人、出家人，只要證得初果時就叫作沙門，他就叫沙門。沙門果是出家果，在家人身未出家，既然證得沙門果就表示他的心已經出家了，所以在家人所證的沙門果與出家人所證的沙門果完全相同而無差別。沙門的意思是什麼？就是出家的僧人啊！雖然他還住在家裡，在古印度的佛教中，證得沙門果的在家人可能都有妻子，甚至還有二妾、三妾、四妾哩，但他還是沙門，因爲他已經證得沙門果了。那你聽了就知道這叫「聲聞聲」，這就不是二乘菩提中的優婆塞、優婆夷，也不是比丘、比丘尼了，要這樣去瞭解。

那麼這樣看來進入正覺才是好，對不對？因爲只要去打過一次禪三，至少也拿個初果回來；除非他在禪淨班課程中，沒有好好修學次法，使得證果時應有的條件不具足，或是完全沒有證果的條件。只要具足證初果時應有的次法條件，打禪三時斷了三縛結，那就不叫比丘、比丘尼了。依《妙法蓮華經》的眞義來講，就說他叫作聲聞；他若是爲人說法時，他發出的聲音便叫作「聲聞聲」。可是在正覺裡面不會有聲聞人，因爲雖然他證得聲聞果了，依舊是菩薩，先把他叫作通教菩薩。以後慢慢修學，實證了般若而且心得決定以後，才正式說他是別教菩薩。能夠爲人如實演說《法華經》的菩薩，聽到這些人的聲音時，都能聽清楚而知道他們的聲音是代表了什麼樣的身分，所以說：「如是諸音聲，悉皆得聞之。」

那麼接下來說：「諸佛大聖尊，教化眾生者，於諸大會中，演說微妙法，持此《法華》者，悉皆得聞之。」「諸佛大聖尊」在教化眾生，這也可能是他方世界的諸佛在教化眾生，但也可能就是在同一個世界內，也就是一個三千大千世界內的報身佛，於色究竟天宮爲諸地菩薩演說諸法，施加教化；也可能有化身佛在同一個三千大千世界中的其他星球上，為大眾說法教化，所以這句偈的「諸佛」所函蓋範圍很廣，才叫作「諸佛大聖尊」，那麼只要他有因緣就可以聽到。當諸佛在教化眾生時，在大會之中演說微妙法，這位受持《妙法蓮華經》的耳根清淨菩薩，如果他想要聽聞時，全部都可以聽聞到。

「三千大千界，內外諸音聲，下至阿鼻獄，上至有頂天，皆聞其音聲，而不壞耳根，其耳聰利故，悉能分別知。」受持這部了義的《妙法蓮華經》的菩薩，他對於一個三千大千世界內的種種音聲，上從色界有頂天，下至阿鼻地獄，都可以聽得到。不但如此，乃至這個三千大千世界外，上自色界有頂天，下至阿鼻地獄，也都能聽得清楚，但是卻不會因為有的聲音弱小，有的聲音很大，就毀壞他的耳根，因為他的耳根很聰明而銳利，卻有無生法忍功德的緣故，所以全部都能分別而了知那是什麼音聲。

耳根的聰利，並不是完全指耳根的聽聞，因為耳根縱使聽聞到了，還得要意識配合去了知；所以這個耳根的聽聞，函蓋面其實是包括慧眼、法眼在內的。如果不是有慧眼、法眼，縱使天耳通很好，聽聞到十方世界「比丘、比丘尼聲」，「聲聞聲、辟支佛聲、菩薩聲、佛聲」，他也分辨不出來，只是知道那是說法的聲音，至於那是聲聞還是凡夫？或是菩薩？或者是諸佛的聲音呢？他分辨不出來。但是因爲他有慧眼、有法眼，所以他能分辨出來。

就好像《楞嚴經》講耳根圓通法門，以前很多人解釋耳根圓通時都是說，要好好聽聞聲音，聽到就把它流掉，然後講了一大堆的如何、若何，全都落在境界上，對不對？你們有看過或聽過誰說耳根圓通是在思惟佛法，實證佛法的呢？都沒有嘛！所以耳根圓通法門中說的「聞、思、修、證」，對他們而言，全都講不進去，都只在那些文字表面說，要隨著聲音靜靜聽聞，然後「入流亡所」等等。這類說法講得最有名的就是南老師，其實他們全都錯了。耳根圓通的具足一千兩百功德，是因爲能夠具足聽聞佛法，也能具足聽聞一切世界法，所以才說具備一千兩百功德，而不只是八百功德。但耳根這個一千二百功德，也得要有智慧配合才能具足，否則聽了還是不懂時，哪來的一千二百功德？

所以耳根圓通告訴你：聞、聞空，所聞也空。不是在聲音上面去聽到他們說的什麼「聽而不聽，聞而不聞」，那都是胡扯啦！眞正的「聞、所聞盡」是說，你對於所聞的以及能聞的，全知道同樣是生滅無常，所以都是空；然後這個「聞、所聞盡」之前提是什麼？是有一個本際，是有一個如來藏和祂的妙眞如性在運作，這個妙眞如性如來藏就是空性，簡稱爲空，要去體會這個。體會到這個了，實證空性如來藏了，所以「能聞也空，所聞也空」。因爲所聞的音聲畢竟不是你所要證的，而是你所聞的那個音聲裡面所代表的眞如佛性才是你要證的；你證了以後能聞與所聞就空了，能聞與所聞同時也就是空性了，因爲能聞與所聞都只是空性裡面的一部分，而空性自己的境界中並無能聞與所聞可言，這才是「聞、所聞盡」。這是依於智慧而修耳根圓通，不是依於聽聞聲音去修耳根圓通。

《楞嚴經》是佛門的經典，又不是聲論外道的經典，爲什麼要弄到聲論外道的「聽聲」法去了呢？所以很多人誤會了，因此 世尊在這裡就說明了：「持是《法花》者，雖未得天耳，但用所生耳，功德已如是。」也就是說因爲有這個能夠如實了知《妙法蓮華經》眞實義的智慧，這個智慧或者只有慧眼，或者只有法眼，但是由於他耳根清淨了，心也清淨了，所以他能夠這樣子聽聞；這不一定要得天耳通，因爲他是「清淨常耳」，所以能夠這樣子聽，才能夠有這樣的功德，於所聞的那一些音聲之中可以一一去辨別：「這是三災之音聲，這個是男女音聲，這個是迦陵頻伽的音聲，乃至這個是凡夫聲，這個是聲聞聲、辟支佛聲、菩薩聲，或者諸佛聖尊的音聲。」這其實是要有慧眼、法眼來配合，加上他四禪八定、五神通等修持而證得色陰盡的境界，使得他的耳根清淨了，才能夠以父母所生耳作得到，不必一定要入定使用天耳通才能聽到。所以說，有了清淨的耳根，還得要有這一種如實受持了義《妙法蓮華經》的智慧，然後用這個父母所生耳，不必使用天耳通，才能夠有這樣聽聞全部音聲的功德。好！接下來 世尊又向常精進開示了：

經文：【「復次，常精進！若善男子、善女人受持是經，若讀、若誦、若解說、若書寫，成就八百鼻功德。以是清淨鼻根，聞於三千大千世界上下內外種種諸香：須曼那華香、闍提華香、末利華香、瞻蔔華香、波羅羅華香、赤蓮華香、青蓮華香、白蓮華香、華樹香、果樹香、栴檀香、沈水香、多摩羅跋香、多伽羅香，及千萬種和香：若末、若丸、若塗香。持是經者，於此間住，悉能分別。又復別知眾生之香：象香、馬香、牛羊等香，男香、女香、童子香、童女香，及草木叢林香；若近若遠，所有諸香，悉皆得聞，分別不錯。持是經者，雖住於此，亦聞天上諸天之香：波利質多羅、拘鞞陀羅樹香，及曼陀羅華香、摩訶曼陀羅華香、曼殊沙華香、摩訶曼殊沙華香、栴檀、沈水、種種末香，諸雜華香；如是等天香和合所出之香，無不聞知。又聞諸天身香，釋提桓因在勝殿上，五欲娛樂嬉戲時香；若在妙法堂上，爲忉利諸天說法時香；若於諸園遊戲時香，及餘天等男女身香，皆悉遙聞；如是展轉乃至梵世，上至有頂諸天身香，亦皆聞之。并聞諸天所燒之香，及聲聞香、辟支佛香、菩薩香、諸佛身香，亦皆遙聞，知其所在。雖聞此香，然於鼻根不壞不錯，若欲分別爲他人說，憶念不謬。」】

語譯：【世尊又開示說：

「除了耳根以外，常精進啊！如果有善男子、善女人，受持這部《妙法蓮華經》，或者閱讀、或者課誦、或者解說、或者書寫，他可以成就八百的鼻根功德。由於他用清淨的鼻根去嗅聞這個三千大千世界上下和內外的種種諸香，所謂：好意花香、金錢花香、鬘花香、黃花香、薰香花的香和紅蓮花的香、青蓮花的香、白蓮花的香，以及開花的樹香，以及果樹的香，或者栴檀木的香、沉水木的香，或者無垢花的香，木花的香；以及千萬種和合而成的香，譬如末香、丸香、塗香。受持這部《妙法蓮華經》在這個地方安住的時候，也全部都能加以分別。此外又可以另外瞭解或知道眾生的香，譬如象的香味、馬的香味、牛羊等的香味，或者男人的香味、女人的香味、童子的香味、童女的香味，以及草、木和叢林的香味。不論是近處或者是遠處的所有種種香味，全部都可以嗅聞，而且能夠加以分別，不會錯亂。受持這部《妙法蓮華經》的人雖然安住於這裡，也可以嗅聞到天上諸天的香味，譬如圓生樹的香味、大遊戲樹的香味，以及白花的香味、大白花的香味、紅花的香味、大紅花的香味，以及天上的牛頭栴檀和沉水香，以及種種末香，或者各種雜類不同的花香味。像這樣子天上的香，和合或者單獨所嗅聞出來的香，這位菩薩沒有不能嗅聞而了知的。而且他還可以嗅聞諸天色身的香味，譬如釋提桓因在勝殿上，以五欲娛樂嬉戲時發出的香味；或者在妙法堂上爲忉利諸天說法時所產生的香味；或者在種種園觀遊戲時所發出的香味，以及其餘諸天男、天女色身的香味，他全部都可以在遠處而嗅聞得到。像這樣子展轉嗅聞，乃至於色界天，最高到達色究竟天的諸天身上的香味，也都可以嗅聞得到。並且還可以嗅聞得到諸天所燃燒的各種香味，還能夠嗅聞到聲聞人的香味、辟支佛的香味、菩薩的香味、諸佛身上的香味，也全部都可以在遙遠的地方而嗅聞到，知道有什麼樣的賢聖在什麼地方。雖然他嗅聞了這些香味，但是並不會毀壞他的清淨鼻根，而他的清淨鼻根的分別也不會錯亂，如果他想要為別人加以區別而說明，也能夠憶念而不錯謬地演述。」

講義：這裡同樣是兩個前提，就是受持了義的、不是依文解義的《妙法蓮華經》，並且還得要加上一個鼻根清淨。鼻根清淨，想來我大概很難，因為我這個鼻根很差，生來就是鼻根不好。年輕時剛到台北，每到秋天，那時台北的天氣，是到秋天以後就開始毛毛細雨一直下，下到過年後還在下，然後到梅雨季過後才不再有那種下個不停的毛毛雨，多數時候是這樣的。這是大約多久以前的事了？大約五十年前的事了。所以那時我在台北，一到冬天就塞住鼻子了，只好去藥房買日本製的噴霧劑，把鼻孔噴一噴，維持四個鐘頭呼吸通順。然後，過了一段時間就變成只能維持三個鐘頭通順，再過一段時間維持兩個鐘頭，再過一段時間又變成每一個鐘頭都要噴一次了，就是這麼嚴重。

經過三十幾年，我開始弘法以後，倒是好了。現在冬天鼻子不塞了，台北天氣也改變了，現在有時候秋天、冬天都還在下豪雨哦！以前台北冬天一開始，就沒有像夏天那種大雨，大概九月過了以後，就是常常有毛毛雨下著，悶死人了。因爲以前我們在台灣中部居住，在田裡工作時，若是看見遠遠的天邊有一片烏雲開始移過來了，我們就趕快收拾鋤頭、畚箕，騎了自行車就跑給雷雨追；我們騎到家時，雨正好下來，街路兩旁的水溝就立刻滿起來，然後太陽又出來了，很利落。剛來到台北，怎麼都是那個陰霾天氣，這毛毛雨一下就是四個月、五個月，老看不見太陽，哎呀！悶死人了！可是現在的台北呢？天氣已經與三十幾年前的中南部一樣了，氣候眞的變了。

所以說到鼻根呢，我比你們任何人都差，至於清淨的鼻根可就不曉得何年何月才能證得了。那麼，這鼻子不是用來隨便亂嗅的，還得要有正當性。這就是說要依於聞所當聞、依於讀所當讀，所以依於嗅所當嗅，要這樣子去修行，才能清淨六根。同樣的，鼻根就是應該依於嗅所當嗅，對於種種香塵應該能知所嗅是什麼香，但都是無所執著。假使點了香上供時心想：「欸！好香啊！」就在那邊猛嗅；有時則是想：「嗯！這個香不夠好。」這也是一個執著。不論好與不好，反正你都買回來了；既然都買回來上供了，第一次聞過知道是好或不好，可以作為下回要不要繼續再買的抉擇參考，那就行了，不必每天都要聞一下說這個好或不好。所以嗅所當嗅，也是在佛法修行中所應當注意的。這也是要清淨鼻根的方法之一，但這只是在事相上說。

那麼在理上呢，應當去瞭解一切所嗅的香塵莫非虛妄；這個要先去作觀行，然後再回到第一義諦上面來觀行說，一切所嗅莫非是自己如來藏的香味，要這樣去作觀行。就如同一切聲是如來藏聲，同樣的道理，一切香莫非是如來藏香。那麼這裡所說的香，不是只有你嗅到以後這個順心境界的香，其他不順心的香塵境界——我們叫作臭，也歸納在「香」的涵義裡面，凡是屬於香塵的部分都叫作香。

那麼三千大千世界內外的香就有很多種，如果是野外的香，那不一定是你的順心境，有時你會說它叫作臭；雖然叫作臭，仍然屬於香塵的範圍，依舊叫作「香」——六塵中的香；這裡香的定義，是包括一切香塵的氣味，全都叫作香。世尊又告訴常精進菩薩，但為什麼這些法都向常精進菩薩說呢？為什麼不是跟別的菩薩說？因為這是告訴大眾說，你要精進，才能證得清淨鼻根的所有功德。那麼常精進就是很精進，是永遠都在精進，沒有一時一刻不在精進的菩薩，所以叫作常精進。

常精進菩薩所聽聞到的《法華經》這個部分，講的是要你六根清淨的事情，那咱們聽了想要達到六根清淨位，就應該在心裡改個名字叫作常精進，要像他一樣地精進，這就是這一品經文主要的意涵，所以聽了或讀了以後可別說：「喔！那是常精進菩薩的事，跟我無關。」不！都跟諸位有關，因爲你進了正覺同修會，在佛法中是可以實證的；既然是可以實證的，這就跟你有關了。所以你不但要當前面的那些菩薩，現在還要再當起另一個身分，叫作常精進菩薩。那麼就是要怎麼樣呢？得要修行讓六根清淨，要設法讓六根清淨。因爲現在不精進修行清淨，將來很多劫以後到了十地，還是要修六根清淨的法呀！

「若善男子、善女人受持是經，若讀、若誦、若解說、若書寫，成就八百鼻功德。以是清淨鼻根，聞於三千大千世界上下內外種種諸香：」接著說，善男子或者善女人，受持這部了義的《法華經》的時候，不管他是理上的讀、事上的讀，是理上的誦、事上的誦，或理上的解說、書寫，或者事上的解說、書寫，都可以成就鼻根的八百功德。那就是說，你一定是受持了義的《妙法蓮華經》，而不是依文解義的《妙法蓮華經》，這樣一世一世受持，一劫一劫受持，一世一世、一劫一劫「若讀、若誦、若解說、若書寫」，最後才能使得自己的眼根清淨、耳根清淨、鼻根清淨啦！那麼當鼻根清淨的時候，以這個清淨的鼻根，可以嗅聞三千大千世界裡面的上自有頂天，下至阿鼻地獄，乃至於這個三千大千世界外的世界的上自有頂天，下至阿鼻地獄的種種香。

講到這裡就是函蓋三千大千世界內外的種種香。那麼這一個清淨的意思是什麼？依諸地菩薩們修行的一般情況而言，清淨的意思至少得要讓你能夠超越色陰區宇；「色陰區宇」已經超過了，就是「色陰盡」的實證。這個「色陰盡」是三地滿心菩薩的證境，但是三地滿心菩薩並不是只有這個證境，他還要有其他的功德，譬如四禪八定的具足，四無量心和五神通的具足，他還要有三地滿心位應該具足的無生法忍，才算是滿足三地心。如果在那上面沒有具足，只專心在鼻根的清淨，譬如只在六根的清淨上面去修，那是不可能提早去獲得《法華經》所說的這一些功德的。

這樣子不曉得諸位有沒有瞭解我說的這個意思？因爲三地滿心所要有的無生法忍內涵是很多的，但是這位依於了義的《妙法蓮華經》來受持，乃至成爲爲人如實演說的「法師」菩薩，如果能夠從鼻根的上面修行清淨，那麼他就會獲得這些功德，而不必一定要滿三地心才能獲得這些功德。也許他在二地心、初地心因爲鼻根清淨，就先擁有這個功德了。但現在已經沒有人知道這該怎麼修得了，總而言之就是依於「此經」修行而使鼻根清淨了。前面講的是眼根的清淨以及耳根的清淨，現在這一段經文中 佛開示的是鼻根清淨。那麼當他受持《法華經》而修行使得鼻根清淨時，他可以嗅聞到這一些香而分辨清楚；這一些香就包括三千界內的、三千界外的，上從有頂天下至地獄的種種香。

「須曼那華香、闍提華香、末利華香、瞻蔔華香、波羅羅華香、赤蓮華香、青蓮華香、白蓮華香、華樹香、果樹香、栴檀香、沈水香、多摩羅跋香、多伽羅香，及千萬種和香：若末、若丸、若塗香。持是經者，於此間住，悉能分別。」接著就一個一個來作大略的說明，先講花香。「須曼那華香」，就是好意花的香味。好意花就是說不管誰看見了都會很喜歡，心開意朗，所以心意都很開朗而不會有惡意出現，就叫作好意花。

還有「闍提華香」，好意花有它的香味，闍提華也有它自己的香味；闍提華就是金錢花，它開起來好像金錢一樣，所以叫作金錢花，它當然會有自己與眾不同的香味。「末利華香」，這個末利不是我們這裡講的茉莉花，這是音譯過來的；這個末利就是鬘華，因為它開的時候是一串長長的，所以叫作鬘華；這一串花摘下來以後，你可以把它弄成頭上的花鬘，或者掛在胸前，這就叫作鬘花。蘭花也有類似這一種的花型，但是有一種灌木也開出這種花。而這個叫作末利華，也就是鬘花，鬘花有它自己的花香。

「瞻蔔華香」，瞻蔔華是黃色的花，不曉得台灣有沒有，我不知道。也許是天竺才有的吧！這種花應該也是一串的，大概是一尺或一尺半的長度；它的花朵很多，開成一整串；它的味道很香，所以叫作「瞻蔔華香」。還有就是「波羅羅華香」，波羅羅華是屬於薰香類的花，花型不很漂亮，但是它的香味比較濃，可以用來作薰香。例如歐洲有一種薰衣草，有沒有？人家把它剪下來放到衣櫥裡面的下方，衣櫥的門關起來以後，用它來薰衣服；那個味道蠻清香的，叫作薰衣草；「波羅羅華香」就類似這一種作用，不在觀賞它的花型、花色，而在於它的香味。

那麼這種薰香類的花，有一種例如像茅草類的香茅草，也是用來薰香的。即使現在的印度，還是有很多線香是用香茅草製作的；那一類的線香並不是用沉香、檀香去製作，而是用香茅草，那種線香的質地感覺上就是比較粗糙，因爲不會磨成很細緻的粉末去製作線香；所以它作出來的時候，不會像我們台灣用沈香木製作的臥香、線香那樣細緻；香茅草製作出來的線香直徑，大概是沈香粉製作臥香的三倍；而且通常都很長，綁成一大綑來賣。

如果—我是說「如果」—我們將來有機會去印度朝禮聖地，其實無妨買一些回來，在當地是很便宜的。但是在密宗的文物店裡賣起來，可都好貴哩！才不過幾根，大約是十幾根左右吧，用紅線這樣捲一捲、纏一纏，再用個小小的四方型的長紙盒裝起來，還不到一尺長，就這樣子賣，都不是便宜的價錢欸！可是在印度不是如此，在印度是一大捆又一大捆賣的，都是很便宜的。因爲它是用香茅草製作的，而香茅草不像檀香、沉香那麼貴，當然是一大捆、一大捆地賣。所以如果有機會去朝禮聖地時，就順便去買，可以一大捆又一大捆，買幾捆回來。那是屬於香茅草製作的，就比較便宜。但是薰香一類的花製作出來的香，一定是貴上很多。這一類薰香用的花，應該還有很多種；但我不是植物學家，不太瞭解，所以就這樣舉例給大家瞭解。

接著還有「赤蓮華香、青蓮華香、白蓮華香」，這是另外一類，屬於蓮花類，也就是紅蓮花、青蓮花跟白蓮花。這三種都很美，而且是脫俗的美，不會美得讓人感覺俗氣，它們的香味也都很清淡，不濃。有的花讓你嗅到還會頭暈呢，例如台灣有一種很有名的花，還被人家編成一首歌來唱，叫作夜來香，有沒有？喔！那個味道很艷、很野，晚上走過那夜來香的旁邊時，一嗅到就幾乎都要頭暈起來。不太有人會用那個香花製作香水來抹的，因爲讓人家聞到了就想：「這人是從哪裡來的？」大概馬上會把她聯想到綠燈戶的人。所以蓮花的香是很清淡的，你如果不仔細去嗅，你幾乎嗅不到，因爲它的香味是很微細的。

接著說華樹的香與果樹的香，這就不一樣了哦！有的樹是只開花而不結果的，例如玉蘭花、含笑花那一類的，這叫作華樹；因爲它主要是開花，而你種它的目的也是爲了它的花香來聞的。又如桂花，沒什麼可以觀賞的，但是花香清淡而很高雅，這些都叫作華樹。華樹的花期過了以後，樹的本身也有它的香味，那也叫作華樹的香。那麼果樹呢？果樹的花期過了以後，也會有樹木自己的香味，跟華樹的香是不一樣的，這就叫作果樹的香，這兩種是同一類。

接著說「栴檀香、沈水香」，這兩種又是另外一類。這種香屬於樹本身的香味，是要拿來作成供養賢聖用的香，所以歸成同一類。關於栴檀香，當然是用檀香木製作的；但是檀香木有很多種類，有的檀香木沒有什麼好香味，你把它的粉末點燃起來嗅時，感覺是很臭的。例如說，我們平常用來供佛的檀香粉，是屬於專門用來作臥香、塗香，或者是供佛用的線香使用的；但是有的檀香木只能拿來作地板用，或者拿來作傢俱使用，因爲那種檀香木的香味不好。我們以前不懂，希望製作經櫥、講桌時會用到檀木，例如紫檀或是地板用的金檀木；當年我們並不瞭解，就跟老闆說：「你把檀香木鋸下來製作的時候，刨下來的剩料都給我們留下來，我們可以拿來磨粉供佛，因爲這是檀香木，別浪費了。」結果他們說：「哎呀！你們眞好笑，這個不能供佛啦！這種檀香木的粉末點起來是燒焦的味道，臭臭的，這個不能用啦！」我們才知道原來不是所有的檀香木都有好的香味。所以說，香木眞的是有很多種，你不在那一行，就不知道。

那麼沈水香也是一樣的道理，它簡稱爲沈香。至於爲什麼會叫作沈香呢？因爲它不會浮在水面上，而是會沈到水裡面去。沈香其實就是一種樹木，或者說可能是有幾個種類的樹木，當它們被一種細菌侵襲以後，樹木會因爲想要生存而作出反應，就開始分泌油脂，用那種油脂來對抗那種細菌；但是最後還是被細菌布滿了整棵樹；當細菌把整棵樹都侵襲完畢，那棵樹也就死掉了，然後倒下來，落到泥地或是水裡面，就開始腐爛；但是有許多部分沒有爛掉，那些部分是因爲油脂很多，所以就沒有爛掉。

採香木的人把爛掉的部分清理完了以後，剩下沒爛掉的那些木頭，把表皮磨掉再拋光以後，一看就是烏漆墨黑的，那你就知道這部分若是磨成細粉，一定點不燃，因爲它的油脂成分很高，所以你點不燃；當你用火去燒起來了，它非常的香；若是還有一些木頭顏色的沈香木，表示油脂不很高，點起火來也很香，但不如黑色的沈香木。所以有的人製作沈香粉的時候就分級說，最高級叫作蜜沈，因爲聞起來的味道太香了，很難尋找到這一類的；若是把木色的沈香木粉末加多了，就沒有那麼香，於是就分成很多等級。

由於沈香木的木質很堅硬，又有很多油脂，不會被腐蝕，所以它堅硬沉重，都沉在水裡，不會漂浮著。所以要找這種分散後的木頭，得在水底摸，除非倒在水裡時間還不很久，還有許多尚未爛掉而突出在水面，這叫作沈水香。那現在沈香木已經很貴、很稀有、很難得了，所以沈香木現在就開始有人種植；但由於所種的樹木品種不同，加上植入樹木的菌種不同，所以香味就有不同，因此沈香就會有很多種。但是不管怎麼樣種，大約是成長到一人多高的時候就要「開香門」，也就是在沈香木靠近泥土之處，大概地面上半尺左右之處，把樹皮挖掉成爲四四方方的，露出樹幹來，然後弄幾個小洞把菌種放進去，再封包起來。然後那棵樹就會開始跟菌種互相抗衡，就得開始分泌油脂來抵抗細菌；再過十幾年後，那棵樹長大了，也被細菌侵襲完畢，然後就死了，就可以拿來作沈香使用。

不過像這樣種出來的，不是全都很香，但我也不是很瞭解。據我所知，在新店往三峽那條安康路，那邊有人種植，我曾經去參觀過。所以有時想說：「**我們是不是禪三道場也來種幾棵？**」但是種的時候就得要瞭解菌種好不好、樹種好不好，得要正確的樹種、正確的菌種，然後在正確的時間開了香門，把菌種放進去；將來等到它們長大了，然後枯了，剛好就可以曬乾，作爲沈香粉來用，這個叫作沈水香。那麼栴檀香與沈水香是兩類香木。也有另一種說法：牛頭栴檀是在四王天中才有，人間沒有。所以人間的檀香就只是一般的檀香。牛頭栴檀長出來以後，採收下來時，那木頭有兩個隆起，看起來好像牛頭頂端一樣，所以叫作「牛頭栴檀」，據說是非常非常香的，人間也許眞的沒有啦！

接著說「多摩羅跋香、多伽羅香」，這又是同一類的香。「多摩羅跋」叫作無垢花，因爲這個花開起來不會鮮艷，看起來是很潔淨，所以叫作無垢花，屬於灌木類；我們中國把它叫作藿香，中藥的腸胃藥中就有用到藿香，有一種腸胃藥叫作「藿香正氣散」，就是使用藿香作主藥來製作的。就好像肉桂，也是屬於樹木類，不屬於花莖類，但是種類也有很多種，有的肉桂樹把葉子摘下來一聞就非常香，但有的肉桂樹的葉子不很香，得要很多而且烤過以後才會香，各不相同，藿香應該也有很多的品種差別吧？「多伽羅」是一種木花，它是一種灌木，但只會開花而不會結果。如果以「多伽羅」的意涵來說，其實我們說的含笑、玉蘭花一類的花樹，應該也都屬於「多伽羅香」的品類，都不會結果。

「及千萬種和香：若末、若丸、若塗香。持是經者，於此間住，悉能分別。」是指混和很多種類的香粉製成的。例如在印度天氣很熱，又因為雨季而使遊覽車上有些潮溼，車裡就很容易有霉味；所以他們有一個習慣，就是會燒一種短短的線香，那種香是很多種香去混和成的，他們在旅客上車前，先點了那種線香，在車子裡面來回晃一晃，把霉味遮蓋了再讓旅客上車。有些較老的旅館也是這樣，先點了香以後才讓旅客住進房間去，就是想要把霉味沖淡一點，因為他們每年的雨季很容易帶水進房間，往往會有霉味。我們以前在一九八九年十月下旬出發去印度朝禮聖地，到了十一月初旬，去到一個旅館時，那是把舊皇宮改裝成旅館，那些房間幾乎是每一間都有霉味，其中幾間則是霉味非常嚴重。

包括遊覽車，那時他們的遊覽車沒有冷氣，座位也很小；天氣那麼熱，只好打開全部車窗，我們都是一個人坐兩個位子。那司機每天早上在我們要上車之前幾分鐘，就先燃了一小截線香，在車子裡面晃來晃去，希望我們只聞到香味而忽略霉味，我們當時覺得奇怪，因為那麼熱的地方應該很乾燥，竟然也會有霉味。那就是一種混和製作的香，叫作和香；當然不是單一的一種原料去做成的香，而是很多種去混和起來的。

那麼和香有三大類，有的做成粉末狀，可以讓你放在碗裡成爲一堆，一次就把它燒了，它會燒得很快，香味就很快遍滿了一個地方，這叫作末香。那麼丸香就是做成一團一團的，可以去點燃使房間香起來。在佛教文物店也有人賣丸香的，但不是製作成圓形的，而是製作成圓錐形，上窄下寬，點了以後可以直接放在香爐中；從上面點火，它就往下燒，那其實也是丸香。當然也有人做成藥丸狀的，應該是比較難點燃吧。

至於「塗香」，是加以提煉以後，就像我們現在市面上賣的精油一般，讓你在身上塗抹用的。以前在天竺的僧團中，居士前來供佛的時候，因爲那裡很熱的緣故，有時來不及沐浴，就常常會用到塗香。而塗香往往也會用麻油調稀，然後擦在腳上避免龜裂，那也叫作塗香。有時不是作醫藥使用，就單純要用那個香味，就是看塗在手上或是塗在身上其他地方，產生香味使人親近時覺得歡喜。這通常是拿來供養佛與大菩薩用的。有時候使用塗香時，例如諸佛、諸大菩薩已經到別的星球世界去度眾生，沒有應身留在這裡了，那麼後代的佛弟子是怎麼樣使用塗香的？就是在某一個固定的時間，把佛像上的灰塵清潔完了以後，再用塗香塗上去，讓佛像散發出香味，以這樣的方式作爲一種供養。以上是說，爲人演說《法華經》而且是鼻根清淨的菩薩，所能夠聞到的非屬有情的香味，大概就是這一些；都不屬於有情，跟有情無關的，也就是有情身外的香味。

「又復別知眾生之香：象香、馬香、牛羊等香，男香、女香、童子香、童女香，及草木叢林香；若近若遠，所有諸香，悉皆得聞，分別不錯。」接著說到有情身上的香味，先從人間來說，就是另外了知眾生身體之香，例如象香、馬香、牛羊等香，男香、女香、童子香、童女香，以及草木叢林的香味；不論是在近處或是在遠處，各種有情的身香，菩薩若是想要嗅聞的時候，都能嗅聞而且清楚地分別出來。

「又復別知」，就是除了那些非有情之香以外，也就是上面說的無情之香以外，還可了知眾生身體的香味。這些眾生的香味可以分類來講，例如畜生的香味，主要是象的香味、馬的香味、牛羊的香味；這些有情身體的香味，一定有很大的差異性，而這個差異性，我們現代人已經不容易瞭解了，因爲我們不與這些有情同住了。那你如果是曾經參與過那時代的事情，也有宿命通，就會多少知道大象的香味、馬的香味、牛羊的香味有什麼不一樣。雖然牠們同樣是吃草，但大象吃的不是只有草，有時吃一些水裡的根莖類食物，有時吃樹葉，所以牠的香味比較複雜。若是牛的香味，牠就純粹吃草，羊也是純粹吃草，體香比較類似。可是馬的香味又不一樣了，馬的香味，因爲牠們有些是生存在高原地帶，所以所吃的草又不一樣，體香就不同，因爲飲食不同，香味當然就有不同。這些是屬於畜生類的，依於人間有情的正報，來講畜生類的身體香味。後面接著要講的就是人類的香味，這部分就只好等下一週再來講了。

《妙法蓮華經》上週講到一六三頁倒數第四行，今天要從第四行最後一個字開始：「男香、女香、童子香、童女香，及草木叢林香；若近若遠，所有諸香，悉皆得聞，分別不錯。」上週先講了象香、馬香，牛羊等香，這一段是說人間的各種香，除了有情之香，也函蓋依報所必須的草木叢林等香味。我們上週談到象香、馬香、牛羊等香，今天要說的是男香、女香、童子香、童女香，這也是有情之體香。也就是說，如果鼻根清淨了，具足八百功德時，就會懂得具足分香辨味了。那麼男人香、女人香是不一樣的，就好像世俗話裡面常常有人說：「臭男人、臭男人。」因爲渾身臭汗也不懂得先擦拭一下，而女人多數有擦香抹粉的習慣（當然這不是諸位女菩薩），所以即使流汗了，也要說是香汗淋漓（有人笑……），所以這味道顯然不同，這就是男香、女香的不同。其實單從體質來講，同樣是女人所散發出來的味道也不會一樣。

接著說「童子香、童女香」，童子是說他終身不婚娶，童女也是如此定義的。那麼童子或是童女，他們跟男人、女人的香味又不會相同，如果鼻根清淨而且有智慧的話，也可以分辨得出來，這就是童子香與童女香。此外，從依報來說，因爲象、馬、牛、羊的色身是正報，生而爲人，男人、女人、童子、童女之身也是正報；可是單單有正報並不足以生存，還得要有依報才能生存，所以還須要有草木叢林作爲生活所必須的資源；而這些生存上所必須的資源都各有不同的香味，所以當你聞到某一種味道，就說那是芒果；聞到另一種味道，你就知道：「那一定是榴槤。」都不必思考，因爲味道完全不同，而且很強烈而容易分別。如果是比較淡的香味，像蓮霧那一類，味道是很清淡的，那你就要很小心去分別，就得要鼻根很好；如果鼻根不好，就聞不出蓮霧是什麼香味，所以其實有很多的差異。

可是這一些草木叢林等香，象馬牛羊等香，會影響到男人、女人、童子、童女的身香。例如我們台灣以前很少有人吃牛肉的，也很少有人喝牛奶；因爲早期的台灣是一窮二白，那些根本都吃不起。即使有錢人家，例如當醫生或經商的人，他們每天吃肉，可也不吃牛肉，因爲老人家常常教導：「牛好辛苦啊！爲大家耕田直到老爲止，不應該吃牠們的肉，應該讓牠們安養天年。」以前台灣人是不殺牛的，水牛耕作到老了，耕犁拉不動了就讓牠退休，以後每天帶牠出去吃草、洗洗澡，然後帶回家，就當作是家人一樣，所以從來沒有人吃牛肉的。

後來開始有美國人來到台灣，大家閉著眼睛也知道那是美國人，因爲他們的體味完全不一樣；他們吃牛肉而且喝牛奶，所以他們散發出來的體味與台灣人絕對不同，這就是說，不但有男香的差別，而且是外國人的男香。如果是聞到本國人的體味，就不太會感覺出有什麼特別體香，因爲大家都一樣就不會刻意去分別，因此證明依報會對體香有所影響。同樣的道理，有時你們搭電梯上來時，偶爾遇到別的樓層有人同搭，你就聞到強烈的蒜頭味道，那你至少可以判斷這個人絕對不是童子、童女。首先可以判斷這一點，因爲他連素食都沒有，怎麼可能是修清淨行的童子、童女呢！這就是一般的男人、女人，就是一般的男香、女香。

如果遇到有人進電梯時，身上沒有蒜頭味、蔥味，你就知道：**「這個人有可能是個修行人。」**就顯示出不同的人有不同的味道。這也就表示說，由於依報的資源不同而會影響到一個人的體味；由於體味不一樣，你就可以分辨這是什麼樣的人。如果你的鼻根夠利，判斷力也夠好，就可以瞭解這些不同的香味。那你如果被蒙著眼睛，被帶到一隻羊身旁，或是一隻象、一匹馬的身旁，你也會聞得出來那味道是不一樣的，這就是說，你可以這樣去作分別。

但是如果鼻根究竟清淨了，他縱使沒有五通，也可以聞得出來這些不同的味道是屬於什麼樣的有情，或者什麼樣依報裡面的資源。甚至不管有情住得近、住得遠，當他起心動念想嗅一嗅的時候，**「所有諸香，悉皆得聞，分別不錯」**，是因爲他鼻根清淨了，而且有深厚的無生法忍了。這只有鼻根清淨才能作得到，如果鼻根不清淨，有無生法忍也是作不到的。可是如果鼻根清淨了，沒有受持了義的《法華經》，他也作不到；因爲遠處不得聞，只有近處得聞，所以還是有差別的。那麼因爲鼻根清淨，加上他受持了義的《妙法蓮華經》，而不是依文解義的《妙法蓮華經》，所以他能夠全部嗅聞，而且「分別不錯」。

「持是經者，雖住於此，亦聞天上諸天之香：波利質多羅、拘鞞陀羅樹香，及曼陀羅華香、摩訶曼陀羅華香、曼殊沙華香、摩訶曼殊沙華香、栴檀、沈水、種種末香，諸雜華香；如是等天香和合所出之香，無不聞知。」接著說，不但是如此，甚至於受持這一部了義《妙法蓮華經》的人，當他鼻根清淨時，雖然是住在這個地方，也可以嗅聞到天上諸天之香。這個天上諸天之香，指的是地居天的部分。不只他們的身上之香，也包含了身外之香。我們先不談地居天天身之香，先來談地居天的身外諸物之香。

那麼地居天指的是什麼？指的是須彌山的山腰——四王天，以及須彌山頂的忉利天，這都屬於地居天，因此以下講的主要是屬於忉利天裡面才有的香味；至於欲界其他五天的花香，咱們就不提了。那是什麼樣的地居天的身外之香呢？例如「波利質多羅」等等。「波利質多羅」，如果依照它的意思意譯過來，就叫作圓生樹。圓生樹是忉利天才有的樹，這種樹很高廣，它的枝條覆蓋範圍也很廣，就像一把傘一樣；因爲從上方看下來是圓圓的，所以叫作圓生樹。這棵樹屬於忉利天的樹王，是諸樹之王，忉利天上它最高大，而它有自己不同於其他樹木的香味。

另外是「拘鞞陀羅樹香」，拘鞞陀羅指的就是忉利天眾人所遊玩嬉戲的大樹；當他們想要調劑身心時，就到這棵樹下；這棵樹上有很多的樂器、遊戲之具，他們來到這棵大樹下，隨著個人應該有的福德，樹上就會垂下他可以用的遊戲之具。譬如同樣是天衣，由於天人的福報各不相同，福報大的天人，可以得到各式各樣的天衣；福報差一點的天人，最好的天衣他想要也要不到，因爲那棵樹不會垂下那件天衣給他，所以他要不到。因此顯示各人的福報差別不同，而有不同的受用。這棵很大的遊戲之樹，它所有的遊樂之具也是一樣的道理，當忉利天人想要遊戲的時候，來到這棵樹下，各人可以獲得各種不同的遊戲之具，不必像我們人間得要去買。現在年輕人玩的那個叫什麼？iPhone？iPhone 也可以算是遊戲之具。以前那個叫作什麼？那個叫作wii（編案：任天堂推出的玩具）或是什麼？有各種玩具，我看見孫子在那邊玩著，可以打網球或別的球類的遊戲機，那都得要花錢去買。如果在人間修五戒十善，死後生到忉利天去，那時都不用花錢買，想要什麼遊樂之具，在那棵樹上就有。這就是「拘鞞陀羅樹」，而這棵樹當然一樣會有它特異於其他樹的香味，自然是跟「波利質多羅樹」的香味不一樣。

接下來談花香「曼陀羅華香、摩訶曼陀羅華香」，這是「白花的香味」以及「大白花的香味」，是因爲同是白花，但大小品種不同，香味有所不同。「曼殊沙華香、摩訶曼殊沙華香」，是紅花以及大紅花的香味，小朵的紅花、大朵的紅花香味不一樣。以上是欲界天的白色、紅色花的香味，總共有四種。接下來是「栴檀、沈水、種種末香，諸雜華香」，這四種香在忉利天上，當天人們需要點香來遊戲享受的時候，這一些香就會出現；就好像這四種花，當他們需要這四種花來裝飾，來作爲遊玩時的莊嚴或裝扮的時候，這些花就會出生，這也是他們忉利天人所擁有的福報，這些花就隨著他們的所需，額外開出來給他們使用，栴檀香、沈水香與末香也是一樣的道理。

至於其他雜花之香因爲有很多種，所以就不一一列舉，只說「諸雜華香」。忉利天的花與香當然是比人間的好，所以他們天上花的種類當然是比人間多，因爲他們是比人類有福報的，當然他們受用的花不可能比人間少；但是因爲種類太多了，所以那些雜花就不一一舉例說明。那些雜花之香，這位鼻根清淨的菩薩，受持了義《妙法蓮華經》的菩薩，他是可以用父母所生鼻根而全部嗅聞得到；雖然他是在人間，都一樣可以嗅聞，無不聞知。這是地居天關於他們天身以外的香味。

「又聞諸天身香，釋提桓因在勝殿上，五欲娛樂嬉戲時香；若在妙法堂上，為忉利諸天說法時香；若於諸園遊戲時香，及餘天等男女身香，皆悉遙聞；」那麼接下來，這同樣是從地居天來講身香，也就是四王天人的身香，乃至往上到忉利天人的身香，就只到忉利天為止；最主要還是指忉利天，因為四王天歸忉利天所管轄。那麼四王天人在這上面的依報遠不如忉利天，因此就以忉利天為主來說明。

關於諸天的身香，菩薩不但能嗅聞四王天人的身香，也能嗅聞忉利天人的身香。例如釋提桓因——道教所說的玉皇上帝就是釋提桓因，「釋提桓因在勝殿上，五欲娛樂嬉戲時香」，是說他在殊勝的宮裡面與諸宮女遊玩時，當然也會有各種五欲嬉戲；那麼五欲嬉戲時除了他們所點的香以外，五欲總而言之就是色聲香味觸，有這五種塵；既有這五塵，都會有香味跑出來。如果是鼻根清淨又能受持了義的《法華經》，他就可以在人間嗅聞得到。那麼釋提桓因如果是在妙法堂上演說佛法時，當然也會有各種不同的香味，是因爲一定要有栴檀香、沈水香，或是末香、丸香等點燃起來，以供養三寶，同樣要先作供佛的事情以後才可以正式開始說法。他在妙法堂上說法時就跟人間一樣，得要先禮佛、供佛等等，然後才開始說法，所以也會有說法時不同的香味散播出來。

另外，他們如果想要遊戲，因爲他們畢竟是住在欲界中；而欲界天人總是會有遊戲的時候，當他們遊戲的時候會有一個地方，就是在歡喜園中遊玩，是專門供他們遊戲的地方；其中有亭臺、樓閣、樹林、流水，全部都有，是專門用來遊戲的地方。他們在那邊遊戲的時候也會有不同的香味出現，跟隨著釋提桓因進入這個園觀裡面來遊戲的諸天男女，也都各有香味自然會散發出來；而這位菩薩在人間—雖然很遙遠—同樣可以嗅聞。

「如是展轉乃至梵世，上至有頂諸天身香，亦皆聞之。」接著說，就好像是這樣子，從四王天往上嗅聞，展轉乃至於清淨的世間天，往上到達有頂諸天的天人身香，也都能全部嗅聞到。這是接著講欲界的空居天和色界天的天人香味。空居天是從夜摩天開始，從第三天的夜摩天，往上到第六天的他化自在天，雖然都還在欲界中，但他們已經不是太陽所照耀到的地方了，因爲離開須彌山頂已經很遠了，都屬於空居天，陽光照不到那裡。他們那些天人各自都有很強的身光，身上的光明照耀著，所以不論他們去到哪裡，都可以看得很清楚。這些都屬於空居天，不依須彌山頂或山腰而住。這裡說，從夜摩天往上一直到有頂天，也就是到色界頂的色究竟天，這一些不同境界的空居天人，他們的香氣都是不一樣的。

在夜摩天已經沒有日光所照，所以他們過的生活跟忉利天就不一樣了。忉利天的生活很類似人間，所以道教中有一種傳說：有一個人叫作董永，與七仙女有因緣的故事，說的是董永跟七仙女的故事，那其實是可以當作眞實故事的反映來看待。因爲忉利天的生活跟人間是類似的，差別只是他們住在須彌山頂，仍然屬於依附於大地而居的地居天，所以他們的生活和人間並沒有什麼兩樣，只是天人福報比較大，人間則是一夫一妻制。那天人是一個丈夫配五百個天女，到底是誰比較大，這還很難說；因爲丈夫可能命根已盡，而其他的許多天女還有很長的壽命，所以誰才是一個大家庭中的眞正之王都還不知道，說起來也還算是平等。

但因爲情欲的心想跟人間是差不多的，所以她們之中如果有人過去世跟董永有緣，因此而捨不得分開，來到人間繼續當夫妻也是有可能的。這就是欲界法，因爲他們是地居天；所以跟我們住在須彌山腳下四大部洲的南瞻部洲大概差不多，當然可以接受那樣的故事。

但是從空居天開始，因爲那個欲是不一樣的；在四王天與忉利天中，男女還是有兩根相交的，但是到了空居天，從夜摩天開始就不一樣了，這時的淫欲越淡薄了；越是往上，淫欲就越淡薄，所以從夜摩天開始，或者擁抱、或者牽手，或者相對而笑，或者只是相視，雙方的欲就滿足了，這就是欲界的空居四天，與下二天的天人在淫欲上的差異。既然欲有這種差異，他們的飲食自然也就有所不同；因爲是日光照不到之處，所以他們的飲食當然只以甘露爲食，但粗細、品質就跟忉利天有所不同。所以他們雖然還在欲界天中，但是這四種欲界天中的天人所散發出來的身香，由於所食差別，也就與下二天有所不同；他們的身香，越往上去就越淡；反之，從他化自在天往下，越往下就是身香越濃。這就是「如是展轉」的「展轉」二字的一部分差別，就是欲界天裡面的上四天—空居天—的差異。

那麼又說**「乃至梵世，上至有頂諸天身香」**，這就是說，包含色界天的諸天，一直到上至有頂天爲止；所以這個「乃至」就是講色界四禪天——從初禪到四禪天，以及五不還天裡面的下四天，這就是乃至；「上至」則是直到色界最勝妙的色究竟天爲止。那麼從初禪天開始，都以禪悅爲食，沒有飲食；既然沒有飲食，那他們就不會有絲毫的臭味，一點點的「香」都不可能有，也就是他們的身香是非常淡薄的。

在人間，不管洗得多麼乾淨，擦脂抹粉，抹上香水，鼻根清淨的人還是可以聞得出來其中有臭味。例如妳們在人間煮飯，當飯煮好了，電鍋蓋才一掀開時是什麼味道？大便的味道，只是你們聞不出來而已。突然一開，那一刹那就是那個味道。假使你不信，找一天好好去聞聞看，去留意看看。大便會有臭味，就是因爲米煮了以後本來就有那個味道，只是濃與淡的差別而已。可是大家都很喜歡吃米飯，因爲不吃就不足以活命，所以認爲那是香味。一般人其實是貪米飯味道的，可是我不喜歡，因爲我一聞到就認爲那是糞味。其實不管哪一種水果，你仔細一嗅都一樣有那個味道，只是濃烈或者清淡不一樣而已。

所以說，你應該要有那個智慧去分辨它，只是不容易。因為飯一盛出來，都是肚子餓得慌的時候，就說：「喔！好香喔！」當大家都說飯好香，那你可不能跟人家講說：「欸！大便的味道。」那你鐵定挨罵。不過我說的是眞話，確實是如此。這意思是在告訴我們什麼道理？只要是欲界的人都有臭味，從人類開始往上，越往上就越淡；或者從人類開始往下，越往下就越臭。有的人聞到畜生的味道說：「哦！好臭、好臭！我才不要養狗，我才不要養貓。」有的人很敏感，才一進別人家裡就皺眉頭說：「欸！你們家養什麼狗？」因為狗的臭味很濃烈，即使每天幫牠洗澡，你家裡也還是會有那個臭味。

同樣的道理，四王天人，雖然他們是夜叉等部眾，可是他們看人類時也會覺得人類好臭；那麼忉利天人看四王天人，也會覺得四王天人好臭；那麼同樣的道理，從他化自在天人來看化樂天人，也會覺得化樂天人很臭；因為越往下，他們所吃的甘露就越濃稠，味道就越濃；越往上就越清淡、越稀，所以越往上就越沒有臭味。由此看來。他化自在天的天人臭味是最少的，其次是化樂天人，然後才是兜率陀天人，然後才是夜摩天人，從夜摩天人來看忉利天人就覺得很臭，人類就別提了。

如果有人生到忉利天去，例如你家老爸老媽一生持五戒、修十善，死後生到忉利天去了，那你就不需要祭拜他們；因爲你誠懇祭拜了，他們也是吃不下的，人間的食物對他們而言是很臭的。就譬如你若是養一隻貓，舉例來說，在上上個月吧？我看到報導說美國一個家庭養了一隻貓，哦？台灣也有報導啊！說有一隻貓，每天去抓魚要給牠的主人吃，因爲牠認爲很好吃啊！可是牠的主人聞了都覺得很臭，連煮都不想，哪能吃得下。美國也有啊！那戶人家養了一隻貓，一天到晚去抓鳥回來要給牠的主人吃，是因爲牠覺得鳥肉很好吃，可是主人看了那些死鳥就倒胃口。

同樣的道理，老爸、老媽生到忉利天去了，你用人間的食物祭拜供養他們，他們才一看就說：「喔！這些食物好臭！」連嗅都不願意嗅一下，就別說來受供進食啦！所以你供了，他們只是想：「唉！前世這些兒女還是蠻孝順的，還記得我們，還懂得供養我們。」可是他們其實吃不下。所以你拜了也沒用，還不如清茶三盞，三炷清香就行，其他也就不用了。那如果他捨不得離開家人，留下來了；一直放棄往生投胎或生天的機會而留下來，七七四十九天以後就是當家裡的什麼呢？當祖先啦！家裡的祖先就是離不開親人，一直留下來為了要看親人，所以落入鬼神道中。因為已過四十九天了，就確定正報了，因此無法往生投胎為人或生天，得要等到鬼道裡的命根報償完了，才能重新往生。

例如有的人說：「哎呀！這個是我的金孫（很疼愛的孫子）！」（台語）阿嬤疼孫子，疼得不得了，所以她走不開；走不開的結果留下來，就是當家裡的祖先啊！那就是鬼道有情。雖然不是餓鬼，畢竟還是鬼道；那他們如果留在鬼道裡，你作了供養，他們就歡喜接受了；因為鬼道比人間是不好過的，那你有所供養時，他們會覺得那是色香味美的食物，自然就接受了。

那麼這樣看來，上從有頂天，下至地獄有情，身香一定都不一樣的。所以說，因為所吃的食物不同，散發出來的身體味道也就不一樣。既然是這樣，當然就以他化自在天人所吃的食物甘露是最稀薄的，味道最清淡的，所以他們身上的臭味就最少。若是再往上，是到初禪天去，已經到了梵世；從初禪天開始都是不飲不食，從這裡開始都是以禪悅為食。初禪天身之所以會壞，是因為他沒有打坐繼續保持定力，初禪天身才會開始毀壞；他如果有繼續保持定力，他初禪天身永遠不壞，一直到壽盡。

因爲是以禪悅爲食，連甘露都不吃了，所以從初禪天開始就沒有欲界有情的臭味了。那麼以一個初禪天人來講，從他的境界來看人間，他會認爲人間是很臭的；而人間確實是很臭，沒有一個地方是不臭的，雖然你種了桂花說：「啊！這花的香味好清香喔！」但那只是臭味中的清香而已，而周遭的臭味你習慣了，並沒有感覺啊！例如有的人到了野外說：「哎呀！這青草好香呀！」但青草哪會有香？青草也是臭味啊！樹也是臭味，沒有一樣不是臭味啊！所以從色界天人來看人間，人間無非是臭。

可是那些大菩薩們修到了五地、六地，還願意來人間，眞不簡單。他們其實是可以不必來人間的，可是他們願意，那你就要欽佩他們眞的有勇氣；因爲比起色界天來，在人間食物是不清潔的，氣味也是不愉快的；而且在人間常常會生病，特別是在五濁惡世。五濁惡世的人又是很惡劣的，可是這些菩薩們都仍然願意來。他們可以生到色界天去的，結果還是願意來人間陪著五濁的眾生，這就值得我們敬佩與讚歎啦！

這就是說，色界因爲沒有飲食，所以他們身上沒有臭味。可是從初禪天開始，一直到色究竟天爲止，還是有不同的極微細香味，而那種香味是因爲定的功德而散發出來的，可是他們其實不聞香味，那個所謂的香味，其實是因為定的緣故。在鼻根已經究竟清淨的諸佛是六根互通的，既然六根互通，鼻根對於身根也是可以相通的，所以說同樣可以聞到他們的香味；但因為色界有情的定境不同，所以所嗅聞的香味是不同的。這就是說，從初禪天開始，一直到色究竟天為止，因為禪定境界不同而有身香的差異。那麼五不還天也有差異，雖然他們同樣是在第四禪天中，但他們的四禪是無漏定，所以會有不同。這就是說受持了義的《法華經》，並且入地後修到鼻根清淨了，他就可以這樣嗅聞到空居天和色界天的這一些諸天的天身香味。

「并聞諸天所燒之香，及聲聞香、辟支佛香、菩薩香、諸佛身香，亦皆遙聞，知其所在。」接著說：「這位菩薩同時也能嗅聞到諸天所焚燒香的香味，以及嗅聞到聲聞聖者的香味、辟支佛的香味、菩薩的香味、諸佛的香味，」諸天，是從四王天開始一直到他化自在天為止，因為色界天並不燃香。他們沒有香可燃，所以色界不點香，只有欲界天之內才有香味可聞，他們也才有各種香可以燃。從初禪天開始，他們的境界都是沒有香可燃的，因為他們那個地方以禪悅為食，所以他們也沒有鼻識與舌識；縱使有香可燃，也不會有人嗅聞到。只有欲界天之內，到人間、鬼道、畜生道、地獄道，才會具足識陰等六個識，才能聞香；如果到了色界天，這識陰六個識就少掉了鼻識與舌識，因為他們以禪悅為食，真的叫作不食人間煙火，當然就不需要鼻識與舌識了。所以這裡所謂的「并聞諸天所燒之香」，指的是欲界六天以內的天人、天主們，是他們所燒的香。

接著說到「聲聞香、辟支佛香、菩薩香、諸佛身香」，這個是指法香。上面講的是因為五戒、十善的功德，所以生在欲界天中而有不同的身香以及所燃之香。至於因為禪定以及無漏定所顯發的功德而有色界諸天的身香，但這裡說的這四種聖者之香，是佛法中的聖者才有的香味，就叫作「聲聞香、辟支佛香、菩薩香、諸佛身香」。那麼聲聞香與辟支佛香的差異，是因為所證的法不同。

聲聞香的香味，其實不一定遜於辟支佛；因為聲聞阿羅漢們大多數人同時也是緣覺，而他們沒有慢，所以願意在這一世成為辟支佛，而不當獨覺，就成為因緣覺。如果有慢，他聽聞了佛所說法以後，不想在佛世成為辟支佛，就故意留著他的思惑，等到無佛之世，自己再去參究因緣觀，然後成為辟支佛，這就是有慢；有慢的時候，他這個獨覺的身香跟聲聞、緣覺就不一樣。佛世的阿羅漢同時都是緣覺，沒有一個不是緣覺，所以當然也是辟支佛，同樣有辟支佛的智慧、功德。但是他們無慢，正因爲無慢，所以他們跟獨覺的身香是不同的。

接下來是「菩薩香」，菩薩香與辟支佛香、聲聞緣覺香有什麼不同？差異的原因在於有恐懼或者無恐懼。菩薩處世自在而無恐懼，聲聞、辟支佛很怕遇見了菩薩要跟他論法，所以雖然他們可以解脫於三界生死了，但心中依舊有恐怖。所以 佛陀一一點名去見 維摩詰菩薩探病的時候，十大聲聞沒有人敢應命，因爲太恐懼了，就怕去見了一定被 維摩詰菩薩責備啊！維摩詰菩薩來 釋迦牟尼佛的國土中幹嘛呢？他不是 金粟如來倒駕慈航嗎？都已經成佛了，何必又來這裡當菩薩？而且在五濁惡世裡委屈他來當菩薩，眞的沒道理啊！可是爲什麼他要來？正因爲五濁惡世的眾生很難調伏，所以來這裡爲 釋迦世尊分擔辛苦啊！

雖然那時候還是正法時代，但因爲是五濁惡世，當時的修行人也是不容易調伏的。而他就專門來扮黑臉，來當惡人，專門來幫 佛修理聲聞人，使他們不得不欣大厭小而迴向大乘法中來當菩薩。所以當 佛陀開始轉般若經時，他就得開始修理聲聞人了。那些初果、二果、三果、四果人都先修理，修理完了再來修理聲聞凡夫；然後他到了 佛陀面前卻又恭恭敬敬地禮佛，要演這個戲眞不容易欸！可是對諸佛而言，這是輕而易舉啊！

依世俗人的想法說：「堂堂金粟如來，來到這種五濁惡世當個菩薩，還要向釋迦如來禮拜，眞沒面子喔！」可是諸位要瞭解，菩薩修到七地滿心的時候，不但三界愛的現行除斷了，而且三界愛的習氣種子也全部除斷了，根本就沒有面子可說了，何況又經過一大阿僧祇劫而成佛以後。所以諸佛沒有所謂面子不面子的問題，也沒有身分的問題，而且 釋迦如來更早就成佛了，是在過去無量無邊百千萬億那由他劫以前先成佛了，所以 維摩詰大士倒駕慈航來這裡幫忙，對他而言這個並不難；對於諸佛、諸大士而言，這都只是配合來演一場大戲，同樣都是利樂眾生啊！那麼 釋迦牟尼佛利樂很多有情，他也來隨喜功德，諸佛都是這樣啊！

修福德是永遠都不嫌多的，沒有人說：「啊！我成佛了，不要再修福德了！」沒有這回事。所以阿那律尊者瞎了眼，有一天想要穿針來縫僧服時，怎麼穿都穿不過去，他不是開口說：「旁邊有誰在啊？來幫我穿穿針，修一點福德吧！」佛陀聽了就說：「來，我幫你穿針。」幫他穿針好了，阿那律尊者要爲對方祝願，要祝願對方早日成佛等等。如果對方是修學佛菩提道的人，就祝願說：「祝你早日成佛。」他當然得要先問姓名，因爲祝願的時候一定要稱呼人家的姓名，於是問：「請問你是誰啊？」佛就跟他說：「我是瞿曇啊！」阿那律嚇了一跳說：「您已經成佛了，還要修福德嗎？」佛說：「福德還嫌多嗎？」就是這樣子。所以 金粟如來倒駕慈航來當 維摩詰菩薩，來護持 釋迦古佛，也是隨喜功德，也得一分福德啊！這都不嫌多的。

那麼話說回來，爲什麼那些聲聞人那麼怕遇見 維摩詰菩薩？因爲 維摩詰菩薩證的是佛菩提，講的是佛菩提；聲聞、緣覺證的是聲聞菩提、緣覺菩提，對佛菩提的內涵還不瞭解，當然有恐懼啊！莫說聲聞、緣覺，下位菩薩遇到 維摩詰菩薩還是有不少恐怖的，只是心裡面知道說：「維摩詰菩薩會體諒我，因爲我畢竟還不是等覺、妙覺菩薩，所以他不會怎麼罵我。有時候被他罵，也只是罵給別人看，只是演一場戲而已。」從菩薩轉依如來藏來看，也沒有面子可說，因爲無面、無背、無裡、無外，要看什麼面子呢？但是菩薩們知道：「這是維摩詰菩薩要演的戲，我們不該站上前面去演；知道這是應該由文殊菩薩跟他配合著演出的戲碼，我們跟他們相差太遠，身分不相當，所以我們不應當出頭。」因此就一直推讓，大家都讓給 文殊菩薩領頭去看大士的病。

菩薩都知道自己的證量距離 維摩詰菩薩很遠，但知道他不會隨意罵人，所以那恐怖是比較少的。但即使是一般的菩薩，那聲聞緣覺遇見了也覺得很恐怖的，因爲他們不曉得二地、三地菩薩要對他問什麼法啊！所以他們會有恐怖，有恐怖的時候散發出來的體味就不一樣。所以「聲聞香、辟支佛香」與「菩薩香」不同，正是因爲智慧不同。但是菩薩沒有這個恐怖，而菩薩見了 佛陀也不會有恐怖，所以不會散發什麼恐怖的身香出來。一個人恐怖的時候腎上腺素分泌或運作就會很強，一定會有味道，那身香就不同啦！

那麼諸佛呢，諸佛的身香不同，是因爲祂們福德圓滿、功德圓滿，菩薩們是不能相提並論的。所以說，這一些香味是從什麼而來的呢？因什麼道理而有差別呢？是從法的差別而產生的。已經修到鼻根清淨又受持了義的《法華經》，已有無生法忍了，像這樣的菩薩，對於這一些香味，若是因法的不同而產生的香味差別，他們是可以分辨的。那你如果受持了義的《法華經》，可是你鼻根還沒有清淨，就不要妄想一夕之間擁有這種功德，因爲妄想的結果最後一定會出問題。千萬別妄想說：「我是不是明年就會有這種功德？我是否後年就會有？」我告訴你，再等上好幾劫都還不會有，因爲鼻根清淨的境界不容易達到，所以還是要按部就班來實修。

世尊接下來作一個小結論說：「**雖聞此香，然於鼻根不壞不錯，若欲分別爲他人說，憶念不謬。**」像這樣的諸天所燒之香，四種賢聖所燒之香，以及四種聖位有情的身香，這位菩薩也都在人間可以遙聞而知道他們的所在，或者諸天所燒之香的所在。所以這樣的大菩薩，「**雖然嗅聞了這樣的香味，然而對於他的鼻根並不會損壞也不會錯亂；他若是想清楚分別出來而爲別人演說時，也能夠憶念持受而不會講錯。**」這是說，這位菩薩雖然嗅聞到這些香味，但是對於他的鼻根並不會有所妨礙。譬如鼻根本來是不應該聞到很濃烈香味的，但是突然間聞到很濃烈香味的時候，可能他的鼻根就會受到損壞；但是這位菩薩不會因爲這樣而受到損壞，不論那味道多濃或者多淡都一樣。而他的判斷也不會有錯誤，所以他如果想要爲別人加以分別，乃至爲別人加以說明的時候，憑著自己嗅聞過的體驗和記憶來爲別人說明，都是不會講錯的。那麼 世尊就想要以重頌再講一遍，請看下面的經文。

經文：【爾時世尊欲重宣此義，而說偈言：「
是人鼻清淨，於此世界中，若香若臭物，種種悉聞知：
須曼那闍提、多摩羅栴檀、沈水及桂香，種種華果香，
及知眾生香，男子女人香，說法者遠住，聞香知所在；
大勢轉輪王，小轉輪及子，群臣諸宮人，聞香知所在；
身所著珍寶，及地中寶藏，轉輪王寶女，聞香知所在；
諸人嚴身具，衣服及瓔珞，種種所塗香，聞香知其身；
諸天若行坐，遊戲及神變，持是《法華》者，聞香悉能知；
諸樹華果實，及酥油香氣，持經者住此，悉知其所在；
諸山深嶮處，栴檀樹花敷，眾生在中者，聞香皆能知；
鐵圍山大海，地中諸眾生，持經者聞香，悉知其所在；
阿修羅男女，及其諸眷屬，鬥諍遊戲時，聞香皆能知；

曠野險隘處，師子象虎狼，野牛水牛等，聞香知所在。
若有懷妊者，未辨其男女，無根及非人，聞香悉能知；
以聞香力故，知其初懷妊，成就不成就，安樂產福子。
以聞香力故，知男女所念，染欲癡恚心，亦知修善者。
地中眾伏藏，金銀諸珍寶，銅器之所盛，聞香悉能知；
種種諸瓔珞，無能識其價，聞香知貴賤，出處及所在。
天上諸華等，曼陀曼殊沙、波利質多樹，聞香悉能知；
天上諸宮殿，上中下差別，眾寶花莊嚴，聞香悉能知；
天園林勝殿，諸觀妙法堂，在中而娛樂，聞香悉能知；
諸天若聽法，或受五欲時，來往行坐臥，聞香悉能知；
天女所著衣，好華香莊嚴，周旋遊戲時，聞香悉能知；
如是展轉上，乃至於梵世，入禪出禪者，聞香悉能知；
光音遍淨天，乃至于有頂，初生及退沒，聞香悉能知。
諸比丘眾等，於法常精進，若坐若經行，及讀誦經典；
或在林樹下，專精而坐禪，持經者聞香，悉知其所在。

菩薩志堅固，坐禪若讀誦，或為人說法，聞香悉能知；
在在方世尊，一切所恭敬，愍眾而說法，聞香悉能知；
眾生在佛前，聞經皆歡喜，如法而修行，聞香悉能知；
雖未得菩薩，無漏法生鼻，而是持經者，先得此鼻相。」】

語譯：【這時世尊想要重新宣示這個道理，就以偈頌重新再說一遍：

「這位菩薩由於鼻根清淨的緣故，在這個世界之中，或者是香的、或者是有臭味的物品，種種不同的物品全部都能夠嗅聞而知道它的味道與所在：

譬如好意花、金錢花、藿香、牛頭栴檀、沈水香以及桂香，乃至種種花以及水果的香味，並且也能知道眾生身上的香味，例如男人香、女人香、童子香、童女香，甚至於說法的人即使在很遠的地方，只要嗅聞到上面的這些香味，他都能夠知道上面所聞的這一些香味的所在；

有大威勢的轉輪聖王，或者小轉輪聖王以及他們的千子，和他座下的群臣以及他所有宮殿裡的從屬諸人，這說法者只要聞到香味，就會知道他們的所在；

這些大小轉輪聖王身上所穿著的衣服，以及所佩帶的珍寶，乃至於伏藏在地中的寶藏，或者轉輪王所有的寶女，這位說法者嗅聞到香味時，也會知道他們的所在；

這些人身上所佩帶的種種莊嚴器物，以及身上衣服的香味，和胸前佩帶的瓔珞，以及身上所塗的種種香味，這位演說《法華經》的菩薩，只要嗅聞了就能夠知道他們是什麼樣的人；

欲界諸天的行住坐臥，或者遊戲以及神通變化時，這位受持《妙法蓮華經》的菩薩，聞到香味時也都能夠知道；

所有樹木的香氣，各種奇花異草所散發出來的香氣，和樹上所結的果實的香味，以及酥油等香氣散發出來的時候，受持《法華經》的這位菩薩，雖然在人間這個處所，他只要嗅聞了，也都能夠知道這些樹木花草等香物的所在；

乃至於人間各種深山幽谷的處所，若有奇特的栴檀木，或者這一些樹上的花開放時，眾生在其中行來去止，這位說《法華經》的菩薩聞到香味，就能夠知道他們的所在；

甚至於鐵圍山四周的香水海，和鐵圍山裡面大地中的一切眾生，這位受持《法華經》的鼻根清淨菩薩嗅聞香味時，也都能知道他們的所在；

住在大海心的阿修羅等男女，以及他們的眷屬們，有時鬥諍、有時遊戲，他們身上散發出來的香味，這位菩薩嗅聞了也都能夠知道；

在人間寬闊的荒野或者危險的山隘之處，其中有獅子、大象、老虎、野狼、野牛和水牛等等，受持《法華經》的菩薩嗅聞到香味時，也都能夠知道牠們的所在。

人類如果有人懷孕了，還不知道所懷的是男生或者女生，也不知道所懷的是無根的孩子，或者有非人在人間出現了，這位受持《法華經》的菩薩，他嗅聞到香味時也都能夠加以分辨出來；

由於他有這種聞香功德力的緣故，所以他一嗅之下，就能夠知道這些有情剛剛懷孕的時候，將來這個懷孕之事能不能夠成就，而順利生產或者可能很快就流產，乃至於將來是否能夠安樂地生下她們的子女。

由於這種鼻根清淨而嗅聞香味的功德力的緣故，聞香的時候就能夠知道被聞的男女心中所想念的是什麼，而這些男女心中是有貪染、欲望或者是愚癡有瞋恚的心，或者說他們是修習善行的人，聞香之後也可以了知。

甚至於大地之中各種不同珍寶的伏藏，所謂金銀等等諸珍寶，或者遠處銅器中所裝的內含物，他只要在此嗅聞香味也都可以知道；種種不同的瓔珞，世間人沒有辦法完全了知它們的價值，但是這位菩薩嗅聞了香味，就能夠知道什麼是最高貴、最珍貴的，什麼是比較輕賤的瓔珞；乃至於這些瓔珞是從什麼地方出產的，如今是在什麼地方，他都能夠聞香而瞭解。

至於忉利天上的種種花，所謂白花、紅花，以及波利質多大樹王的香氣等等，他只要嗅聞到香味，也都能夠知道它們的所在；

在忉利天中有各種不同的宮殿、園觀，那些宮殿、園觀雖然有上中下的不同等級差別，同樣也都有各種不同的寶花來作莊嚴，這位菩薩只要嗅聞了，就能夠知道它們是什麼樣的宮殿而以什麼樣的寶花來莊嚴；

在忉利天上各種園林裡面，或者遊戲的宮殿等等，乃至於各種不同的亭臺樓閣，或者演說大乘妙法的法堂中，當忉利天人在其中娛樂或說法等時候，這位菩薩嗅聞到香味時都能夠知道；

忉利天宮的釋提桓因，以及他所率領的諸天，如果在妙法堂聽聞妙法時，或者在園林享受種種五欲的時候，他們的來往行住坐臥，這位菩薩嗅聞到香味時就能夠知道他們所爲何事；

忉利天上的天女們所穿著的衣服，以及身上用各種好花和各種花香來作莊嚴，並且塗抹了各種的香味，她們互相來去遊戲的時候，演述《法華經》的鼻根清淨菩薩，嗅聞到香味時也都能夠知道；

就像是這樣子，從夜摩天展轉而上，一直到清淨世間的色界諸天，其中有人進入禪定中，或者離開禪定的人，有種種不同的差別，這位演述《法華經》的菩薩嗅聞到香味時也能夠知道；

譬如光音天、遍淨天，一直往上乃至於色究竟天，有哪一些天人剛剛受生在色界天中，有哪一些天人又在色界天中退沒了，這位受持《法華經》的菩薩，嗅聞到香味時也都能夠知道。

那麼在人間的諸比丘眾等人，在佛法上恆時都是精進的，當他們或者坐下來思惟或者經行時，以及讀誦經典的時候；

或是在林樹下很專心、很精進地在坐禪，這位持經者只要嗅聞到香味，也都知道他們的所在。

如果有菩薩志願很堅固，有時候坐禪或者讀誦經典，或者爲別人演說佛法時，這位受持《法華經》的菩薩嗅聞到香味的時候，也都能夠知道；十方世界不同方位的諸佛世尊，是一切有情之所恭敬的，都是憐愍大眾而在爲大眾說法，這位受持《法華經》的鼻根清淨菩薩嗅聞到香味的時候，也能夠知道；

當眾生安住在佛前，聽聞經典都很歡喜之後，如法而修行時，這位受持《法華經》的菩薩嗅聞到香味了，也都能夠知道；

雖然這位菩薩還沒有得到八地菩薩由於無生法忍等無漏法而擁有的那一種鼻根，但是他自己的鼻根清淨而受持了《法華經》，所以他可以先得到這一種鼻根的清淨相。」

講義：這是　世尊特地以重頌再說一遍。不要認爲說，都已經講解過了，爲何　世尊還要再重說一遍？因爲在重頌中往往會有一些補充，而且因爲這部經是很難可思議，所以很難令人信受，世尊就以佛地威德特地以重頌再講一遍；一方面因爲　佛陀的威德力加持，在場聽聞的人比較能夠如實信受，不生懷疑；也因爲重新以頌再講一遍，就加深了大眾對法的印象，作爲未來世信受、奉持《法華經》的因緣；所以每一段講完了，世尊都會再來一個重頌，大家都不要覺得厭煩。

這部《妙法蓮華經》我們講了快滿三年，對不對？不曉得有沒有人覺得煩？（有人回答：沒有。）眞的沒有喔？我有時候會覺得說，我要不要講簡單一點，快一點把它講完？因爲怕有人會覺得厭煩。可是話說回來，文殊師利菩薩在龍宮宣講《法華經》，那是已經講解幾千萬年了欸！都還在演講《法華經》呢！那是不是有人要更煩了？其實不會！如果不懂《法華》而都是依文解義，因此東拉西扯一堆言不及義的說法，別說是演講三年，只要一個月你就會煩心了。

可是 文殊師利菩薩在海龍王宮殿裡面演講《妙法蓮華經》，可能已經是幾千萬年的事了，可是那一些龍王和他們的眷屬們，都沒有誰厭煩過；而且那些大菩薩們跟著他學，也沒有人厭煩過啊！文殊菩薩說法的時候，座下的初地、二地、三地、五地菩薩多的是，都沒有人厭煩；這表示 文殊菩薩演說的《法華經》既深又廣，菩薩們獲得很大的利益，所以就持續地聽聞下去。那麼因爲 世尊在人間的時間是有限的，不可能一部《法華經》講上一萬年，那是不可能的！就別說要像 文殊菩薩在海龍王宮講上幾千萬年，那一定是不可能的事。但是爲了加深大眾的印象，所以 世尊就用重頌再講一遍。那我們接著來看這些重頌裡面是怎麼說的。

世尊先說了一個條件「是人鼻清淨」，也就是這個菩薩修行到鼻根已經清淨了。六根全部清淨是很不容易修證的，因爲六根都清淨的時候，是可以六根互通的：眼根能作鼻根用，也能作身根用，也能作耳根用等等，那時他是六根互通的。爲什麼能夠六根互通？因爲本來就是一個如來藏擁有的功能，本來如來藏是可以在三界之中見色、聞聲……乃至了知、思惟等等，全部功能都有的；但是因爲在三界中流轉久了以後，爲了向外去攝取、去貪著六塵的境界，於是就開始分隔而被分割出去；依六塵境界分割出去以後，被分割出去的如來藏了別功能就被各自侷限了，所以切割、分割出去成爲眼識的部分，就不歸如來藏所使用，就由眼識去使用；既然是分出眼識來使用，那麼如來藏本有的見色功能就被侷限在外色塵上面，而眼識除了見以外，就不能聞、不能嗅、不能嚐、不能覺、不能知，其他什麼都不行。

然後在聞聲的部分就另外切割一部分出來，面對六塵的作用就這樣不斷切割出來，所以就變成現在有六個部分，《楞嚴經》說這是次第綁了六個結。這六個部分本來都是如來藏的功能差別，現在分割出來用以後，每一個部分都被侷限，就沒有辦法使如來藏中原有的全體功能具足顯現出來，這就叫作不清淨。那麼六根都是如此，所以眼根不能夠作耳根之用，耳根不能作鼻根之用，乃至意根不能作眼根之用，六種功能也就不能互通。是因爲不清淨，有所執著，各有不同的執著，就被不同的那個境界所拘束。

菩薩們想要成佛，必須先經過等覺位，當然要先滿足十地心。滿足十地心之前先要好好把六根次第修行清淨，最後才能夠進入等覺位，在等覺位就開始要去體會六根清淨的境界，去理解六根清淨是怎麼回事、該怎麼把最後一根也修清淨。當六根全部都具足清淨時，了別六塵的功能就開始在六根中互通了，但這是成佛時的境界。可是這個清淨是要從修除執著去下手，那麼修行的時候，你沒有辦法一時間把六根同時修行清淨，所以《楞嚴經》才告訴我們說：理上你知道六根、六塵、六識都歸如來藏所有，你證得如來藏而進修以後，知道這本來都是如來藏的功能差別，這是頓悟就可以知道的；可是修行時對於執著煩惱的滅除，想要回復六根互通的境界，卻得要次第修除。

也就是如來藏本來並沒有全部被這六根境界所拘限，但是因爲無始劫來在六道中的輪轉，所以不斷地一個結又一個結打上去，打成六個結以後又越結越堅固。而這六個結，你沒有辦法用兩隻手把這六個結同時解開，你一定要一個結又一個結，次第去解開。所以諸位想一想，眼根清淨、耳根清淨、鼻根清淨，是不是容易的事？這不是容易的事！也就是說「法無定法」，但是有的人願意先從修除煩惱來下手，那他如果能受持《法華經》，他未來就能作得到。那你如果眼根、耳根、鼻根沒有清淨的時候，就不要妄想那個境界；如果妄想自己可以不必辛苦修行就證得那個境界，將來精神狀態就會出問題，成爲一個廢人，所以這要很小心。

因爲這裡講到的是那種不可思議的境界，那我們千萬不要亂打妄想。以前就是有人打妄想，都不先思量一下自己目前的功德、福德、智慧等條件，就只想要怎麼樣獲得上位菩薩的不可思議境界，所以他不肯好好讀我的書去增長智慧，一天到晚打坐求更高的境界，後來就坐出問題了；然後鬼神入侵時又不懂得分辨，我教的也都沒有聽進去，結果就會出問題。這種情形我還是要先跟諸位說明一下。

意思就是說，鼻根的清淨是不容易達到的，雖然不容易達到，但不能否定有人可以作到。比如他在六根裡面可能有一根作到，可能有兩根作到了。也因爲境界不同，而《法華經》所說的對象不是只有人類，有時是有他方來的菩薩，或是海龍王宮的菩薩們、四王天的菩薩們，乃至天界的菩薩們不等，對象是很廣的，所以我們不能單用人類的前提來看待這部《法華經》。

就像你不能用人類的前提來看待《華嚴經》中的眞實義，意思是一樣的。因爲《華嚴》是頓教，從人間往上到了天上一直講上去，就這樣把整部佛法講完；因爲有的境界並不適合在人間說，所以要先從人間開始說起，然後有的法要到四王天、忉利天中說明，一直講上去。那你不能用人類的這個境界作前提去讀它，要從整個佛菩提道的內涵作爲前提去讀它；否則你將會越讀越沒信心，然後心中就開始相信印順他們說的：「**大乘非佛說，大乘經是後人編造的。**」結果反而被他轉了，那就很冤枉了！就變成好不容易進得這十步，竟又退回五十步去了，那就很可惜。

所以諸位要記住，這裡所講的是六根清淨位的境界，要這麼去瞭解。雖然說六根清淨位是成佛後的事，但這不是侷限在人間說的，因爲有的是色界天的菩薩等等，他們在那邊受到這種人間六根差異拘束的境界比較少。而且有的是很多劫以來已經修菩薩道了，那可不是只有修過一大阿僧祇劫而已。而且他們的正報又在色界天，所以他們可以有那樣的功德；那你不能用人類這個正報境界作前提來嘗試瞭解，所以這裡要先作說明，並不是說「是人鼻清淨」，就認爲全部是指在人間時修得鼻根清淨。

經中說這位受持《妙法蓮華經》的菩薩，他因爲鼻根清淨，所以在這個世界中，或者香的或者臭的種種物品，他只要嗅聞到了，都可以知道了；那麼在忉利天來講主要的舉證之物，就是好意花、金錢花，以及藿香；然後是梅檀香、沈水香和桂香，以外就是花香、果香。其實，談到桂香，爲什麼沒有人用肉桂來供佛？可能是因爲味道太濃烈吧！例如 佛有開示說，不可以用食物燃燒的香味來供佛，也不可以用有辛香味的食物來供佛，例如蘿蔔、香菜等；若是蔥、蒜、韭菜，那就更不在話下。

所以供佛的時候不要拿榴槤來供佛，南洋的人可能吃了覺得很好吃，可是諸佛菩薩會認爲那是臭味，其臭無比。聽說現在也有人賣素的臭豆腐，那也不要拿來供佛；因爲你這一供，護法菩薩們都跑光了（大眾笑⋯），那鬼神就剛好進來了，所以那東西不要拿來供佛。我們學佛的家庭，你如果有時候想嚐嚐也可以，就在外面品嚐，千萬不要帶回家；嚐過以後最好刷牙，再買口香糖吃一吃，免得那麼臭。當然還是少吃爲妙，因爲鬼神可能會靠近，而護法菩薩們靠近你時可能會覺得難過，他們受不了那種臭。

因爲他們清淨慣了，就好像你已經素食好幾年了，偏偏有一個人是你的重要客戶；可是他一天到晚喝酒又吃大蒜，你又不能當面跟他講，只能壓住皺起眉頭的衝動跟他談事情，那你是不是覺得很難過？是啊！很難過啊！可是你不能皺起眉頭來，又不得不強顏歡笑表示好感，那你一定覺得很難過嘛！同樣的意思，說那一些有特殊味道的食物或者供養，都不宜供佛。所以像密宗他們那個火供，弄一大堆食物焚燒，燒出來的結果是誰來受供？對！就是鬼神嘛！所以那樣的供養法，招引來的就是鬼神。

但是肉桂，中藥店買的肉桂，如果是拿一點點攙在檀香裡，不曉得那個味道適不適合？我不知道，也許可以，先實驗看看。那個香味如果不是變臭，才可以供佛。這是說，這種好香是可以供養的。這裡講到沈水香及桂香，桂香會是指桂花嗎？應該不是桂花，因爲桂香是指燒燃而生起的香味，所以應該是指肉桂一類吧?我認爲應該是可以供佛的。那麼種種花和水果當然也是可以供佛。這一些香味,鼻根清淨而受持《法華經》的菩薩是可以嗅聞而分辨得出來的。那麼眾生香,男子、女人香,剛才已經講過了,這裡不再複述;也就是說鼻根清淨的菩薩爲人演說《法華經》的時候,雖然所住的地方很遙遠,他只要嗅聞到了香味,還是會知道他們的所在。

接下來講:「**大勢轉輪王,小轉輪及子,**」這是有差別的。大勢轉輪王是說轉輪王之中勢力最大的,就是金輪王;勢力次大的是銀輪王,勢力再小一點的是銅輪王,小轉輪就是鐵輪王。不管哪一類的轉輪王,同樣都有千子。但轉輪王並不是一出生時就是轉輪王,而是說他出生以後成爲太子,然後繼位了。繼位之後有一天晚上,可能是在他的王宮涼臺納涼時,通常都是夜明時,突然間有個金輪出現了,這個金輪乘空而來;當金輪出現時,轉輪聖王有智慧,會瞭解這是什麼,這時他走上前,右膝胡跪,偏袒右肩;就像我們搭衣一樣的,右肩是露出來的,搭衣的意思就是偏袒右肩的意思。

這件縵衣其實本來應該是整個蓋住肩膀,到前面是要扣起來的;但爲了表示恭敬,所以要露出右肩。所以搭縵衣時露出右肩,就相當於在印度袒露右肩的意思，就是表示恭敬的意思。那麼國王就偏袒右肩，然後右腳胡跪，用右手去碰觸或是去扶著金輪，他就開口說：「如果我眞的是金輪王的話，那麼請金輪帶著我的四種兵遊行天下。」所以他就召集四種兵，接著請金輪前行，四種兵就會跟著金輪寶飛空而去。金輪王是管須彌山周圍香水海中的四大部洲，我們只是南瞻部洲裡面的一個小世界而已。

那金輪王，當他召集四兵這樣要求的時候，金輪就飛空而去，轉輪聖王跟四兵就因爲金輪寶的勢力而跟著飛空而去，到了一個國家，那個國家就馬上降伏了，把國家奉獻給金輪王。金輪王當然不接受，就說：「你已經奉獻了，就是已經供養我了，以後還是你繼續治理，但你要以法治理、以法教化眾生，要如法治國。」然後金輪又飛起來，又到其他國家去，就這樣遍歷四大部洲的每一個國家，然後就回來本地，這就是金輪聖王。

那銀輪王只能到達三大部洲，銅輪王只能到兩大部洲，鐵輪王叫作小輪王——小轉輪王，只能王於一洲，例如在南瞻部洲。那金輪王可以上到須彌山頂忉利天宮，跟釋提桓因相見，共坐於論法堂的寶座，銀輪王就作不到了；所以金輪王就叫作「大勢轉輪王」，那金輪王、銀輪王、銅輪王，他們不必戰爭就可以降伏諸國了，鐵輪王有時候可以直接降伏，有時候得要用戰爭的手段，這就不一定了。針對特別惡劣的國度，鐵輪王得要發動戰爭，稍微打一下對方就降伏了，不必打很久，但還是得要稍微打一下，所以他叫作「小轉輪」。聽起來有點輕蔑的味道，雖然是「小轉輪」，可是也很驚人了！

當轉輪王好不好？到底好不好？欸……有人稍微點頭一下，不太敢點。當轉輪聖王說好也好，說不好也不好。因爲當轉輪聖王是不被諸佛授記成佛的，當然不好！可是如果以擁護正法的立場，譬如說還沒有證悟時，修了很大的福德，想要藉那個福德來當轉輪聖王再來修集更大的福德，這樣好像滾雪球一樣去修福德，那時也就很好，因爲那時可以大力擁護正法，那他的福德就會像滾雪球一樣越滾越大，所以要看是在什麼時節。

那如果這個時節叫我去當金輪王，我沒興趣，我現在的想法就是攝受佛土，大家趕快都快速往前進，這才是我想要的；那些對我來講，我都沒有興趣。所以如果說：「美國總統讓你幹，好不好？」沒興趣！八人大轎來抬也抬不動我；因爲那在過去世都覺得沒什麼，轉輪聖王都已經當過了，那有什麼好執著、有什麼好豔羨的？所以現在最重要的是大家的道業要快速進步，這個才是最重要的；這是因爲你們進步，我就進步；你們不進步，我就被拉住了，這才是我現在最重視的事情。

至於轉輪聖王，你們也不必豔羨，因爲你們過去世也都當過，沒有誰沒當過的，只是後來呢，浮浮沉沉，現在都覺得轉輪聖王好像也不錯；其實沒有什麼不錯，去當了就錯了（大眾笑…）。如果你沒有證悟的機會，那時你就去當，那就是正確的，就沒有錯誤。所以要看自己當時的狀況怎麼樣，來決定怎麼樣是對的，怎麼樣是錯的；沒有說一定對，或者一定錯的。

轉輪聖王有什麼寶貝？有輪寶。有輪寶之後還會有一個珠寶，那個珠寶其實就是夜明珠。但不是人間的夜明珠，因爲人間的夜明珠有人收藏說那有多貴重，把電燈關掉才看見它會亮，可是它的亮度也只是顯示它的存在而已，不足以照亮房間，那算什麼夜明珠？轉輪聖王他這個夜明珠，是突然間從天而降，然後這顆夜明珠一到的時候，那黑夜就變成白天了，只是不熱而已。白天太陽會熱，但它不熱，而它的亮度是一樣的。那麼他就想：「我難道眞的是轉輪聖王嗎？那我就來試試看好了。」所以他就召集四兵操練看看，把這個夜明珠懸掛在很高的地方，結果就跟白天一樣，四兵操練都沒問題。然後本來人家正在睡覺，都以爲說怎麼天亮了！好吧！既然天亮了，就起來工作，結果士農工商都起來作事了，然後突然他收起來，大家才知道原來還沒有天亮，這就是他的珠寶。

他有輪寶、有珠寶，接著還有什麼？人間是欲界，所以他就會有玉女寶。在欲界中當王，一定是有配偶。那轉輪聖王既是男子，當然就會有個女人成爲他的玉女寶。這玉女寶來到的時候，她顯現出來是皮膚好、長得容貌好以外，身體是香的，說話的口氣也是香的。不曉得乾隆皇帝那個香妃到底香不香？玉女寶還有個好處，是冬天時她的身體是溫暖的，夏天來到的時候，她身體是涼的。雖然是這樣的玉女寶，轉輪聖王不會一天到晚想要把她抱在身邊，因爲只是他的寶，爲他莊嚴而已，這才是轉輪聖王。好，這是玉女寶，這樣有三種寶了。

還有就是主兵臣寶。就是說他如果想要操練部隊，這個人可以隨時爲他操演，完全如法；然後如果必須要征戰，他率兵一出去，稍微打一下就贏對方了，這叫作主兵臣寶。還有主藏臣寶，就是專管寶藏；當這個主藏臣寶出現的時候，轉輪聖王想：「我要試驗看看他是不是眞的？主藏臣寶，我的七寶之一啊！」就故意找了他來，坐了船出去，在海上或者水上行走，轉輪王說：「我現在想要一個金盆來裝水果，你現在給我。」還在船上就要，主藏臣寶回說：「現在不在陸地，回到陸地再給您。」轉輪王就說：「你如果眞的是主藏臣寶，你現在就得給我！」無可奈何，只好把手伸到水裡去撈，撈出一個金盆來，轉輪王一看：「果然是金盆！」就說：「一個不夠，你還要給我更多。」於是一個又一個一直撈上來，撈到船都快滿了，然後轉輪聖王說：「啊！算了！你還眞的是我的主藏臣寶。我只是要試驗你一下而已，全部把它們丟回去吧！」他就丟回去。金輪王就有這樣的功德。

好，輪寶、珠寶、玉女寶、主兵臣寶、主藏臣寶，還有什麼？喔！象寶跟馬寶。轉輪聖王的大象是六牙之象，就是 文殊菩薩坐的那種大象。他即時就會有這種大象，全身是白色的，但頭部有一點紅紅的雜色。當他坐上這隻象寶身上以後，可以到處飛翔；不管到哪一大部洲，都是到了該吃飯的時候就可以回到家裡來。然後還有馬寶，這馬寶出現的時候，也是一樣的情形。這樣總共是七寶，這就是「大勢轉輪王」之所有。那麼銀輪王、銅輪王、鐵輪王，同樣有七寶，只是品級差一點。

可是不管哪一類的輪王，同樣都有千子。生了一千個兒子，養起來辛不辛苦？不辛苦！因爲轉輪聖王手下用人太多了，因爲他的財寶太多了，不怕養不起人。你也不要見怪說：「他爲什麼養那麼多的兒子？」如果以前不是有轉輪聖王養了一千個兒子，我們賢劫就不可能有千佛。所以如果有轉輪聖王養了一千個兒子，我們要隨喜讚歎，要教導他們趕快學佛，然後未來就會有眾生得大利益，他們大約會在同一劫中成佛，那是多麼殊勝的事！這就是轉輪聖王有千子。好！今天只能講到這裡。

《妙法蓮華經》上週講到一百六十四頁，重頌的第四行講了一半，那麼今天要從「群臣諸宮人，聞香知所在」開始。這是說不論是大威勢的金輪聖王，乃至威勢最小的鐵輪聖王，以及他們各自所生的一千個兒子，再加上他們的臣佐以及所有的宮人，這位鼻根清淨的受持《法華經》菩薩，可以聞到他們的香味而知道他們的所在。那麼我們這個賢劫能夠有一千佛踵繼出世，是因爲 釋迦如來在過去無量數劫前曾經是一位轉輪聖王的兒子，他有九百九十九位兄弟，當時 釋迦菩薩排行第四，所以賢劫時就特地倒駕慈航來人間示現成佛，就排在第四位。

本來釋迦如來是很早以前就成佛的，但因為當初一千個兄弟互相有約定，未來要在同一劫中一起成佛；所以當這些兄弟們都可以成佛時，已經有三位兄長來成佛了，祂就倒駕慈航重新再來示現一次成佛。這其實只是一個示現，因為祂本來很早以前就已經成佛了。那麼這是說，轉輪聖王福德很大，因此可以供養一千個兒子；而這一千個兒子各各聰明智慧，健壯勇武，驍勇善戰，卻又心性溫柔敦厚，這樣才能成就轉輪聖王應該有的功德之一，並不是只有七寶而已。

所以轉輪聖王，不論是金輪王、銀輪王或者銅輪王、鐵輪王，都各有千子；因此就不要妄想說，現代有哪個國王、哪個總統是轉輪聖王？不要這樣想，因為那都不可能。現代的這一些國王、皇帝、總統，沒一個是像轉輪聖王這樣完全以法治化的。所以如果你看見哪一天有個總統當到老死，沒有人想要他下來，並且他有一千子，而且統領整個世界，你才可以說他是轉輪聖王，否則就不要往誰的臉上去貼金啦！他能夠供養得起，是因為他根本不必用兵，兵只是養著操練、操練而已，顯示他的威嚴。那麼他有無量的財寶，因為他有主藏臣寶，所以金銀財寶用之不盡，要供養什麼樣的人都行，一千個兒子對他來講，不爲難事！這種情況是大家應該要有所認知的。也就是說，除了這個表相以外，當他治理國家的時候一定會要求國人受五戒、修十善。如果有誰認爲說現在這個地球上有誰是轉輪聖王，要先看看他有沒有教導他的國人受五戒、修十善？唉！眞是難得其人啊！所以當轉輪聖王是不容易的，這是因爲轉輪聖王有很大的福德，過去世供養過諸佛，發了大願；至少他曾經在無佛之世供養過辟支佛，發了善願，否則沒有辦法當上轉輪聖王的。

所以如果有一天你有機會供養了阿羅漢、辟支佛，供養了諸地菩薩，要發個善願，說將來要當轉輪聖王。但是我要先插個前提：是說在沒有機會開悟的情況下，才發這個願；若在有機會開悟的年代，就別發這個願。怎麼發願呢：「**願將來多生多世當轉輪聖王，並且養育千子，都教導他們成爲菩薩修學佛法，將來同在一劫中次第成佛。**」發這個願很不錯啊！因爲既然實證無望，那麼發了這個願，在未來可以利益非常非常多的眾生，那也是好事啊！所以看我們這一大劫的賢劫千佛，眞是我們的福報。正因爲過去無量劫前曾經有轉輪聖王養育了一千個兒子，教他們都學佛，所以他們發願要在同一劫中成佛。那麼這一劫之中有千佛出世，我們大家這一劫就不必想要往生到別的世界去，就緊緊跟著這一千佛，這道業進展是非常快速的，不可想像的，這就是大家的福報。

所以不要老是怨東怨西、怪南怪北說：「我們為什麼一直都沒有辦法實證？沒有辦法成為九地、十地菩薩？」不要這樣。反而要珍惜我們這一劫有這麼多的佛，可以讓我們值遇、供養、奉事、親近、修學，並且還可以被授記，這就太棒了！所以應該慶幸。因為學佛不是只看短短的一世，要看過去的無量劫以來，然後再看未來的無量劫之後；在無量劫中有時候很多劫都遇不到佛的，但是在這一劫中就遇到這麼多佛，這是好事啊！假使在外面遇到有學佛人說他要當轉輪聖王，你記得要教他：「你發願要當轉輪聖王，還要發個願：要教你一千個兒子都要好好當菩薩，將來同一劫成佛。」那麼這樣就表示未來會有眾生得大福報。

能在一劫之中承事千佛，親隨受學，這是很大的福報，但是你有促成之功啊！這個隨喜功德未來就會幫助你快速成佛，所以這是好事。因此，不要想說：「喔！他養一千個兒子？那不累死人嗎？」千萬不要這樣想，因為他既然有主藏臣寶，財寶多的是，要請多少人來幫著養那一千個兒子，全都沒問題，所以咱們都不必為他發愁。

「群臣諸宮人，聞香知所在；身所著珍寶，及地中寶藏，轉輪王寶女，聞香知所在；諸人嚴身具，衣服及瓔珞，種種所塗香，聞香知其身；」接著說鼻根清淨的演述《妙法蓮華經》菩薩，對於轉輪聖王和他的隨從等人，身上所穿著以及所佩戴的各種珍寶，都可以經由聞香而知道他們在什麼地方。又譬如說地中的寶藏，這位菩薩同樣可以經由聞香而知道這些寶藏各在何處。並且轉輪聖王的玉女寶在什麼地方，他聞香也能知道。接著說那些隨從等人，身上也各有莊嚴色身的妙具，所穿的衣服、佩戴的瓔珞，身上所塗的種種香；他聞到了那一些香味，某一種香味是什麼樣的身分、是誰；不同的香味又是什麼樣的不同身分，那又是誰，他聞香也都可以知道。

「諸天若行坐，遊戲及神變，持是《法華》者，聞香悉能知；」接著就談到欲界天，欲界諸天那些人，他們或者正在行走，或者正在坐著，或者在遊戲，或者在作神通變化，這位菩薩因為鼻根清淨而且受持《法華經》的緣故，所以他聞到香味時也能夠知道。這裡談到行、坐、遊戲以及神變四種，那爲什麼會有不同的香味讓這位菩薩聞香而知呢？因爲天人行來去往跟靜坐的時候，身上的香味是不同的。當他在遊戲的時候，身上的香味又不如行與坐的時候；可是當他在作各種神通變化的時候，那個香味就超越行、坐以及遊戲的時候。這是有差別的，所以這位菩薩鼻根清淨又受持《妙法蓮華經》，而能夠爲人演說，所以他有這個功德「聞香悉能知」。

「諸樹華果實，及酥油香氣，持經者住此，悉知其所在；」欲界諸天，也就是地居的四王天、忉利天，他們還有各種的樹，還有各種的花，還有各種的果實；往下到人間時，不但有諸樹花果實，甚至於還有酥油；那麼酥油的香氣是最濃的，樹與花的香味稍微淡一點。如果到忉利天去的諸樹花果實，那香味就不像人間這麼濃郁，因爲越往上是越清淡的。但是這位演述《法華經》的鼻根清淨者，只要聞香就知道那一些無情物的所在。

「諸山深嶮處，栴檀樹花敷，眾生在中者，聞香皆能知；」各種不同的山裡面，深谷之中幽險之處，往往有牛頭栴檀樹，甚至也有奇花異草開花；往往也有眾生爲了採集這些寶物而進入深山危險之處，當然這些眾生身上散發出來的香味也是不同的，這位鼻根清淨受持《法華經》的菩薩，也都能夠聞香而知。

「鐵圍山大海，地中諸眾生，持經者聞香，悉知其所在；」甚至於須彌山外面香水海，再外面有鐵圍山，這鐵圍山和香水海也有不同的氣味；包括這一切大地之中的所有眾生，這位受持《法華經》爲人演說的菩薩，只要嗅聞到那些香味，也可以知道是在什麼地方。

「阿修羅男女，及其諸眷屬，鬥諍遊戲時，聞香皆能知；曠野險隘處，師子象虎狼，野牛水牛等，聞香知所在。」阿修羅眾生不論是男或女，以及他們的眷屬，由於喜好鬥諍，所以發出不同的瞋恚之氣，或者說他們在遊戲的時候發出了歡喜的氣味，這位演說《法華經》的鼻根清淨菩薩，嗅聞到香味也都能夠知道。人間曠野的危險地方或者山隘之處，往往有獅子、大象、老虎、野狼，以及野牛、水牛等等，這位菩薩嗅聞到香味的時候，也可以知道牠的所在。

「若有懷妊者，未辨其男女，無根及非人，聞香悉能知；以聞香力故，知其初懷妊，成就不成就，安樂產福子。」如果有人懷孕了，古時不像現在照超音波時就可以知道是男孩或女孩，古人並沒有這類科學儀器可以預先測知，但是這位菩薩聞香就知道是男、是女。不但如此，乃至於也許即將出生的這個孩子可能是沒有男女根的，也有可能他出生後會成為非人，這位菩薩聞香也能夠知道。

關於聞香這件事情，有的中醫對這方面很有研究，而且閱人無數；所以有些病人來了，他聞到某一種氣味就知道這個病患大致上有什麼病，這是可能的。尤其是重病，不同的重病也會有不同的氣味，那個氣味很濃，鼻根好一點的人只要有經驗而聞到氣味，嗅聞了就會知道的。這個功夫其實是有深淺的差別，如果要講很粗淺的，譬如諸位好了，在電梯裡面突然進來一個人，你馬上會知道這個人是不信宗教的，或者說他至少不學佛，因為他一進來你就聞到大蒜味了，或者聞到牛肉的腥味，有沒有？洋人都有牛肉腥味，他們身上散發出來就是那個味道，是因為他們喝牛奶當作喝水，並且又三餐吃牛肉，所以味道是很腥膻的。這是人間最粗淺的，所以這個是可以確定的。

那麼分辨懷孕的男女，以現代的超音波技術來講，其實是不如這位菩薩的；因為超音波的技術，也得要經過三、四個月再去照超音波，才看得出來是男、是女；這位菩薩卻不是，他是有人剛懷孕時一聞香就知道說，將來會是個男生或是個女生。他一聞就知道了，都是因爲鼻根清淨加上爲人演述《妙法蓮華經》的功德。那麼無根之人以及非人味道一定不同，就像人之不同各如其面，會導致胎兒的母親散發出不同的香味。其實每一個人的體味也都不一樣，所以這是可能的，不必再去加以懷疑。

甚至有的人剛懷孕，但是他們的家族史是常常流產的，所以一代又一代都只有獨子，那麼妻子懷孕之後擔心會不會又流產，但是這位菩薩一聞就可以告訴她：「妳不用擔心，這孩子不會流產。」初懷孕時將來這個孩子成就或不成就呢？他是聞香而知的，並且將來生產的時候是安樂產或者是難產，有沒有什麼變化；經由特殊香味的嗅聞，他是可以知道的。

「以聞香力故，知男女所念，染欲癡恚心，亦知修善者。」也因爲這種聞香功德力的緣故，這位菩薩可以知道一切男人、女人心中所想的、所憶念的是什麼事情。他心中是染欲，或者是愚癡，或者是瞋恚，或者是在修善事的人，菩薩聞香也可以知道啦！那麼這就是說，這種功德不是一般人所能夠測量、想像、思惟的，因爲這是鼻根清淨作爲條件，還要加上受持《妙法蓮華經》，而且有無生法忍，也能夠爲人了義地如實演說，這樣子才能夠有這種功德。因此這種功德並不是我們現在所能想像，但是因爲 佛在諸經爲我們所說的，我們今天已經證明確實是如實語；我們也證明確實可以實證，從聲聞菩提、緣覺菩提乃至於佛菩提，都已經證明了。所以後面繼續要進修而現在我們仍然達不到的境界，仍然要信受，否則就沒有一個更高更遠的目標來讓我們進步了！應該抱持這樣的心態。

接著說：「地中眾伏藏，金銀諸珍寶，銅器之所盛，聞香悉能知；種種諸瓔珞，無能識其價，聞香知貴賤，出處及所在。」土地中有各種不同的「伏藏」，「伏」是說它是被遮蓋的，上面有泥土等等遮蓋著；「藏」就表示不是一般人看得見的。那大地中各種不同伏藏的金銀或者其他的珍寶，乃至於在銅器中所盛放的物品或者食物，這位鼻根清淨演述《法華經》的菩薩，嗅聞香味也都能夠知道。甚至於種種不同種類的瓔珞，價格非常之貴，然而這些瓔珞以及其他稀世之珍，平常人是看不見的；而這位菩薩只要聞香就知道它是什麼樣的價錢，是從什麼地方出產的，而現在有哪一些瓔珞是在什麼樣的地方，他也都經由聞香而知。

世間的瓔珞種類繁多，但不是大家都可以完全了知；如果是四王天、忉利天人所佩帶的瓔珞，甚至於諸大等覺、妙覺菩薩所佩帶的瓔珞，那究竟是怎麼樣的貴價，咱們是無法了知的。甚至於有時一串瓔珞價值等於三千大千世界，你要如何想像它高貴的價錢啊？那眞的叫作既高又貴。但是我們所不知道的，由於他受持《妙法蓮華經》，爲人作了義的演繹，而且鼻根清淨，所以他一聞香就知道：各種瓔珞的出產以及現在是在什麼地方，它們的價格如何，悉皆能知。

「天上諸華等，曼陀曼殊沙、波利質多樹，聞香悉能知；」接下來講到欲界天，天上的各種花，大略歸類叫作白花與紅花；以及有一棵樹王，叫作圓生樹；這棵圓生樹的葉子是圓型的，是圓滿的，樹本身長起來也是好像傘蓋一樣，也是圓型的，所以叫作圓生樹。忉利天這棵圓生樹叫作樹王，據說它高度達到一百五十由旬，一由旬大約是四十華里吧！大約是二十公里。那它有一百五十由旬之高，諸位想想它有多高？它有一百五十由旬之高，開出來的傘蓋，它的樹葉、枝條往四面伸出去，達到五十由旬，眞是難以想像喔？其實不用想像，你如果覺得人間住膩了，發願往生去忉利天，但是不要盡壽而亡；應該發願去那邊要看看圓生樹，看完了就死掉回來人間（大眾笑…），那你就會看見了，不必想像啊！

而它的根往下五十由旬，因爲它長在須彌山頂，根沒有很深的話就會倒啦！樹根還往四方生長五十由旬，樹幹高達一百由旬，枝葉往外生長也是五十由旬。五十由旬相當於幾公里啊？一千公里。一千公里可以遮蓋到哪裡？從北台灣的基隆到最南方的鵝鑾鼻有沒有五百公里？不到五百。那麼這棵樹還眞大，竟然枝葉遮蓋達到五十由旬。那這一種樹有個特性，就是整棵樹都香：開花也香、葉子也香、樹枝樹幹乃至樹根全部都香。所以它是忉利天上最寶貴的一棵樹，因此它是忉利天的樹王。那這位菩薩連天上的諸華、白花、紅花等等都可以嗅得到，這棵樹王當然更可以嗅得到，所以聞香悉能知。

「天上諸宮殿，上中下差別，眾寶花莊嚴，聞香悉能知；」天上還有諸宮殿，諸宮殿就是說，不同的天人擁有不同的宮殿；福報大的人，他的宮殿就比較大、比較莊嚴。那麼這個宮殿是有不同的差別的，大略分成上品、中品與下品，隨著各個天人在人間修福德——持五戒、修十善等不同差別，使他們所修的福德有所不同，死後往生到忉利天去，獲得的宮殿就有上中下品差別。那麼越上品的宮殿，裡面的各種莊嚴就更多，各種寶花也就更多；不但花多，而且花的種類也多。中品就差一點，下品的宮殿最差。

這些宮殿就是他們的住處，同時也是交通工具；當他們想要去哪裡，這宮殿就飛到那裡去，然後就在那裡玩。所以天人們不用買車子，我們人類才需要買車子。在人間，你開車或者搭飛機都要耗費能源，天人們來來往往不必耗費能源，一念心動，宮殿就飛過去了；到了目的地，就在那邊遊玩。這就是忉利天。但是這樣不同的宮殿，裡面的不同莊嚴物，不同的寶花，這位演說《法華經》而即將圓滿佛道的菩薩，只要一聞香就知道了。

「天園林勝殿，諸觀妙法堂，在中而娛樂，聞香悉能知；」忉利天中還有各種遊戲的園林，也有納涼的夏宮等等，有一點類似人間，因為他們的境界跟人間是差不了多少的，只是比較殊勝、比較清淨而已。並且還有各種的亭臺樓閣，還有各種的觀。「觀」字不讀作觀(一聲)，應該讀作冠(四聲)。「觀」是類似道教的小廟，本來道教的廟就是從忉利天上的道觀學來的，所以忉利天的天神下來說要建廟，應該建築成什麼模樣，講了出來，人們就照這樣子造，那叫作「觀」。所以道教那些廟的模樣其實就是忉利天上的「觀」。這些「觀」是天人們討論事情的地方，就好像人間的廟是眾神降乩辦事的地方，也就是論事的地方。

忉利天中釋提桓因還有說法堂，因爲他也是個菩薩，是修學大乘法的天主，一樣是佛弟子，所以也有個妙法堂——有時候經中叫作善法堂。不論是在園林、勝殿、諸觀，或者是妙法堂，是遊戲娛樂或者是以法樂自娛，都有不同的香味，那麼這位菩薩也是聞香悉能知。

「諸天若聽法，或受五欲時，來往行坐臥，聞香悉能知；天女所著衣，好華香莊嚴，周旋遊戲時，聞香悉能知；」那麼諸天如果聽聞佛法，或者領受五欲的時候，乃至於來往行住坐臥，都會有不同的香味散發出來，那麼這位菩薩聞香悉能知。每一個天人各有五百天女服侍，這些天女們當然是穿天衣囉！

有一句成語叫作天衣無縫，因爲天衣是自然生成的，不需加上人工來縫製。忉利天的天人們需要穿的衣服也有定數，他一生可以穿多少天衣，那是有定量的。不是有錢想要多買幾件就能買到，天衣不是用錢買來的，因爲忉利天的衣服是樹上所生的。有一棵奇特的大樹，樹上滿是天衣，天人們想要衣服就到那邊去，當他看見哪一件最喜歡的，那棵樹不一定會給他，因爲他不該穿那件天衣，他沒有資格穿，所以他想要時也不給他。如果退而求其次，是他可以穿的，他的身分適合的天衣，那棵樹的樹枝就會把那件天衣垂下來，他才能拿到那一件天衣。所以忉利天的天人、天女們所穿的天衣，不像人間要用布與線，去裁剪縫製，所以叫作天衣無縫。

人間的衣服總是有縫，除非你是用手去織，而且織工非常好，整件就是一根線織到底，否則一定都有縫，因爲大多是要用線去縫製的。談到這裡倒想起來，有個女人在賣天衣，她那天衣到底是眞的還是假的？（有人回答：假的。）因爲她那些天衣全都是縫出來的，那叫作山寨版的假天衣，或者叫作騙人的假天衣，愚癡人才會相信那叫作天衣。

不同的天衣有不同的香味，因爲那是他們每一個天人，或者每一個天女依照他們的福報而獲得的衣服，那就是他們的依報；這個依報是已經天然生成在等著他們，所以不用買，也不用縫，但是不同品級的天衣有不同的香味。在天上，各種不同的好花，也有各種不同的香味；這一些花的香味各各不同，所以天女們身上配飾著不同的花朵來作莊嚴時，她們的香味也就有所差別。當她們在來往遊戲的時候，這位菩薩一聞香，就會知道這是誰的香味。

「如是展轉上，乃至於梵世，入禪出禪者，聞香悉能知；」就像是這樣子展轉而上，一直到清淨世間；「梵」就是清淨，「梵世」就是清淨世間。這裡說的清淨世間，並不是佛法中說的已經斷除三界愛煩惱的清淨境界，而是相對於欲界而言，說色界天是清淨的世界；這是因爲欲界有飲食便溺，也有男女欲，所以說爲不淨。到了色界天就沒有飲食便溺，也沒有男女欲，所以叫作清淨世間，就稱爲「梵世」。在色界天裡面，如果有人進入禪定之中安住，或者有人離開禪定的境界而在活動，所散發出來的香味也是不一樣的，那這位菩薩聞香悉能知。不但如此，而且色界世間是有不同層次的，在不同層次中，味道也不同，香味是不同的。這些都是非常微細的香味，不是我們所能體驗的。

接著說：「光音遍淨天，乃至于有頂，初生及退沒，聞香悉能知。」因爲要濃縮在四句裡面講完，所以只用略舉式的說明；實際上，色界有四個天的層次，香味是不一樣的。譬如初禪，初禪天比較於欲界天和欲界的人間，已是清淨的世間，所以不像欲界有許多的臭味。可是初禪天，一方面是離欲界近，不免被欲界所熏，因爲它緊鄰著欲界天，當然不免被欲界的氣味所熏；

而且初禪天人剛剛離開欲界，所以他們心中離開欲界的境界也還不是很遠，因此他們身中也會帶有一些欲界的味道；這雖然是很微細的，但是因爲這位菩薩鼻根清淨，又加上能夠受持了義究竟的《妙法蓮華經》，有了極深厚的無生法忍，所以他有這個功德可以聞得出來說，這已經不是欲界的氣味了，自然會知道這是初禪天的氣味了。

那麼初禪天有三種天人，最多的初禪天人就是梵眾天，「梵」就是清淨的意思。梵眾天就是清淨的天人大眾，既然稱爲眾，就表示人數是非常多的，所以叫作梵眾天。這麼多的梵眾天，得要有人來管理，梵天王一個人沒辦法管理，因此要有人來輔助梵天王管理梵眾天，因此這個管理階層的威德比較大，色身也比梵眾天高大一些，他們就稱爲梵輔天。那爲什麼叫作梵輔天呢？因爲他們初禪的證量比較好，在初禪的證量比較好、比較圓滿的狀況下，就有資格幫梵天王管理初禪天人，就稱爲梵輔天。

在這初禪天中，身分、地位最高的只有一個人，就是梵天王；因爲他的初禪是圓滿實證的，並且也修了慈無量心；他在人間也修了很多的福德，所以在這種廣修福德而又沒有欲界福德果報的企圖或者貪著時，他去到初禪天時就生爲梵天王。他的心地比起梵衆天、比起梵輔天，可就離欲界更遠了。因爲他的初禪是圓滿的，而且他沒有私心，又因爲他有慈無量心，所以他的氣味是比梵輔天和梵衆天更清淨的，他身中幾乎快要沒有欲界天的味道了。所以從不同的氣味，可以瞭解這個人是梵天王、或者梵輔天，或者梵衆天。

那麼初禪天上去是二禪天，二禪天同樣也有三種天人，這三種天人不以語言文字來作溝通，而用光明來作溝通。二禪天裡面人數最多的叫作少光天，因爲他們修得二禪。二禪的定力超過初禪非常多，初禪的實證主要不在於定力，而在於降伏五蓋或者斷除五蓋。五蓋總稱爲性障，就是貪欲、瞋恚、掉悔、睡眠以及疑蓋，總共五個。這五個不好的法爲什麼叫作蓋？因爲它會蓋住大家，使人不能往生到清淨世間去；就好像五個蓋子把大家層層蓋住了，所以永遠輪迴在欲界裡，到不了清淨的色界世間，因此這五個惡法就稱爲五蓋，這五蓋總稱爲性障。

再回來說二禪的定力比初禪超過很多，初禪的實證只須要初禪前的未到地定就可以了；這種未到地定是最淺的未到地定，因爲二禪前也有未到地定，三禪前、四禪前也都有未到地定；只有到了四空定以後，每一個四空定之前才不再有未到地定，否則都有禪前的未到地定。那麼要證得初禪時，只要有最基礎的未到地定就可以了。未到地定爲什麼會稱爲未到地定？因爲是還未到初禪地的定境。

可是有很多人已經有未到地定了，卻始終無法獲得初禪；他們一生一世每天打坐求初禪而不可得，永遠都坐在未到地定裡面等待初禪。像他們那樣等待是等不到的，沒有那麼一天啦！那爲什麼是這樣？因爲初禪不是單靠打坐所能得，所以當他未到地定修得很好時，應該同時要每週撥出一些時間去爲大眾行善，要去作善事。作善事之目的不在於修集功德、福德，而在於要去被眾生磨練、去被眾生輕賤。被眾生磨練、輕賤慣了以後，貪欲蓋降伏了，瞋恚蓋降伏了，掉悔、疑蓋也都降伏了，這時就是性障已經降伏了；至於睡眠蓋，由於未到地定很好了，所以也不存在了；那麼他打坐的時候，也有可能在吃飯的時候，不一定在什麼時候，在行住坐臥等等之中，什麼時候都不一定，初禪就出現了。

只除了一個時候不會出現初禪，就是睡覺時眠熟了，當他睡著了就不會出現了。如果他不是在眠熟位中，行住坐臥，或者躺下來還沒有睡著之前，隨時都可能發起初禪。初禪定境不是單靠定力強求得來的，所以在那邊打坐，每天在那邊等待初禪出現，是永遠等不到的，這是因爲他不懂初禪發起的原理。初禪發起的最重要原因就是降伏五蓋，如果是證初果或是明心了，還得再斷除五蓋才能發起初禪。如果不懂這個道理，每天坐在未到地定裡面，坐到五十年後捨報了，依舊沒有初禪發起，這個道理大家一定要弄清楚。

那麼得了初禪之後，要再修定而進入二禪，這得要先捨離對初禪境界的執著。對初禪境界的執著，最主要就是身樂。初禪雖然離欲了，可是他胸腔裡面會有一股快樂的覺受恆時存在；如果不是恆時存在，得要心中一提才會出現樂觸，那麼這個人死後生到初禪天去，只能當梵眾天。如果他都不必再提，時時刻刻都有那個樂觸存在，他死後可以去初禪天中當梵輔天；如果他是遍身發具足圓滿，那麼最粗糙的前階段八個初禪樂的變相全部出現過了，他又懂得捨棄，轉爲最細的初禪樂，這種微細的初禪樂也有八種變相，也都出現過了，他對初禪的領受是具足圓滿的，然後他只要加修慈無量心成功，他在人間捨報後就可以去當梵天王了，也就是初禪天的天王。

但是不管初禪天的哪一種天人，他如果想要修到二禪天，得要先把對初禪快樂覺受的執著放棄，一點點都不該珍惜；要能夠這樣捨棄，然後他在人間發起了二禪，捨報後就可以往生到二禪天去。或者說他在初禪天努力修禪定，把初禪境界的執著全部捨棄，捨報就可以生到二禪天去了。然而他棄捨初禪而進入二禪前的未到地定時，那個未到地定的定力就必須修得非常好才行，否則無法發起第二禪的，所以我說二禪的定力比起初禪的定力，差距非常大。

那麼在二禪天裡面，他離開欲界又更遠了；在初禪天中還會被欲界天的氣味所熏啊！所以初禪天都還帶一點欲界的氣味。但他生到二禪天去的時候，離初禪已經很遙遠了，所以氣味不同。在初禪天裡除了有欲界天的氣味以外，而且還帶有火氣；人間一定有火氣，不管誰都有火氣；因爲你既然吃了人間的煙火，就有火氣！那麼欲界中本來就有欲火燒燃，你這個身體就一定帶有火氣；若沒有帶著一些火氣，你身上就不會有溫暖，也就不可能生存，當然都是帶有火氣的。另一方面說，假使火劫來的時候，從人間燒到他化自在天，全都燒壞了，雖然燒不到初禪天，但火是往上熏的，初禪天正好在欲界天之上，它就被熏壞了，所以初禪天也會被燒壞；因此也可以確定初禪天免不了也會有一點火氣，因此這位菩薩嗅聞到的時候，他就知道這是初禪天的氣味。二禪天的氣味就不一樣了，爲什麼不同呢？因爲二禪天有定水滋潤，所以是沒有火氣的；但是因爲定水滋潤的緣故，所以二禪天有水。有水，水的氣味跟火的氣味不一樣，所以鼻根清淨的大菩薩也可以聞得出來。

那二禪天人，人數最多的是少光天，二禪天人因爲定水的滋潤，所以他們定力很好；定力好，身上就會發光，雖然人數最多的二禪天人都叫作少光天，雖然說他們的身光是少的，不是很多的，但是比起他化自在天人的身光，那可是亮得不得了！只是相對於二禪天中的其他二種天人而言，說他們叫作少光天。那麼少光天人是二禪天中人數最多的大眾，有那麼多的二禪天人，得要有人來幫著管理；那是誰有資格來管理呢？就是光明非常亮的人，叫作無量光天，無量光天就可以幫忙二禪天主來管理少光天人。

那無量光天的意思代表什麼？代表他的定更好還是更差？（有人回答：更好。）更好！更好就表示他的定水滋潤更加圓滿，所以跟少光天的氣味就不一樣了。所以菩薩一聞也就知道：「喔！這是無量光天。」所以假使有人跟你吹嘘：「哈！我入定的時候，光明放射出來，照耀了半邊天。」你就說：「原來你只是無量光天而已，那你還在二禪天裡面，太差了！你這個定還不夠瞧！」他反問你：「那你是什麼定？」你說：「我這個定啊？不可說、不可說，因爲我這個定不出也不入，永遠如是。」那你就一直跟他賣關子賣到底：「你想要知道，來正覺修學就好了！」

他央求你爲他說，央求了一整年，你說：「好啦！我透露一點給你知道，這叫作大龍之定。以外都不跟你講了，你去學了再說！」「啊？什麼大龍？」「如來藏就是大龍啊！沒有誰可以超越祂，祂既不入定也不出定啊！這個定最妙了！」所以如果有人吹噓，說他入定時光明照耀半邊天，你應該要告訴他，記得要先帶一點輕蔑的口吻來講：「啊！原來你只是二禪天！」因爲他可能連二禪天都沒聽過，實際上是他連放光都沒有，只是吹噓的；可是你這麼一講，他知道瞞不了你了！即使不是吹噓的，是眞的有光明照耀半邊天，也被你馬上把他判定了！那這叫作無量光天。

好，無量光天定水更圓滿具足，所以氣味就跟少光天不一樣。那無量光天雖然能放無量光，可是他對於這些光的作用並不能完全瞭解，他所瞭解的還是太少了，所以還不足以當二禪天的天王。二禪天的天王叫作光音天，因爲他不但有無量光，而且他的光明可以有各種無量無邊的變化，他若是想要告訴無量光天或者少光天人某些意思，不用開口，直接把身上放出來的光明作各種不同的變化，那麼大家一看就知道說：「哎！天王是告訴我們應該幹什麼。」大家就知道了。他那個光的變化，就等於我們人間用聲音來講話一樣，所以叫作光音。那他這個光明的變化就等於人間的聲音在說話一樣，這個功夫不是無量光天作得到的，少光天當然更作不到。那麼這樣看來，他的定顯然已經具足圓滿二禪的功德，無一缺漏，才能夠這樣作啊！因爲連無量光天都作不到，而他作到了，表示他的定是更好的。而且他還有悲無量心的實證，所以他的定水的味道是最分明的，一點點雜味，一點點火氣都沒有。

因爲二禪主要是在定，二禪的定跟初禪所須要的定，那個距離非常大。我以前講過，住在欲界人間而想要證得初禪，這個人間與初禪天的距離非常非常大，這是修證禪定時最困難的一關；這一關如果過了，表示他懂得如何證初禪；當他懂得如何證初禪以後，接著要證二禪就比較容易探究。因爲一般人想要證初禪時都不知道初禪該怎麼修，通常都只知道要打坐，要數息一念不生；通常都只知道這樣子，沒有誰知道是要修除性障才能得初禪，所以被這個缺乏知見的狀況所障礙，永遠不能修得初禪。

因此我說，在人間要證得初禪，這距離是最長的；這個距離——從人間到初禪這個距離，我們把它以一丈的距離作爲譬喻，那麼從初禪到二禪的距離大概只有半丈，大約只有五尺距離；可是這五尺距離，不在於修除性障等等了，主要在於定力的增長。這時雖然也說要修除性障，但這時修除性障的部分只是方便名之爲性障，其實是修除他對於初禪境界的執著，但那不叫作性障，只是因執著初禪而生起的五蓋。

好，那麼終於進入二禪了，二禪天裡的少光天、無量光天、光音天，他們定力的層次當然是不一樣的；我們現在純粹是依於定力來作區分，所以二禪天中有三個不同的層次。但是因爲定水滋潤的緣故，所以氣味也分成三個品級，各不相同；那麼這位菩薩只要聞到了那些定水的氣味，就知道說：「這是少光天。」「喔！這是無量光天。」「啊！這是光音天。」他一聞就知道了。所以二禪天的氣味有水氣，初禪天還有一點火氣。

那麼到三禪天又不一樣了，二禪天人如果能夠捨離對二禪定境的貪愛，把它捨棄了，繼續再修學禪定，在定上努力，同時要捨離對二禪境界的執著，當時雖然失去了二禪定境，他也不擔心，就回到未到地定裡面，繼續從未到地定再深入修證，一心要捨掉二禪；然後當他未到地定增長到一個程度時，第三禪就發起了。當他發起三禪的時候，氣味就變了；在初禪天還有火氣，還有少許欲界的氣味；在二禪天有水氣，因爲二禪天人需要定水滋潤，至於三禪天人呢，他們沒有欲界的火氣，沒有欲界的氣味，也沒有初禪天的火氣，他連二禪天的定水味道都沒有了，可是三禪天中卻有風的味道。風的味道比起欲、火、水來就更輕淡了，三禪天中風的氣味是很淡的，但是鼻根清淨的人是可以嗅得出來啊！

那麼三禪天人，能夠生到三禪天來，表示他們是比二禪天人更清淨的。那三禪天人生到三禪天的時候，由於他們不同的清淨層次差別，來區分爲三禪天人，或是管理者，或者是天王。所以三禪天人數最多的就叫作少淨天，雖然稱爲少淨，他們的清淨卻不是光音天所能相提並論的，因爲光音天都還沒有離開對二禪境界的貪著，才會繼續當光音天。能夠在二禪天努力排除對二禪境界的執著，或者在人間繼續努力把實證二禪境界之後所產生對二禪的執著也排除掉，才能夠發起第三禪。

那麼三禪的基本境界，也就是三禪一般的天人——少淨天的境界。少淨天的意思就是說他們是稍稍清淨了，這個清淨不是二禪天人所能比擬的，但是相對於三禪天更高層次的人而講，就叫作少淨天。這個少淨天人，既然離開了欲界、初禪、二禪的境界，心清淨了；清淨了以後氣味當然就更清淨了——沒有水氣、沒有火氣，也沒有欲界的氣味了，所以稱爲少淨天。所以他跟二禪、初禪以及欲界天，乃至人間的氣味是完全不一樣的，而且變得非常淡了。

如果有人修得更清淨，那他就不再稱爲少淨天，他就稱爲無量淨天。爲什麼是無量淨天？因爲比起少淨天來說，他所清淨的種種法難以計算，因爲證得三禪的人，他可能剛發起不久，或者他得到的三禪定境就只是那麼一點點，所以他生到三禪天去，就只能成爲少淨天；因爲他的清淨修得還不夠，還差太多了。那麼繼續努力以後，修除了很多對於下地境界的執著，心地更清淨了，所以使他成爲無量淨天，但他畢竟還沒有完全清淨。

如果是完全清淨的三禪天人，他如果再加修喜無量心而得圓滿具足，就當上三禪的天王了，就叫作遍淨天。就是遍一切二禪天境界的執著，他完全修除、完全不存在了，已經完全清淨了，所以叫作遍淨天。那麼遍淨天就是三禪天中最清淨的人，所以他統領三禪天，成爲三禪天的天王。因此他所散發出來的氣味是最淡的，三禪天人沒有人比他更清淨、更淡，所以鼻根清淨的菩薩一聞，就會知道他是三禪天王。

那麼如果懂得修定，知道上面還有四禪天的層次，所以他要把對三禪天的境界，或者對於三禪定境的執受排除掉，繼續把未到地定增長到完全的定力，心都不動而不需要各種能量來維持生命了，單憑定力就能維持著，這時息脈俱斷，他死後就可以生到四禪天去。那麼生到四禪天去以後，氣味有什麼不一樣？一定不同。因爲三禪天人還得要呼吸啊！既然還得要呼吸，就表示那裡還有空氣，有空氣所以才會有風嘛！有風就難免有時會有風災。就好像二禪天須要水氣才能生存，所以若出現三界中最大的水災時，就把二禪天給淹了。那麼初禪天離欲界很近，欲界有火，欲火燒燃就把欲界全部燒盡，那欲界天燒起來的時候會把初禪天也熏壞，所以說初禪天還有火氣。至於四禪天人是不用呼吸的，不用呼吸就表示那裡沒有空氣；沒有空氣的時候，那味道就更淡了，淡到很難以形容。對人類而言眞的無法形容，可是對於這位鼻根清淨的菩薩而言，那依舊是可以嗅聞而知。

那麼四禪天有四種天人，第一種天是人數最多的，叫作無雲天；第二種天人叫作福生天，第三種天人就是天王——廣果天，他當上天王以前得要先修得捨無量心。可是有的人有廣果天的定境，他卻不想要，一心想著要入涅槃，可是又怕入了涅槃會變成斷滅，所以他把覺知心滅了，留著四禪天人的色身，不會成為斷滅，就成為無想天人。因為他不知道滅了五蘊以後還有意根存在，也不知道還有第八識如來藏存在，不是斷滅空。他只知道有六個識，所以他怕六個識全滅了以後會成為斷滅空，那他就要留著四禪天的色身，以免斷滅。於是他打坐留著色身，把覺知心滅了，以為那樣就是無餘涅槃，這種人就叫作無想天。或者叫作無知天，《阿含經》中 世尊開示說「想亦是知」，所以無想也就是無知。他把六識全都滅了，住在無想定裡面，這叫作無想天。這就是四禪天裡面的第四天，但四禪天王是廣果天。

那麼四禪天中人數最多的就叫作無雲天。以前有一位學佛人一天到晚掛在嘴邊，囂囂嚷嚷說：「我打坐啊，坐到萬里無雲萬里天。」我心裡面都不好意思說他：「你放屁！」（大眾笑⋯）因為以前我沒有出來弘法，也不當大師，只是大眾聚會論法，我們就不必講人家什麼，聽了就過去了，所以我就說：「喔！好厲害、好厲害！」這樣講就好了，講他那麼多幹什麼，反正他也聽不懂。

那麼我想，他現在也應該七十好幾了，如果他還在人間。他住在北投——新北投，如果他如今還在，哪一天聽說我蕭平實現在講堂這麼多，心想：「我來會一會蕭平實，看他跟以前有什麼不同。」那我就不跟他談法，我專門跟他講禪定就好。我說：「欸！你以前坐到萬里無雲萬里天，請問你那個萬里是怎麼算的？」然後再來第二問：「請問你在那個萬里無雲萬里天的境界中，你心臟還跳不跳，還呼吸不呼吸？」先問這個。當然你們知道我這樣問是要幹什麼，所以我說那都是誇大其詞！我們是從來不誇大的，我們總是如實說。

這意思是說，四禪天人是不呼吸的，表示那個地方是不需要空氣的，所以四禪天中沒有空氣。但三禪天一定有空氣，所以才會有風；因此當風劫來的時候，就把三禪天也給吹壞了。這表示如果誰修證禪定，他沒有辦法坐到息脈俱斷的定境，就表示他將來往生色界天時，一定是在三禪天之內，不可能生到四禪天去；因爲他若是往生到那邊去，就不能生存了。四禪天是沒有呼吸的，單憑第四禪的定力生存；你在三禪天裡面還要呼吸，若是沒有第四禪定力，往生到那邊去，不是馬上就得死了嗎？沒辦法活命啦！這些道理得要懂。那我爲什麼要講解這些道理？因爲從這一些層次的瞭解，將來修禪定的時候，可以知道現在自己豎出三界時，到底往上生以後會生到什麼層次，是不是眞的出三界了？這是一定要瞭解的，否則隨便坐到一念不生，就說他證得無雲天的境界，或者說他出三界了，就說那叫作涅槃，那就是大妄語了。

話說回來，四禪天的第一天叫作無雲天。爲什麼叫作無雲天？好奇怪的名字，對不對？這是因爲三禪天還有風，表示還有稀薄的空氣，於是容許有淡淡的雲；那麼四禪天中沒有風，表示全無空氣了，當然不可能有雲；可是三禪天有風，沒有水氣就不可能有雲啊！那麼三禪天也應該可以叫無雲天吧？但爲什麼三禪天卻不能叫作無雲天？所以這個名詞有一點怪，對不對？其實不怪，你只要瞭解了就不怪。

這是說從空居天，也就是從夜摩天開始，一直到三禪天爲止，他們天人行來去止，所走的大地都如同踩在雲上面一樣，大地如雲。可是到了四禪的第一天就沒有這個現象，所以叫作無雲天，他們的大地不是像三禪以下地面如同雲一樣，踩在雲上就像踩在棉花上面一樣，這樣講就差不多了；只是你太重了，所以棉花要很硬才行。那越往上天人越來越輕，因爲他色身的物質要越來越微細；但是到三禪天爲止，大地踩著都好像踩在雲上，所以叫作有雲之天；那麼到了第四禪呢，這個現象消失了，所以叫作無雲天。在三禪天中，由於二禪天的定水往上熏，也會有極少量的水分，才會有極輕淡的幾乎不存在的雲，還可以說是有雲的境界，但四禪天距離二禪天已經很遠了，定水是熏不到的，也就是稱爲無雲天。無雲天是四禪天中人數最多的一類。

那無雲天的天人們，是說他們對於四禪的證量，不是很圓滿、很具足，也不是很堅固。從初禪到四禪天都區分爲不同的三種天人，初禪有三種天，二禪也有三種天，三禪也是有三種天，只有第四禪才有四種天。其實四禪天人本質也是三種天，我們繼續再來說它。那麼這個無雲天，因爲四禪的定境不是圓滿具足的，所以他們不可能具足四禪天中的壽命，大多會中夭；就好像初禪的梵眾天、梵輔天，一樣會有中夭的現象，具足壽命的是梵天王。二禪天、三禪天也是如此，四禪天也是一樣。在四禪天中有一點不同，我們再來說明。

四禪天人最多的就是無雲天，無雲天人如果繼續努力修行，禪定更好，就會因爲四禪的證量提高，產生不同的福德，就會由於他四禪證量的比較具足圓滿，產生了許多福德幫助他在世間法，或者出世間法上面可以自利、利他，所以叫作福生天，這就是四禪的第二天。這個福生天的福德，是遠比無雲天要廣大的，可是終究不如天王——廣果天。廣果天是四禪證量圓滿的人，當他四禪證量圓滿的時候，又修得捨無量心，那他在四禪天中的壽命就是具足圓滿的，是四禪天人中壽命最長的人，由他來當四禪天王。

那麼這時就談到壽命了，爲什麼四禪天人的大部分人會中夭，沒有辦法像天王一樣具足壽命？因爲他們對於那一天的境界，或者說對於第四禪的境界有所執著；有所執著就不能圓滿證得，不能圓滿證得就會中夭；所以色界天的天人壽命都是一樣受制於禪定，想要具足那一天的壽命，就要對於那一天的境界完全不執著，繼續加深禪定的證量；所以實證了那個禪定的全部內涵，又加修了應該修證的四無量心全部，他才能夠具足壽命。

那麼廣果天，是對於四禪天的境界，也就是他在人間的時候，對四禪的等持、等至所有境界都具足圓滿證得，並且他沒有執著，又加修了捨無量心而具足四無量心時，他可以藉四禪定力發起許多功德來；當然，當他沒有無漏法的實證來配合時，他就只有世間法上的功德了。那麼有這個功德，他對於四禪所應該有的果報是非常廣大的；這不是福生天，更不是無雲天所能夠比較的，所以叫作廣果天。

他的果報非常廣大，可是我們剛剛說：四禪天中有四種天人，其實只有三種天人。爲什麼呢？因爲無想天人跟廣果天人的果報是一樣的，無想天人也是具足四禪的，才能夠滅除六識覺知而進入無想定中；所以如果他修得的四禪是不圓滿的、不具足的，他是無法證得無想定的。那他可以證得無想定，表示他已具足廣果天的功德；可是爲什麼他不當廣果天呢？爲何不去當四禪天的天王呢？因爲他對這個沒興趣，他想要的是出離三界生死而入無餘涅槃，想要免除掉輪迴生死。

那麼問題來了，因爲他不是佛弟子，或者他雖然是個佛弟子，但是他沒有實證解脫道的智慧。譬如現在佛門都說什麼叫作涅槃？他們宣稱：「我早就證得了。」喔？他們宣稱已經證得了，而他們說什麼叫作涅槃？只是一念不生。他們說：「我捨報的時候一念不生，那時就是無餘涅槃。涅槃中是一念不生的。」那麼這個其實是太粗淺、太粗淺的外道涅槃，因爲這個只是五現涅槃中的第一種而已，跟密宗雙身法的外道涅槃差不了多少。

附佛外道密宗不是講「輪涅不二」嗎？他們說輪迴跟涅槃不二，其實是妄語。咱們正覺才有資格說是輪涅不二，他們哪有資格？咱們在輪迴當中就是本來自性清淨涅槃，生死輪迴也是在不生不滅、不生不死之中輪迴。這樣實證而能現觀，才有資格說輪涅不二。密宗只是看見大乘經中有這個聖教，他們就來發明說自己也是輪涅不二，其實只是外道五種現見涅槃裡的第一種而已，依舊是叫作外道涅槃：「我現前五欲自恣，這覺知心是常住不滅的。」這叫作睜眼說瞎話。

就像宗喀巴在《密宗道次第廣論》中說：「這個第四喜的快樂是常住不變，是本來而有。」哪裡是本來而有？所以他根本不懂什麼叫作生滅法，什麼叫作世間或出世間。那麼當他不懂三界境界的時候，連這種次法都不懂的時候，你想要跟他談涅槃，想要爲他說明雙身法第四喜的境界只是欲界人間的境界，這還眞的很難爲他說明，因爲他還不懂解脫道中應該先修學的次法，連三界境界都還不懂，因此不管你怎麼樣解說「這個第四喜境界是生滅法」，他總是不信也不懂。那只好跟他談這一點說：「你這個雙身法中的第四喜境界，你說是常住不滅的，請問你：如果超越欲界，往生到色界去，還有這四喜嗎？你連初喜都沒了！」他一聽，覺得奇怪而說：「這是什麼意思？我聽不懂。」可是他不會說是聽不懂，還會故意跟你籠罩說：「哎！你聽不懂樂空雙運啦！我不跟你講了！」哪一天宗喀巴來到你們面前時，就是這個樣子，慣會籠罩人。所以外道們不懂，佛門裡面也有佛門外道，一樣也不懂，就認爲一念不生時就是無餘涅槃。

那麼如何能證涅槃？證得四禪圓滿具足的外道，不管他是在佛門內，或者是佛門外的外道，都叫作外道，因爲外於眞實心而求眞實法！心外求法就名之爲外道。這些外道們沒有解脫的正知正見，沒有解脫道的智慧，所以他們想：「聽人家說無餘涅槃是沒有覺知的，所以叫作涅槃寂靜，那我想要符合三法印之一的『涅槃寂靜』，我該怎麼辦？喔！原來我就是要把六個識滅掉，不再現起了；當我的六識不現起時，我就無覺無知，既沒有想也沒有知了，那就是無餘涅槃了，這眞的是寂靜啦！」

因爲他知道只要有六塵，即使只剩下一塵，例如法塵，也是不寂靜的，因爲覺知心還存在——還有意識存在，那就不寂靜了！他們懂這一點，可是一知半解，因此就想：「那我修到第四禪了，我現在只要把知覺滅掉，無呼吸也無脈搏，就成爲無餘涅槃。可是我如果這樣把自己連色身都滅掉的時候，豈不是變成斷滅了嗎？」因爲他不知道還有意根，也不知道還有如來藏，所以他想：「我這六個識覺知心全都滅掉，如果我再把色身也滅了，那不就變成斷滅了？」所以他就留著四禪天身在他的四禪天宮殿裡面坐著，把覺知心滅掉，認爲就是入了無餘涅槃，以爲就是解脫生死輪迴了。

所以無想定外道進入無餘涅槃，在他們所謂的無餘涅槃中，其實是上生到四禪天的無想天中。這一類無想天人大部分—絕大多數—是不中夭的。絕大多數無想天是怎麼樣呢？是五百大劫過完然後出定了，一看到自己還在，才驚覺說：「我怎麼不是在無餘涅槃裡面？我怎麼還在這裡？」可是他們還來不及想，只是知道而已，接著就下墮了，又回到人間了；回到人間時卻不一定還能當人，就很可憐了。所以這種人其實跟廣果天是同一類的人，只是因為他們一心求涅槃而求錯了，所以入了無想定去，死後就成為無想天人。

所以你哪天如果夢見生到四禪天去，你就四處去逛逛，看看有誰坐在宮殿裡面一動也不動；不論你怎麼樣呼喚，他都聽不見，你就知道那是外道涅槃中的無想天人。如果夢見了，記得試試看。怕的是難，因為層次不同，你大約是見不到他們的，除非你已經有廣果天的境界了。

這就是四禪天人，所以我說四禪天人其實只有三種，因為廣果天、無想天是同一類的天人，只是有沒有錯會涅槃而妄求的差別。那麼無雲天雖然氣味很淡了，可是他跟福生天畢竟有所不同；因為福生天出生了很多四禪天的天福，因此都以禪悅自娛，那氣味就有所不同；無雲天的氣味是比較差的，福生天是比較清淨的。可是廣果天的氣味又不一樣，他在利樂四禪諸天的天人，有時他也在利樂欲界天或者三禪天等諸天人，或者人間的諸人；因為他有許多的功德果報出現，他也有悲心願意利樂大眾，自心又能捨離以下諸天境界的貪著，所以他氣味又不同，那是清淨的氣味。至於無想天人，幾乎沒有氣味，因為他都住在無想定中，沒有六識在活動了，所以這菩薩一聞就知道那氣味是不一樣的。

可是這段經文中說「乃至于有頂」，表示還有色界天中的有頂天境界。四禪天還不到色界頂，因爲色界之中層次最高的是色究竟天，可是色究竟天下面還有四天，不歸四禪天王管轄，這五天總共合起來叫作五不還天。凡是往生到這裡來的人，是永遠都不會再回到人間的，除非是菩薩。那麼這五天的氣味也是不同的，因爲這些天人都有無漏法，所以氣味就不一樣，完全是清淨的香氣；但香氣很淡，因爲是無漏法。那麼這個五不還天，其實很容易記，它叫作無煩、無熱、善見、善現，那最後一天諸位都知道——色究竟天。

那這四天的有情爲什麼氣味不一樣？跟色究竟天又爲什麼不同？因爲有無漏法作爲他們的所依，心地清淨氣味就不同。往生到五不還天的人，最少得要是三果人；有這種無漏法作爲所依，而且是具足四禪證量的人，所以氣味絕對不同於四禪天人。四禪天人是沒有無漏法作所依的，除非是上流處般涅槃中的第七品最差的三果人，才會生在初禪、二禪、三禪天、四禪天中，否則他就直接生到五不還天去了！心中無煩，有無漏法的智慧作爲所依，氣味是清淨的，但還是有氣味！這就是無煩天。菩薩經由氣味的聞香，就會知道這是無煩天。

可是無煩，有時候心頭有熱啊！怎麼樣才是究竟？始終作不到，所以繼續住在無煩天裡面，那他終於弄清楚了，他可以往上再進升了，所以心頭沒有熱惱，那他就往上生成爲無熱天了。那無熱天繼續再修行以後，於解脫等善妙法能夠善於見聞，是說他有時可以不必經由聽聞，自己也能夠漸次親見，所以這就叫作善見天。善見之後具足圓滿，就能善現，是有層次的。然後善現圓滿了，就可以去到色究竟天，親近報身佛了；這時法樂無窮，氣味又跟下四天不同，所以鼻根清淨的菩薩經由聞香是可以知道的，因爲其中有所差別。

只是說，我們知道這個道理，但眞正有那個氣味來的時候，我們嗅都嗅不到，因爲鼻根還沒有清淨。就算你能夠善轉《妙法蓮華經》而眼根清淨也沒用，你沒有努力修行到鼻根清淨就作不到。縱使讓你聞到了你也不知道，因爲你的智慧不夠，就無法瞭解這是什麼樣的香味，是什麼樣的人？他是哪一天的境界？你就不知道了。當你知道這些道理，將來你鼻根清淨了，也能夠爲人常轉《妙法蓮華經》，你那時候嗅聞了就一一知道了。我只能把原理告訴你，可是我也嗅不到啊！因爲我鼻根還沒清淨，只好自己安分一點。老實招認就沒有過失，千萬不要自我膨脹了。

可是「有頂」，差一點漏了講，「有頂」還有一種解釋。「有頂」例如四禪頂還有一種境界，叫作大自在天；這個大自在天不是他化自在天那個大自在天，他化自在天有個天王叫作大自在天，其實往往是天魔波旬所擔任；但這裡講的大自在天王不是欲界頂那個大自在天，而是十地滿心菩薩在那裡建設他的淨土。在四禪天之上建設一個淨土，是十地滿心菩薩所建立的，提供給住地菩薩，譬如說八地、七地、五地、四地等菩薩，至少得是四地心才能去那邊安住。

就好像 文殊師利菩薩在娑婆世界下方虛空中也有淨土，那都是四地以上菩薩才能去的地方。同樣的，大自在天這個十地的淨土，非三界非非三界，跟極樂世界的性質一樣，這就屬於大自在天的淨土，專門攝受住地菩薩們。不過極樂世界跟這個又有一點不同，因為這是四禪天之上，極樂世界則是 阿彌陀佛太慈悲了，所以施設了三品往生，連凡夫也攝受。那麼凡夫在那邊需不需要飲食呢？要啊！下品生人是需要飲食的，因此那個世界是特別包容的，是因為 彌陀世尊太慈悲的緣故；但是卻方便說不屬於三界，因為不在三界世間裡輪迴生死，但是仍然有五蘊、十八界，所以又不在三界外，屬於淨土世界。那麼這裡是說，從人間、欲界天、初禪、二禪、三禪、四禪到五不還天，這位受持《妙法蓮華經》的菩薩，因爲鼻根清淨，所以他都能嗅聞，都能夠知道。今天講到這裡。

《妙法蓮華經》上週講到一百六十六頁第一行，那麼今天要從第二行開始說。上週講了那四句偈，等於是從人間講到色究竟天，說爲人演說《法華經》的鼻根清淨菩薩都能嗅聞而知。可是今天還得要補充無色界給諸位瞭解，雖然經文中沒有講到無色界，那是因爲聞香之所限制，只能到色界頂爲止；那麼無色界無法嗅聞，所以就沒說。但還是要補充一下，因爲無色界一併說了以後，大家對於三界的概念就比較清晰；瞭解三界的境界以後，對於自己是否有能力出離三界，在解脫道中所證的果位是如何，就可以有一個具體的理解，不會像那一些凡夫大師一樣，動不動就說他是阿羅漢了，就可以避免大妄語業。

避免大妄語業非常重要，因爲可以使自己未來世的道業一帆風順，不會迂曲難達。那麼有很多人犯了大妄語業，他們自己並不知道，然後來指責我們不犯大妄語業的人是大妄語，這是十年前的景況；現在除了密宗敢寫文字隨便罵我們以外，顯教的法師們已經不會了，頂多是私底下口頭發發牢騷，不敢落實在文字上來誹謗我們。因爲顯教的這一些道場法師們進步了，進步的原因是因爲我們說了許許多多的法，函蓋面很廣，所以信徒們多多少少都有在讀，他們就不能不跟著讀，以免一問三不知；因此大家的知見水平提升了，他們籠罩不了人了，所以他們不得不來研究到底正覺所弘揚的法是什麼？開悟的內涵又是什麼？所以如果有誰告訴我說：「**我又發現另一個大山頭有個研究小組，專門在研讀導師的書。**」我也不意外，因爲這是用膝蓋想就知道的，一定是如此的。

那麼話說回來，瞭解三界的境界，對於道業是有實際上的印證作用；所以世尊說法一定有四種悉檀，對一般的初學人則有對治悉檀，對於個別的修行人有爲人悉檀，但是也要講到世界悉檀，才能配合第一義悉檀，而對佛法有全面的理解。因此世界悉檀很重要，是因爲在解脫道或者佛菩提道這兩大甘露法門中，是否實證、是否眞得解脫了，要從世界悉檀的施設和解說的內涵，來讓大家理解，大家就可以瞭解現在自己修學聲聞解脫道，或者修學大乘的佛菩提道，是否具備了出離三界生死的功德。

這個功德的研判，是要從理解三界內涵來作標準，才能界定清楚。如果對於三界的內涵都不瞭解，那麼自己修證的內涵到底有沒有達到出離三界生死的功德，自己並沒有能力來具足研判，可能就會產生了大妄語業，所以世界悉檀的重要就在這裡。如果諸位有閱讀阿含部，會看到阿含部裡面有一部經典叫作《起世因本經》，或者另外一個譯名叫作《大樓炭經》，講的就是世界初成以及三界的境界，讓大家瞭解三界是怎麼來的，有什麼樣的層次；所以這世界悉檀的那一部經講那麼長，即使二乘人結集經典一向都很短的，而那部經卻不短。爲什麼要集結那麼詳細？因爲那是可以作爲二乘解脫道的修行者，研判自己是否已經出離生死的標準。

出離生死是不受後有啊！那不受後有，總不能夠說不受欲界有就叫作不受後有，因爲這不足以出離三界生死，所以不受後有的界定一定要函蓋三界有，不單是欲界有。那麼三界有，表示從欲界、色界到達無色界的時候，無色界雖然無形無色，沒有色陰，但仍然是三界有之一，所以這個部分還是需要補充一下。

無色界在這段經文中雖然沒提到，原因是因爲他們無形無色，沒有香味可聞；而且都是在等至位中，也沒有一般的心行可說，就與菩薩的聞香無關了。如果在等持位中就有心行可說，菩薩就可以聞香，知道這是什麼樣的無色界有情；但因爲無形無色，就沒有一般的心行，只有等至位中一念不生的心行，無法嗅聞他們的香味。四空天的眾生都住在等至位中，都是離念靈知，也就是住在四空定中的離念靈知，所以無香可聞，除非他們示現到色界天中來，因此在這四句偈裡面就沒有談到無色界的香。

那麼對這四空天也能夠超越了，才能夠說是出離三界生死了。四空天就是說，一般的四禪天人譬如無雲天、福生天、廣果天，他們有一天在禪定境界探討了「爲何這還不能夠出離生死」？因爲仍然有色界天的五陰存在；雖然不像欲界中具足十八界，但畢竟還有五陰，人間的十八界也只是扣掉了六界（編案：鼻根、香塵、鼻識，舌根、味塵、舌識）而已，所以仍然是有五陰的。那麼有情最大的災患就是有五陰身，因爲有五陰身就會有生與死。色界天人不免生死，是因爲還有五陰，所以他們在等持位中想通了這一點，於是就把色陰的執著斷除，因此他們在四禪天中入定時證得了四空定中的第一個，就是空無邊處。當他的心住入空無邊處，不再被色陰所侷限，那他死後就會生到空無邊處。

那麼空無邊處爲什麼叫作「處」？而四禪天、五不還天以下諸天都不叫作處？爲什麼叫作空無邊處，而不把它叫作空無邊天？其實它也是天啊！但因爲它沒有形色、沒有色陰了，不具備天人之相，所以就稱爲空無邊處；它只是一個「名」而無「色」，就是受想行識所住的處所；在這個時候意根是存在的，定境法塵也存在，意識也是存在的，但其他的呢？例如眼識、身識……等，已經不存在了；所以耳識當然也不存在了，這時只剩下三種界，就是十八界裡面的三界，也就是意根、定境法塵以及意識，有意識住在這個境界裡面。

但他們的境界並不是天人，雖然他們的層次比色界天還要高，但不是天人，因爲沒有色陰而不能稱其爲人。除非他們有一天，應該不能說「一天」，因爲空無邊處沒有「一天」這個日子可說，不能說一天又一天。如果說有一個時節，他們動了心想要到色界天來，因此化現了色界天身來到色界天中，那時才能夠稱他爲天人，否則他在四空定裡面，例如在空無邊處定裡面都是住在定中，就把他們的境界叫作空無邊處，不叫作空無邊天。而他們所住的境界是迴無一物，就是空，這個空的境界是無邊廣大的，所以叫作空無邊處。

那麼他在四禪天的等至位中這樣安住久了，定力堅固了，如果有一天他在等持位中思索——在空無邊處的等持位中思索，這究竟有沒有出離三界生死？他會發覺：「這依舊是無色界，不是三界外；不行！這樣一直住下去，定力還是會停滯不前，無法繼續往上提升。」這時他就想：「這個定之所以成就，無非是意識緣於定力而得；那麼緣於空無邊處，定力不能增長，倒不如回頭往意識自己的心境裡面來安住。」那麼這樣安住的時候，他就進入識無邊處了。他就從等至位進入空無邊處的等持位中，然後去觀察就轉入了識無邊處。

爲何這個境界要叫作識無邊處？因爲發覺意識的這個功德無量無邊，無有中斷的時候。推究過去的意識，推究現在的意識、未來的意識，識的種子是無量無邊的；一世又一世的意識不同，但是種子無量，所以每一世都會有意識，不可能窮盡，所以發覺這也是無量無邊的境界，叫作識無邊處。因爲這個識無邊處的定境仍然沒有色身，他如果死後生到識無邊處去，那裡是純粹精神境界，沒有色陰，所以不叫作天人，但是層次比四禪天更高，所以還是屬於天，叫作無色界天。

那麼在識無邊處緣於意識自心的境界，發覺種子無量無邊，所能獲得的境界也就到此爲止，不能再提升，依舊不出三界。所以他還沒有往生到無色界之前，也許哪一天他從識無邊處的等至位又退回來等持位中，再去觀察、思惟，他發覺其實是應該住於無所緣的境界中，既不要緣於空，也不要緣於識，這就無所緣，應該比較符合出三界的正見，所以他把所緣的識—意識自己—放棄了，不再緣於自己，就這樣無所緣而安住。這雖然仍然是意識的境界，但意識已經不作任何所緣，所以他成爲無所有處；這是空無邊處捨了，識無邊處也捨了，這時住於無所有處中。無所有處的境界就覺得很勝妙，就這樣子安住。如果他在四禪天中沒有再轉進，那麼捨報之後就生到無所有處去了，仍然叫作無所有處天，但不叫無所有處天人。

那麼如果他在人間或者在四禪天中，曾經聽聞佛法，知道無餘涅槃中是要滅盡十八界的，可是沒有善知識教導，以致於他無法斷我見，心中又不信或不知還有第八識的存在，他就想：「無所有處既然不究竟，那麼應該捨了。」

可是捨了以後，其實無所有處中並無可捨；因爲在無所有處中已經都無所緣了，還要捨什麼？但卻還是在三界中，最後就依照那個知見說：「應該要捨掉意識自己吧？連意識自己也不要存在了。」可是他又怕這樣會變成斷滅啊！因爲這個緣故，他既沒有辦法斷我見，就讓意識不斷地存在；可是他不反緣意識自己，以爲不反觀意識自己時就是空的證悟，誤以爲就是出三界的涅槃，因此他就從無所有處定轉入非想非非想定中。這時他以爲非想非非想定中就是無餘涅槃，可是卻依舊不是無餘涅槃，只是非想非非想定。

那麼爲何會有非想與非非想兩種名稱呢？非想、非非想是兩個不同的境界，這時候卻合在一起。非非想，是說他其實並不是完全沒有知；他在非想非非想定中其實仍然有知，所以叫作非非想；但爲什麼在非非想前面要被冠上一個非想？非想就是無想，就是無知；爲什麼說他非非想——非無知？因爲他的意識還在，只要意識在就一定有知，不可能有人意識還在的時候而無知的——不可能有人意識在的時候是離見聞覺知的；所以他只是不反觀自己，就不知道自己的存在——不知道自己還有覺知；但他其實仍然是有覺知的，只是所覺知的是非想非非想處的定境法塵，不了知自己的存在，誤以爲就是出三界的無我境界的無餘涅槃。

這時他自以爲自己是不存在的，其實意識依舊還在；意識在就一定有知，只是那個知太微細，自己沒有反觀而察覺不出來，以爲已經沒有自己、沒有知了，所以叫作「非想」，非想就是非知。所以非想非非想定，有時候譯作非知非非知定；就如同無想定，也可以翻譯作無知定。那麼這表示說，即使他轉入了非想非非想處裡面，如果他的這個定是具足圓滿的，那麼他將來捨報會作涅槃想，死後會往生到非想非非想天去，最後的結果是具足八萬大劫的壽命，然後突然一念心動又下來人間。

可是他下來人間時不一定還能當人，因爲他已經把所有的福德享盡了，剩下一些小惡業，那諸位想想他下來人間會成爲什麼眾生？大概是以後人家要叫牠阿花、小黑；當狗去了，或者當什麼樣的畜生。甚至於更適合當毛毛蟲，因爲他在那八萬大劫裡面都是離念靈知，一念不生，連自己都不反觀，像不像毛毛蟲？毛毛蟲生來就一直吃、一直吃，牠們都不反觀自己，只懂得餓了就一直吃，吃到夠大了，然後變成蛹；正當變成蛹的過程中，牠會想東想西嗎？不會！就只有一個作意，使牠一念不生而繼續演變，後來變成蝴蝶、變成蛾等等。非想非非想定的境界是不是很適合這樣的樣態？太適合了！那他如果是中夭的，可能沒有住上八萬大劫，沒有住上四萬大劫，也可能半個大劫就下來人間了，才比較有可能去當狗，所以死後往生非想非非想天並不好。

那麼講了這無色界的四種境界，諸位不要以為說這四個境界很難證，只要你有四禪的實證，這四個境界就很容易證。我前面有提示過，從欲界到初禪的距離是最長的；其實我說長並不是因為它距離長，而是因為難以轉變，所以從欲界之中要修得初禪很困難，這是破除定障時的最大關卡。這個關卡如果過了，譬如人間到初禪天假使有一丈，那麼從初禪到二禪，距離只剩下半丈——五尺。那麼二禪到三禪，三禪到四禪，都只要兩尺半就夠了。可是你從四禪到空無邊處、識無邊處、無所有處，這些轉進，各各都不用一尺長的距離；因為這是你一弄清楚了，一轉就過去了。

當然諸位也許會覺得奇怪：應該越上面越難修吧？不然！四禪八定是越低層次的越難修。好！這無色界的層次順便告訴大家了，讓大家瞭解要有這樣的實證，最後能把我見斷了，就從非想非非想定中取證滅盡定，才說他能夠出離三界生死，就是自己有把握不受後有，不是想像的喔！不然就是要有慧解脫的實證，死時直接從人間的初禪或二禪境界中，滅盡後有而入無餘涅槃。有的人會想像：「我下輩子不想來人間，我就不再來。」但他眞的可以不來嗎？當他到了中陰的階段，第一次的中陰身七天後壞掉時，心中惶惶然說：「原來我不能不來人間。」於是他就趕快投胎去了。

我見沒有斷、我執沒有斷，怎麼可能不再來？那只是自以爲是。同樣的，學佛人之中也有人說：「我喔！我確定不會生到色界天去啦！色界天的境界我也不要啦！那我對無色界天，也是不要去啦！我就這樣消失了。」但他憑什麼可以消失而不在三界中繼續受生？他的我見都沒有斷除啊！而他所謂的消失是什麼？是說：「我就保持離念靈知、一念不生，不去投胎也不生到三界中來。」但問題是：離念靈知是三界中的境界啊，怎麼能夠把三界中的境界認定是三界外？等於是要把三界境界拿到三界外去。其實沒有三界外這回事，滅掉了三界法就叫作出三界，可是出三界沒有界，它不是一個有範圍的境界。

那麼這樣大家就懂了，知道一切人在解脫道、佛菩提道的實證上，有沒有出三界呢？就可以從三界這些境界相去作檢驗。「如果我要能夠超越欲界，那不是口說為憑，也不是寫了文書說：『爰立字據為憑。』」不是這個意思。而是說，你能夠發起初禪，並且使初禪堅固不退轉，確實是超越欲界的，你才能夠說：「我超越了欲界，我後世不再生於欲界中。」才能這麼說。同樣的說：「我不再生於初禪天中。」那也得要超越於初禪天，發起了二禪，而且二禪是堅固不退的，才可以說：「我絕對不會再生到初禪天來。」是要有那個實證作為依據才可以說的，否則就成為未證謂證，成為沒有實證而說他已經實證了。這個是大妄語，三界法中的大妄語。

那如果說：「我絕對有把握不會再出生到色界天去。」那他得要超越第四禪，證得四空定，才可以說他真的超越了色界天。那麼出三界也是一樣的道理，得要有慧解脫的實證，證實自己是有能力不受後有的，也就是三界各種層次的有全部不受，超脫於三界境界了，這時才可以說他是慧解脫。乃至俱解脫、三明六通的解脫也是一樣的道理，都要有實證的內涵才可以宣稱，否則就是大妄語！前面我們說過大妄語——未得言得、未證謂證的人，死時不說他要死了，竟說他要入涅槃了；所以當他死後，「眾人信起塔，而自入地獄」。大家因爲相信他眞的入涅槃了，所以爲他造了涅槃塔，把他的骨灰放到涅槃塔中供養；還寫了碑銘，文辭並茂，結果那文辭並茂的碑銘他受用不到，反倒成了他的入住地獄申請書，他得住在地獄中受苦。所以這個無色界的境界也要給大家知道，以免誤犯大妄語業。

但是《法華經》這四句偈裡面爲什麼不談無色界的境界呢？這也要讓大家知道，是因爲沒有色陰；無色界的境界裡面都沒有一般天人的心行，因爲不在等持位中，通常的情況下，一旦離開等至位而轉入等持位，接著就下墮了；所以在無色界中的有情，這鼻根清淨的菩薩是聞不到的，是因爲他沒有色陰、沒有意識的心行，就沒有味道。

那麼菩薩也不會生到無色界去，沒有菩薩願意受生到無色界的；因爲生到無色界的只有聲聞人求解脫，也就是最鈍根的三果人，次第經歷色界天、無色界天之後，才能出離三界而入無餘涅槃。菩薩如果想要往生無色界，諸佛、諸大菩薩都會訶責他、會責備他，往往就直接罵他：「汝愚癡人！」說「你是個愚癡人」。那如果沒有人罵，他就要在無色界中耽擱他的道業很久，所以有人罵才是幸福的人。可是有的人受不了罵，我如果講他一句，他就賭氣走人了，那就沒救了。因爲有人罵才是幸福，就不會走冤枉路。

（未完，詳續第十八輯續說。）

佛教正覺同修會〈修學佛道次第表〉

第一階段

＊以憶佛及拜佛方式修習動中定力。
＊學第一義佛法及禪法知見。
＊無相拜佛功夫成就。
＊具備一念相續功夫—動靜中皆能看話頭。
＊努力培植福德資糧，勤修三福淨業。

第二階段

＊參話頭，參公案。
＊開悟明心，一片悟境。
＊鍛鍊功夫求見佛性。
＊眼見佛性〈餘五根亦如是〉親見世界如幻，成就如幻觀。
＊學習禪門差別智。
＊深入第一義經典。
＊修除性障及隨分修學禪定。
＊修證十行位陽焰觀。

第三階段

＊學一切種智真實正理—楞伽經、解深密經、成唯識論…。
＊參究末後句。
＊解悟末後句。
＊透牢關—親自體驗所悟末後句境界，親見實相，無得無失。
＊救護一切衆生迴向正道。護持了義正法，修證十迴向位如夢觀。
＊發十無盡願，修習百法明門，親證猶如鏡像現觀。
＊修除五蓋，發起禪定。持一切善法戒。親證猶如光影現觀。
＊進修四禪八定、四無量心、五神通。進修大乘種智，求證猶如谷響現觀。

佛菩提二主要道次第概要表——二道並修，以外無別佛法

佛菩提道——大菩提道

十信位修集信心——一劫乃至一萬劫

遠波羅蜜多

資糧位

初住位修集布施功德（以財施爲主）。

二住位修集持戒功德。

三住位修集忍辱功德。

四住位修集精進功德。

五住位修集禪定功德。

六住位修集般若功德（熏習般若中觀及斷我見，加行位也）。

外門廣修六度萬行

見道位

七住位明心般若正觀現前，親證本來自性清淨涅槃。

八住位起於一切法現觀般若中道。漸除性障。

十住位眼見佛性，世界如幻觀成就。

一至十行位，於廣行六度萬行中，依般若中道慧，現觀陰處界猶如陽焰，至第十行滿心位，陽焰觀成就。

一至十迴向位熏習一切種智；修除性障，唯留最後一分思惑不斷。第十迴向滿心位成就菩薩道如夢觀。

內門廣修六度萬行

初地：第十迴向位滿心時，成就道種智一分（八識心王一一親證後，領受五法、三自性、七種第一義、七種性自性、二種無我法）復由勇發十無盡願，成通達位菩薩。復又永伏性障而不具斷，能證慧解脫而不取證，由大願故留惑潤生。此地主修法施波羅蜜多及百法明門。證「猶如鏡像」現觀，故滿初地心。

二地：初地功德滿足以後，再成就道種智一分而入二地；主修戒波羅蜜多及一切種智。滿心位成就「猶如光影」現觀，戒行自然清淨。

解脫道：二乘菩提

斷三縛結，成初果解脫

薄貪瞋癡，成二果解脫

斷五下分結，成三果解脫

入地前的四加行令煩惱障現行悉斷，成四果解脫，留惑潤生。分段生死已斷，煩惱障習氣種子開始斷除，兼斷無始無明上煩惱。

近波羅蜜多　　大波羅蜜多　　圓滿波羅蜜多

修道位　　究竟位

三地：二地滿心再證道種智一分，故入三地。此地主修忍波羅蜜多及四禪八定、四無量心、五神通。能成就俱解脫果而不取證，留惑潤生。滿心位成就「猶如谷響」現觀及無漏妙定意生身。

四地：由三地再證道種智一分故入四地。主修精進波羅蜜多，於此土及他方世界廣度有緣，無有疲倦。進修一切種智，滿心位成就「如水中月」現觀。

五地：由四地再證道種智一分故入五地。主修禪定波羅蜜多及一切種智，斷除下乘涅槃貪。滿心位成就「變化所成」現觀。

六地：由五地再證道種智一分故入六地。此地主修般若波羅蜜多——依道種智現觀十二因緣一一有支及意生身化身，皆自心眞如變化所現，「非有似有」，成就細相觀，不由加行而自然證得滅盡定，成俱解脫大乘無學。

七地：由六地「非有似有」現觀，再證道種智一分故入七地。此地主修一切種智及方便波羅蜜多，由重觀十二有支一一支中之流轉門及還滅門一切細相，成就方便善巧，念念隨入滅盡定。滿心位證得「如犍闥婆城」現觀。

八地：由七地極細相觀成就故再證道種智一分而入八地。此地主修一切種智及願波羅蜜多。至滿心位純無相觀任運恆起，故於相土自在，滿心位復證「如實覺知諸法相意生身」故。

九地：由八地再證道種智一分故入九地。主修力波羅蜜多及一切種智，成就四無礙，滿心位證得「種類俱生無行作意生身」。

十地：由九地再證道種智一分故入此地。此地主修一切種智——智波羅蜜多。滿心位起大法智雲，及現起大法智雲所含藏種種功德，成受職菩薩。

等覺：由十地道種智成就故入此地。此地應修一切種智，圓滿等覺地無生法忍；於百劫中修集極廣大福德，以之圓滿三十二大人相及無量隨形好。

妙覺：示現受生人間已斷盡煩惱障一切習氣種子，並斷盡所知障一切隨眠，永斷變易生死無明，成就大般涅槃，四智圓明。人間捨壽後，報身常住色究竟天利樂十方地上菩薩；以諸化身利樂有情，永無盡期，成就究竟佛道。

七地滿心斷除故意保留之最後一分思惑時，煩惱障所攝色、受、想三陰有漏習氣種子全部斷盡。

煩惱障所攝行、識二陰無漏習氣種子任運漸斷，所知障所攝上煩惱任運漸斷。

斷盡變易生死成就大般涅槃

圓滿成就究竟佛果

佛子蕭平實 謹製
（二〇〇九、〇二 修訂）
（二〇一二、〇二 增補）

佛教正覺同修會 共修現況 及 招生公告　2017/12/21

一、共修現況：（請在共修時間來電，以免無人接聽。）

台北正覺講堂 103 台北市承德路三段 277 號九樓 捷運淡水線圓山站旁 Tel..**總機** 02-25957295（晚上）（**分機：九樓**辦公室 10、11；知客櫃檯 12、13。 **十樓**知客櫃檯 15、16；書局櫃檯 14。 **五樓**辦公室 18；知客櫃檯 19。**二樓**辦公室 20；知客櫃檯 21。）Fax..25954493

第一講堂 台北市承德路三段 277 號九樓

禪淨班：週一晚班、週三晚班、週四晚班、週五晚班、週六下午班、週六上午班（共修期間二年半，全程免費。皆須報名建立學籍後始可參加共修，欲報名者詳見本公告末頁。）

進階班：週一晚班、週三晚班、週四晚班、週五晚班（禪淨班結業後轉入共修）。

增上班：瑜伽師地論詳解：每月單數週之週末 17.50～20.50。平實導師講解，2003 年 2 月開講至今，預計 2019 年圓滿，僅限已明心之會員參加。

禪門差別智：每月第一週日全天　平實導師主講（事冗暫停）。

大法鼓經詳解　詳解末法時代大乘佛法修行之道。佛教正法消毒妙藥塗於大鼓而以擊之，凡有眾生聞之者，一切邪見鉅毒悉皆消殞；此經即是大法鼓之正義，凡聞之者，所有邪見之毒悉皆滅除，見道不難；亦能發起菩薩無量功德，是故諸大菩薩遠從諸方佛土來此娑婆聞修此經。平實導師主講，定於 2017 年 12 月底起，每逢周二晚上開講，第一至第六講堂都可同時聽聞，歡迎已發成佛大願的菩薩種性學人，攜眷共同參與此殊勝法會現場聞法，不限制聽講資格。本會學員憑上課證進入第一至第四講堂聽講，會外學人請以身分證件換證進入聽講（此為大樓管理處安全管理規定之要求，敬請諒解）；第五及第六講堂（B1、B2）對外開放，不需出示任何證件，請由大樓側門直接進入。

第二講堂 台北市承德路三段 267 號十樓。

禪淨班：週一晚上班。

進階班：週三晚班、週四晚班、週五晚班、週六下午班。禪淨班結業後轉入共修。

大法鼓經詳解：平實導師講解。每週二 18.50~20.50 影像音聲即時傳輸

第三講堂 台北市承德路三段 277 號五樓。

禪淨班：週六下午班。

進階班：週一晚班、週三晚班、週四晚班、週五晚班。

大法鼓經詳解：平實導師講解。每週二 18.50~20.50 影像音聲即時傳輸

第四講堂 台北市承德路三段 267 號二樓。

進階班：週一晚上班、週三晚上班、週四晚上班（禪淨班結業後轉入共修）。

大法鼓經詳解：平實導師講解。每週二 18.50~20.50 影像音聲即時傳輸

第五、第六講堂

念佛班　每週日晚上，第六講堂共修（B2），一切求生極樂世界的三寶弟子皆可參加，不限制共修資格。

進階班：週一晚班、週三晚班、週四晚班。

大法鼓經詳解：平實導師講解。每週二 18.50~20.50 影像音聲即時傳輸。第五、第六講堂爲**開放式講堂**，不需以身分證件換證即可進入聽講，台北市承德路三段 267 號地下一樓、地下二樓。每逢週二晚上講經時段開放給會外人士自由聽經，請由大樓側面梯階逕行進入聽講。**聽講者請尊重講者的著作權及肖像權，請勿錄音錄影，以免違法；若有錄音錄影被查獲者，將依法處理。**

正覺祖師堂　大溪區美華里信義路 650 巷坑底 5 之 6 號（台 3 號省道 34 公里處 妙法寺對面斜坡道進入）電話 03-3886110　傳眞 03-3881692 本堂供奉 克勤圓悟大師，專供會員每年四月、十月各三次精進禪三共修，兼作本會出家菩薩掛單常住之用。除禪三時間以外，每逢單月第一週之週日 9:00~17:00 開放會內、外人士參訪，當天並提供午齋結緣。教內共修團體或道場，得另申請其餘時間作團體參訪，務請事先與常住確定日期，以便安排常住菩薩接引導覽，亦免妨礙常住菩薩之日常作息及修行。

桃園正覺講堂（第一、第二講堂）：桃園市介壽路 286、288 號 10 樓（陽明運動公園對面）電話：03-3749363（請於共修時聯繫，或與台北聯繫）

禪淨班：週一晚上班（1）、週一晚上班（2）、週三晚上班、週四晚上班、週五晚上班。

進階班：週四晚班、週五晚班、週六上午班。

增上班：雙週六晚上班（增上重播班）。

大法鼓經詳解：平實導師講解。每週二晚上，以台北正覺講堂所錄 DVD 放映；歡迎會外學人共同聽講，不需出示身分證件。

新竹正覺講堂　新竹市東光路 55 號二樓之一　電話 03-5724297（晚上）

第一講堂：

禪淨班：週一晚上班、週五晚上班、週六上午班。

進階班：週三晚上班、週四晚上班（由禪淨班結業後轉入共修）。

增上班：單週六晚上班。雙週六晚上班（重播班）。

大法鼓經詳解：平實導師講解。每週二晚上，以台北正覺講堂所錄 DVD 放映。歡迎會外學人共同聽講，不需出示身分證件。

第二講堂：

禪淨班：週三晚上班、週四晚上班。

大法鼓經詳解：每週二晚上與第一講堂同時播放佛藏經詳解 DVD。

第三、第四講堂：裝修完畢，即將開放。

台中正覺講堂 04-23816090（晚上）

第一講堂 台中市南屯區五權西路二段 666 號 13 樓之四（國泰世華銀行樓上。鄰近縣市經第一高速公路前來者，由五權西路交流道可以快速到達，大樓旁有停車場，對面有素食館）。

禪淨班：週三晚上班、週四晚上班。

進階班：週一晚上班、週六上午班（由禪淨班結業後轉入共修）。

增上班：**增上班**：單週六晚上班。雙週六晚上班（重播班）。

大法鼓經詳解：平實導師講解。每週二晚上，以台北正覺講堂所錄 DVD 放映。歡迎會外學人共同聽講，不需出示身分證件。

第二講堂 台中市南屯區五權西路二段 666 號 4 樓

禪淨班：週一晚上班、週三晚上班、週六上午班。

進階班：週五晚上班（由禪淨班結業後轉入共修）。

大法鼓經詳解：每週二晚上與第一講堂同時播放佛藏經詳解 DVD。

第三講堂、第四講堂：台中市南屯區五權西路二段 666 號 4 樓。

嘉義正覺講堂 嘉義市友愛路 288 號八樓之一 電話：05-2318228

第一講堂：

禪淨班：週一晚上班、週四晚上班、週五晚上班、週六上午班。

進階班：週三晚上班（由禪淨班結業後轉入共修）。

增上班：單週六晚上班。雙週六晚上班（重播班）。

大法鼓經詳解：平實導師講解。每週二晚上，以台北正覺講堂所錄 DVD 放映。歡迎會外學人共同聽講，不需出示身分證件。

第二講堂 嘉義市友愛路 288 號八樓之二。

台南正覺講堂

第一講堂 台南市西門路四段 15 號 4 樓。06-2820541（晚上）

禪淨班：週一晚上班、週三晚上班、週四晚上班、週五晚上班、週六下午班。

增上班：**增上班**：單週六晚上班。雙週六晚上班（重播班）。

大法鼓經詳解：平實導師講解。每週二晚上，以台北正覺講堂所錄 DVD 放映。歡迎會外學人共同聽講，不需出示身分證件。

第二講堂 台南市西門路四段 15 號 3 樓。

大法鼓經詳解：每週二晚上與第一講堂同時播放佛藏經詳解 DVD。

第三講堂 台南市西門路四段 15 號 3 樓。

進階班：週三晚上班、週四晚上班、週六上午班（由禪淨班結業後轉入共修）。

大法鼓經詳解：每週二晚上與第一講堂同時播放佛藏經詳解 DVD。

高雄正覺講堂　高雄市新興區中正三路 45 號五樓 07-2234248（晚上）

第一講堂（五樓）：

禪淨班：週一晚班、週三晚班、週四晚班、週五晚班、週六上午班。

增上班：單週週末下午，以台北增上班課程錄成 DVD 放映之，限已明心之會員參加。

大法鼓經詳解：平實導師講解。每週二晚上，以台北正覺講堂所錄 DVD 放映。歡迎會外學人共同聽講，不需出示身分證件。

第二講堂（四樓）：

進階班：週三晚上班、週四晚上班、週六上午班（由禪淨班結業後轉入共修）。

大法鼓經詳解：每週二晚上與第一講堂同時播放佛藏經詳解 DVD。

第三講堂（三樓）：

進階班：週四晚班（由禪淨班結業後轉入共修）。

香港正覺講堂　☆**已遷移新址**☆

九龍觀塘，成業街 10 號，電訊一代廣場 27 樓 E 室。

（觀塘地鐵站 B1 出口，步行約 4 分鐘）。電話：(852) 23262231

英文地址：Unit E，27th Floor, TG Place, 10 Shing Yip Street, Kwun Tong, Kowloon

禪淨班：雙週六下午班 14:30-17:30，已經額滿。
雙週日下午班 14:30-17:30。
單週六下午班 14:30-17:30，已經額滿。

進階班：雙週五晚上班（由禪淨班結業後轉入共修）。

增上班：單週週末上午，以台北增上班課程錄成 DVD 放映之。

增上重播班：雙週週末上午，以台北增上班課程錄成 DVD 放映之。

大法鼓經詳解：平實導師講解。雙週六 19:00-21:00，以台北正覺講堂所錄 DVD 放映；歡迎會外學人共同聽講，不需出示身分證件。

美國洛杉磯正覺講堂　☆**已遷移新址**☆

825 S. Lemon Ave Diamond Bar, CA 91789 U.S.A.

Tel. (909) 595-5222（請於週六 9:00~18:00 之間聯繫）

Cell. (626) 454-0607

禪淨班：每逢週末 15：30~17：30 上課。

進階班：每逢週末上午 10：00~12：00 上課。

大法鼓經詳解：平實導師講解。每週六下午 13：00~15：00 以台北所錄 DVD 放映。歡迎各界人士共享第一義諦無上法益，不需報名。

二、招生公告　本會台北講堂及全省各講堂、香港講堂，每逢四月、十月下旬開新班，每週共修一次（每次二小時。開課日起三個月內仍可插班）；但美國洛杉磯共修處之禪淨班得隨時插班共修。各班共修期間皆為二年半，全程免費，欲參加者請向本會函索報名表（各共修處皆於共修時間方有人執事，非共修時間請勿電詢或前來洽詢、請書），或直接從本會官方網站(http://www.enlighten.org.tw/newsflash/class)或成佛之道網站下載報名表。共修期滿時，若經報名禪三審核通過者，可參加四天三夜之禪三精進共修，有機會明心、取證如來藏，發起般若實相智慧，成爲實義菩薩，脫離凡夫菩薩位。

三、新春禮佛祈福 農曆年假期間停止共修：自農曆新年前七天起停止共修與弘法，正月 8 日起回復共修、弘法事務。新春期間正月初一～初七 9.00～17.00 開放台北講堂、正月初一~初三開放桃園、新竹、台中、嘉義、台南、高雄講堂，以及大溪禪三道場（正覺祖師堂），方便會員供佛、祈福及會外人士請書。美國洛杉磯共修處之休假時間，請逕詢該共修處。

密宗四大派修雙身法，是外道性力派的邪法；又以生滅的識陰作為常住法，是常見外道，是假的藏傳佛教。

西藏覺囊巴以他空見弘揚第八識如來藏勝法，才是真藏傳佛教

佛教正覺同修會　弘法行事表　2017/12/07

1、**禪淨班**　以無相念佛及拜佛方式修習動中定力，實證一心不亂功夫。傳授解脫道正理及第一義諦佛法，以及參禪知見。共修期間：二年六個月。每逢四月、十月開新班，詳見招生公告表。

2、**進階班**　禪淨班畢業後得轉入此班，進修更深入的佛法，期能證悟明心。各地講堂各有多班，繼續深入佛法、增長定力，悟後得轉入增上班修學道種智，期能證得無生法忍。

3、**增上班 瑜伽師地論**詳解　詳解論中所言凡夫地至佛地等 17 師之修證境界與理論，從凡夫地、聲聞地……宣演到諸地所證無生法忍、一切種智之眞實正理。由平實導師開講，每逢一、三、五週之週末晚上開示，僅限已明心之會員參加。2003 年二月開講至今，預定 2019 年講畢。

4、**大法鼓經**詳解　詳解末法時代大乘佛法修行之道。佛教正法消毒妙藥塗於大鼓而以擊之，凡有眾生聞之者，一切邪見鉅毒悉皆消殞；此經即是大法鼓之正義，凡聞之者，所有邪見之毒悉皆滅除，見道不難；亦能發起菩薩無量功德，是故諸大菩薩遠從諸方佛土來此娑婆聞修此經。平實導師主講。定於 2017 年 12 月底開講，歡迎已發成佛大願的菩薩種性學人，攜眷共同參與此殊勝法會聽講。

本經破「有」而顯涅槃，以此名爲眞實的「法」；眞法即是第八識如來藏，《金剛經》《法華經》中亦名之爲「此經」。若墮在「有」中，皆名「非法」，「有」即是五陰、六入、十二處、十八界及內我所、外我所，皆非眞實法。若人如是俱說「法」與「非法」而宣揚佛法，名爲擊大法鼓；如是依「法」而捨「非法」，據以建立山門而爲眾說法，方可名爲眞正的法鼓山。此經中說，以「此經」爲菩薩道之本，以證得「此經」之正知見及法門作爲度人之「法」，方名眞實佛法，否則盡名「非法」。本經中對法與非法、有與涅槃，有深入之闡釋，歡迎教界一切善信（不論初機或久學菩薩），一同親沐 如來聖教，共沾法喜。由平實導師詳解。不限制聽講資格。

5、**精進禪三**　主三和尚：平實導師。於四天三夜中，以克勤圓悟大師及大慧宗杲之禪風，施設機鋒與小參、公案密意之開示，幫助會員剋期取證，親證不生不滅之眞實心——人人本有之如來藏。每年四月、十月各舉辦二個梯次；平實導師主持。僅限本會會員參加禪淨班共修期滿，報名審核通過者，方可參加。並選擇會中定力、慧力、福德三條件皆已具足之已明心會員，給以指引，令得眼見自己無形無相之佛性遍布山河大地，眞實而無障礙，得以肉眼現觀世界身心悉皆如幻，具足成就如幻觀，圓滿十住菩薩之證境。

6、**不退轉法輪經**詳解　本經所說妙法極爲甚深難解，時至末法，已然無有知者；而其甚深絕妙之法，流傳至今依舊多人可證，顯示佛學眞是義學而非玄談，其中甚深極妙令人拍案稱絕之第一義諦妙義，平實導師將會加以解說。待《大法鼓經》宣講完畢時繼續宣講此經。

7、**阿含經**詳解　選擇重要之阿含部經典，依無餘涅槃之實際而加以詳解，令大眾得以現觀諸法緣起性空，亦復不墮斷滅見中，顯示經中所隱說之涅槃實際—如來藏—確實已於四阿含中隱說；令大眾得以聞後觀行，確實斷除我見乃至我執，證得**見到**眞現觀，乃至**身證**……等眞現觀；已得大乘或二乘見道者，亦可由此聞熏及聞後之觀行，除斷我所之貪著，成就慧解脫果。由平實導師詳解。不限制聽講資格。

8、**解深密經**詳解　重講本經之目的，在於令諸已悟之人明解大乘法道之成佛次第，以及悟後進修一切種智之內涵，確實證知三種自性性，並得據此證解七眞如、十眞如等正理。每逢週二 18.50~20.50 開示，由平實導師詳解。將於《大法鼓經》講畢後開講。不限制聽講資格。

9、**成唯識論**詳解　詳解一切種智眞實正理，詳細剖析一切種智之微細深妙廣大正理；並加以舉例說明，使已悟之會員深入體驗所證如來藏之微密行相；及證驗見分相分與所生一切法，皆由如來藏—阿賴耶識—直接或展轉而生，因此證知一切法無我，證知無餘涅槃之本際。將於增上班《瑜伽師地論》講畢後，由平實導師重講。僅限已明心之會員參加。

10、**精選如來藏系經典**詳解　精選如來藏系經典一部，詳細解說，以此完全印證會員所悟如來藏之眞實，得入不退轉住。另行擇期詳細解說之，由平實導師講解。僅限已明心之會員參加。

11、**禪門差別智**　藉禪宗公案之微細淆訛難知難解之處，加以宣說及剖析，以增進明心、見性之功德，啓發差別智，建立擇法眼。每月第一週日全天，由平實導師開示，僅限破參明心後，復又眼見佛性者參加（事冗暫停）。

12、**枯木禪**　先講智者大師的《小止觀》，後說《釋禪波羅蜜》，詳解四禪八定之修證理論與實修方法，細述一般學人修定之邪見與岔路，及對禪定證境之誤會，消除枉用功夫、浪費生命之現象。已悟般若者，可以藉此而實修初禪，進入大乘通教及聲聞教的三果心解脫境界，配合應有的大福德及後得無分別智、十無盡願，即可進入初地心中。親教師：平實導師。未來緣熟時將於正覺寺開講。不限制聽講資格。

註：本會例行年假，自 2004 年起，改爲每年農曆新年前七天開始停息弘法事務及共修課程，農曆正月 8 日回復所有共修及弘法事務。新春期間（每日 9.00~17.00）開放台北講堂，方便會員禮佛祈福及會外人士請書。大溪區的正覺祖師堂，開放參訪時間，詳見〈正覺電子報〉或成佛之道網站。本表得因時節因緣需要而隨時修改之，不另作通知。

佛教正覺同修會　贈閱書籍 目錄　2015/09/29

1.**無相念佛**　平實導師著　回郵10元
2.**念佛三昧修學次第**　平實導師述著　回郵25元
3.**正法眼藏—護法集**　平實導師述著　回郵35元
4.**真假開悟簡易辨正法&佛子之省思**　平實導師著　回郵3.5元
5.**生命實相之辨正**　平實導師著　回郵10元
6.**如何契入念佛法門**（附：印順法師否定極樂世界）平實導師著　回郵3.5元
7.**平實書箋**—答元覽居士書　平實導師著　回郵35元
8.**三乘唯識**—如來藏系經律彙編　平實導師編　回郵80元
（精裝本　長27 cm　寬21 cm　高7.5 cm　重2.8公斤）
9.**三時繫念全集**—修正本　回郵掛號40元（長26.5 cm×寬19 cm）
10.**明心與初地**　平實導師述　回郵3.5元
11.**邪見與佛法**　平實導師述著　回郵20元
12.**菩薩正道**—回應義雲高、釋性圓…等外道之邪見　正燦居士著　回郵20元
13.**甘露法雨**　平實導師述　回郵20元
14.**我與無我**　平實導師述　回郵20元
15.**學佛之心態**—修正錯誤之學佛心態始能與正法相應　孫正德老師著　回郵35元
附錄：平實導師著**《略說八、九識並存…等之過失》**
16.**大乘無我觀**—《悟前與悟後》別說　平實導師述著　回郵20元
17.**佛教之危機**—中國台灣地區現代佛教之真相（附錄：公案拈提六則）
平實導師著　回郵25元
18.**燈　影**—燈下黑（覆「求教後學」來函等）　平實導師著　回郵35元
19.**護法與毀法**—覆上平居士與徐恒志居士網站毀法二文
張正圜老師著　回郵35元
20.**淨土聖道**—兼評**選擇本願念佛**　正德老師著　**由正覺同修會購贈**　回郵25元
21.**辨唯識性相**—對「紫蓮心海《辯唯識性相》書中否定阿賴耶識」之回應
正覺同修會 台南共修處法義組 著　回郵25元
22.**假如來藏**—對法蓮法師《如來藏與阿賴耶識》書中否定阿賴耶識之回應
正覺同修會 台南共修處法義組 著　回郵35元
23.**入不二門**—公案拈提集錦 第一輯（於平實導師公案拈提諸書中選錄約二十則，
合輯爲一冊流通之）平實導師著　回郵20元
24.**真假邪說**—西藏密宗索達吉喇嘛《破除邪說論》真是邪說
釋正安法師著　回郵35元
25.**真假開悟**—真如、如來藏、阿賴耶識間之關係　平實導師述著　回郵35元
26.**真假禪和**—辨正釋傳聖之謗法謬說　孫正德老師著　回郵30元

27.**眼見佛性**—駁慧廣法師眼見佛性的含義文中謬說
游正光老師著　回郵 25 元

28.**普門自在**—公案拈提集錦 第二輯（於平實導師公案拈提諸書中選錄約二十則，合輯爲一冊流通之）平實導師著　回郵 25 元

29.**印順法師的悲哀**—以現代禪的質疑為線索　恒毓博士著　回郵 25 元

30.**識蘊真義**—現觀識蘊內涵、取證初果、親斷三縛結之具體行門。
—依《成唯識論》及《惟識述記》正義，略顯安慧《大乘廣五蘊論》之邪謬
平實導師著　回郵 35 元

31.**正覺電子報** 各期紙版本　免附回郵　每次最多函索三期或三本。
(已無存書之較早各期，不另增印贈閱)

32.**現代人應有的宗教觀**　蔡正禮老師 著　回郵 3.5 元

33.**遠惑趣道**—正覺電子報般若信箱問答錄　第一輯　回郵 20 元

34.**遠惑趣道**—正覺電子報般若信箱問答錄　第二輯　回郵 20 元

35.**確保您的權益**—器官捐贈應注意自我保護　游正光老師 著　回郵 10 元

36.**正覺教團電視弘法三乘菩提 DVD 光碟 (一)**
由正覺教團多位親教師共同講述錄製 DVD 8 片，MP3 一片，共 9 片。有二大講題：一爲「三乘菩提之意涵」，二爲「學佛的正知見」。內容精闢，深入淺出，精彩絕倫，幫助大眾快速建立三乘法道的正知見，免被外道邪見所誤導。有志修學三乘佛法之學人不可不看。(製作工本費 100 元，回郵 25 元)

37.**正覺教團電視弘法 DVD 專輯 (二)**
總有二大講題：一爲「三乘菩提之念佛法門」，一爲「學佛正知見(第二篇)」，由正覺教團多位親教師輪番講述，內容詳細闡述如何修學念佛法門、實證念佛三昧，以及學佛應具有的正確知見，可以幫助發願往生西方極樂淨土之學人，得以把握往生，更可令學人快速建立三乘法道的正知見，免於被外道邪見所誤導。有志修學三乘佛法之學人不可不看。(一套 17 片，工本費 160 元。回郵 35 元)

38.**佛藏經** 燙金精裝本 每冊回郵 20 元。正修佛法之道場欲大量索取者，請正式發函並蓋用大印寄來索取（2008.04.30 起開始敬贈）

39.**喇嘛性世界**—揭開假藏傳佛教譚崔瑜伽的面紗　張善思 等人合著
由正覺同修會購贈　回郵 20 元

40.**假藏傳佛教的神話**—性、謊言、喇嘛教　張正玄教授編著　回郵 20 元
由正覺同修會購贈　回郵 20 元

41.**隨 緣**—理隨緣與事隨緣　平實導師述　回郵 20 元。

42.**學佛的覺醒**　正枝居士 著　回郵 25 元

43.**導師之真實義**　蔡正禮老師 著　回郵 10 元

44.**淺談達賴喇嘛之雙身法**—兼論解讀「密續」之達文西密碼
吳明芷居士 著　回郵 10 元

45.**魔界轉世**　張正玄居士 著　回郵 10 元

46.**一貫道與開悟**　蔡正禮老師 著　回郵 10 元

47.**博愛**—愛盡天下女人　正覺教育基金會 編印　回郵10元

48.**意識虛妄經教彙編**—實證解脫道的關鍵經文　正覺同修會編印　回郵25元

49.**邪箭囈語**—破斥藏密外道多識仁波切《破魔金剛箭雨論》之邪說

陸正元老師著　上、下冊回郵各30元

50.**真假沙門**—依 佛聖教闡釋佛教僧寶之定義

蔡正禮老師著　俟正覺電子報連載後結集出版

51.**真假禪宗**—藉評論釋性廣《印順導師對變質禪法之批判

及對禪宗之肯定》以顯示真假禪宗

附論一：凡夫知見 無助於佛法之信解行證

附論二：世間與出世間一切法皆從如來藏實際而生而顯

余正偉老師著　俟正覺電子報連載後結集出版　回郵未定

52.**假鋒虛焰金剛乘**—揭示顯密正理，兼破索達吉師徒《般若鋒兮金剛焰》。

釋正安 法師著　俟正覺電子報連載後結集出版

★ 上列贈書之郵資，係台灣本島地區郵資，大陸、港、澳地區及外國地區，請另計酌增（大陸、港、澳、國外地區之郵票不許通用）。尚未出版之書，請勿先寄來郵資，以免增加作業煩擾。

★ 本目錄若有變動，唯於後印之書籍及「成佛之道」網站上修正公佈之，不另行個別通知。

函索書籍請寄：佛教正覺同修會　103台北市承德路3段277號9樓

台灣地區函索書籍者請附寄郵票，無時間購買郵票者可以等值現金抵用，但不接受郵政劃撥、支票、匯票。大陸地區得以人民幣計算，國外地區請以美元計算（請勿寄來當地郵票，在台灣地區不能使用）。欲以掛號寄遞者，請另附掛號郵資。

親自索閱：正覺同修會各共修處。　★請於共修時間前往取書，餘時無人在道場，請勿前往索取；共修時間與地點，詳見書末正覺同修會共修現況表（以近期之共修現況表為準）。

註：正智出版社發售之局版書，請向各大書局購閱。若書局之書架上已經售出而無陳列者，請向書局櫃台指定洽購；若書局不便代購者，請於正覺同修會共修時間前往各共修處請購，正智出版社已派人於共修時間送書前往各共修處流通。 郵政劃撥購書及 大陸地區 購書，請詳別頁正智出版社發售書籍目錄最後頁之說明。

成佛之道 網站：http://www.a202.idv.tw　正覺同修會已出版之結緣書籍，多已登載於 成佛之道 網站，若住外國、或住處遙遠，不便取得正覺同修會贈閱書籍者，可以從本網站閱讀及下載。　書局版之《宗通與說通》亦已上網，台灣讀者可向書局洽購，售價300元。《狂密與眞密》第一輯~第四輯，亦於2003.5.1.全部於本網站登載完畢；台灣地區讀者請向書局洽購，每輯約400頁，售價300元（網站下載紙張費用較貴，容易散失，難以保存，亦較不精美）。

＊＊假藏傳佛教修雙身法，非佛教＊＊

正智出版社 籌募弘法基金發售書籍目錄　2018/05/13

1.**宗門正眼**—公案拈提 第一輯 重拈　平實導師著　500 元

因重寫內容大幅度增加故，字體必須改小，並增為 576 頁 主文 546 頁。比初版更精彩、更有內容。初版《禪門摩尼寶聚》之讀者，可寄回本公司免費調換新版書。免附回郵，亦無截止期限。（2007 年起，每冊附贈本公司精製公案拈提〈超意境〉CD 一片。市售價格 280 元，多購多贈。）

2.**禪淨圓融**　平實導師著　200 元（第一版舊書可換新版書。）

3.**真實如來藏**　平實導師著　400 元

4.**禪—悟前與悟後**　平實導師著　上、下冊，每冊 250 元

5.**宗門法眼**—公案拈提 第二輯　平實導師著　500 元

（2007 年起，每冊附贈本公司精製公案拈提〈超意境〉CD 一片）

6.**楞伽經詳解**　平實導師著　全套共 10 輯　每輯 250 元

7.**宗門道眼**—公案拈提 第三輯　平實導師著　500 元

（2007 年起，每冊附贈本公司精製公案拈提〈超意境〉CD 一片）

8.**宗門血脈**—公案拈提 第四輯　平實導師著　500 元

（2007 年起，每冊附贈本公司精製公案拈提〈超意境〉CD 一片）

9.**宗通與說通**—成佛之道 平實導師著 主文 381 頁 全書 400 頁售價 300 元

10.**宗門正道**—公案拈提 第五輯　平實導師著　500 元

（2007 年起，每冊附贈本公司精製公案拈提〈超意境〉CD 一片）

11.**狂密與真密 一～四輯**　平實導師著　西藏密宗是人間最邪淫的宗教，本質不是佛教，只是披著佛教外衣的印度教性力派流毒的喇嘛教。此書中將西藏密宗密傳之男女雙身合修樂空雙運所有祕密與修法，毫無保留完全公開，並將全部喇嘛們所不知道的部分也一併公開。內容比大辣出版社喧騰一時的《西藏慾經》更詳細。並且函蓋藏密的所有祕密及其錯誤的中觀見、如來藏見……等，藏密的所有法義都在書中詳述、分析、辨正。每輯主文三百餘頁　每輯全書約 400 頁　售價每輯 300 元

12.**宗門正義**—公案拈提 第六輯　平實導師著　500 元

（2007 年起，每冊附贈本公司精製公案拈提〈超意境〉CD 一片）

13.**心經密意**—心經與解脫道、佛菩提道、祖師公案之關係與密意　平實導師述　300 元

14.**宗門密意**—公案拈提 第七輯　平實導師著　500 元

（2007 年起，每冊附贈本公司精製公案拈提〈超意境〉CD 一片）

15.**淨土聖道**—兼評「選擇本願念佛」　正德老師著　200 元

16.**起信論講記**　平實導師述著　共六輯　每輯三百餘頁　售價各 250 元

17.**優婆塞戒經講記**　平實導師述著 共八輯 每輯三百餘頁 售價各 250 元

18.**真假活佛**—略論附佛外道盧勝彥之邪說（對前岳靈犀網站主張「盧勝彥是證悟者」之修正）　正犀居士（岳靈犀）著　流通價 140 元

19.**阿含正義**—唯識學探源　平實導師著　共七輯　每輯 300 元

20.**超意境** CD 以平實導師公案拈提書中超越意境之頌詞，加上曲風優美的旋律，錄成令人嚮往的超意境歌曲，其中包括正覺發願文及平實導師親自譜成的黃梅調歌曲一首。詞曲雋永，殊堪翫味，可供學禪者吟詠，有助於見道。內附設計精美的彩色小冊，解說每一首詞的背景本事。每片 280 元。【每購買公案拈提書籍一冊，即贈送一片。】

21.**菩薩底憂鬱** CD 將菩薩情懷及禪宗公案寫成新詞，並製作成超越意境的優美歌曲。1.主題曲〈菩薩底憂鬱〉，描述地後菩薩能離三界生死而迴向繼續生在人間，但因尚未斷盡習氣種子而有極深沈之憂鬱，非三賢位菩薩及二乘聖者所知，此憂鬱在七地滿心位方才斷盡；本曲之詞中所說義理極深，昔來所未曾見；此曲係以優美的情歌風格寫詞及作曲，聞者得以激發嚮往諸地菩薩境界之大心，詞、曲都非常優美，難得一見；其中勝妙義理之解說，已印在附贈之彩色小冊中。2.以各輯公案拈提中直示禪門入處之頌文，作成各種不同曲風之超意境歌曲，值得玩味、參究；聆聽公案拈提之優美歌曲時，請同時閱讀內附之印刷精美說明小冊，可以領會超越三界的證悟境界；未悟者可以因此引發求悟之意向及疑情，眞發菩提心而邁向求悟之途，乃至因此眞實悟入般若，成眞菩薩。3.正覺總持咒新曲，總持佛法大意；總持咒之義理，已加以解說並印在隨附之小冊中。本 CD 共有十首歌曲，長達 63 分鐘。每盒各附贈二張購書優惠券。每片 280 元。

22.**禪意無限** CD 平實導師以公案拈提書中偈頌寫成不同風格曲子，與他人所寫不同風格曲子共同錄製出版，幫助參禪人進入禪門超越意識之境界。盒中附贈彩色印製的精美解說小冊，以供聆聽時閱讀，令參禪人得以發起參禪之疑情，即有機會證悟本來面目而發起實相智慧，實證大乘菩提般若，能如實證知般若經中的眞實意。本 CD 共有十首歌曲，長達 69 分鐘，每盒各附贈二張購書優惠券。每片 280 元。

23.**我的菩提路**第一輯　釋悟圓、釋善藏等人合著　售價 300 元

24.**我的菩提路**第二輯　郭正益、張志成等人合著　售價 300 元

25.**我的菩提路**第三輯　王美伶等人合著　售價 300 元

26.**我的菩提路**第四輯　陳晏平等人合著　售價 300 元

27.**鈍鳥與靈龜**—考證後代凡夫對大慧宗杲禪師的無根誹謗。

平實導師著 共 458 頁 售價 350 元

28.**維摩詰經講記** 平實導師述 共六輯 每輯三百餘頁 售價各 250 元

29.**真假外道**—破劉東亮、杜大威、釋證嚴常見外道見 正光老師著 200 元

30.**勝鬘經講記**—兼論印順《勝鬘經講記》對於《勝鬘經》之誤解。

平實導師述　共六輯　每輯三百餘頁　售價 250 元

31.**楞嚴經講記** 平實導師述 共 **15** 輯，每輯三百餘頁 售價 300 元

32.**明心與眼見佛性**—駁慧廣〈蕭氏「眼見佛性」與「明心」之非〉文中謬說

正光老師著　共 448 頁　售價 300 元

33.**見性與看話頭** 黃正倖老師 著，本書是禪宗參禪的方法論。

內文 375 頁，全書 416 頁，售價 300 元。

34.**達賴真面目**—玩盡天下女人 白正偉老師 等著 中英對照彩色精裝大本 800 元
35.**喇嘛性世界**—揭開假藏傳佛教譚崔瑜伽的面紗　張善思 等人著　200 元
36.**假藏傳佛教的神話**—性、謊言、喇嘛教　正玄教授編著　200 元
37.**金剛經宗通**　平實導師述　共九輯　每輯售價 250 元。
38.**空行母**—性別、身分定位，以及藏傳佛教。
珍妮·坎貝爾著 呂艾倫 中譯 售價 250 元
39.**末代達賴**—性交教主的悲歌　張善思、呂艾倫、辛燕編著 售價 250 元
40.**霧峰無霧**—給哥哥的信　辨正釋印順對佛法的無量誤解
游宗明 老師著　售價 250 元
41.**第七意識與第八意識？**—穿越時空「超意識」
平實導師述　每冊 300 元
42.**黯淡的達賴**—失去光彩的諾貝爾和平獎
正覺教育基金會編著　每冊 250 元
43.**童女迦葉考**—論呂凱文〈佛教輪迴思想的論述分析〉之謬。
平實導師 著 定價 180 元
44.**人間佛教**—實證者必定不悖三乘菩提
平實導師 述，定價 400 元
45.**實相經宗通**　平實導師述　共八輯　每輯 250 元
46.**真心告訴您(一)**—達賴喇嘛在幹什麼？
正覺教育基金會編著　售價 250 元
47.**中觀金鑑**—詳述應成派中觀的起源與其破法本質
孫正德老師著　分為上、中、下三冊，每冊 250 元
48.**藏傳佛教要義**—《狂密與真密》之簡體字版　平實導師 著 上、下冊
僅在大陸流通　每冊 300 元
49.**法華經講義**　平實導師述　共二十五輯　每輯 300 元
已於 2015/05/31 起開始出版，每二個月出版一輯
50.**西藏「活佛轉世」制度**—附佛、造神、世俗法
許正豐、張正玄老師合著　定價 150 元
51.**廣論三部曲**　郭正益老師著　定價 150 元
52.**真心告訴您(二)**—達賴喇嘛是佛教僧侶嗎？
—補祝達賴喇嘛八十大壽
正覺教育基金會編著　售價 300 元
53.**次法**—實證佛法前應有的條件
張善思居士著　分為上、下二冊，每冊 250 元
54.**涅槃**—解說四種涅槃之實證及內涵　平實導師著 上下冊 各 350 元
預定 2018/09/30 出版上冊，11 月底出版下冊
55.**廣論之平議**—宗喀巴《菩提道次第廣論》之平議　正雄居士著
約二或三輯　俟正覺電子報連載後結集出版　書價未定
56.**末法導護**—對印順法師中心思想之綜合判攝　正慶老師著　書價未定

57.**菩薩學處**—菩薩四攝六度之要義　陸正元老師著　出版日期未定。
58.**八識規矩頌**詳解　○○居士 註解　出版日期另訂　書價未定。
59.**印度佛教史**—法義與考證。依法義史實評論印順《印度佛教思想史、佛教史地考論》之謬說　正偉老師著　出版日期未定　書價未定
60.**中國佛教史**—依中國佛教正法史實而論。○○老師 著　書價未定。
61.**中論正義**—釋龍樹菩薩《中論》頌正理。
孫正德老師著　出版日期未定　書價未定
62.**中觀正義**—註解平實導師《中論正義頌》。
○○法師（居士）著　出版日期未定　書價未定
63.**佛藏經講記**　平實導師述　出版日期未定　書價未定
64.**阿含經講記**—將選錄四阿含中數部重要經典全經講解之，講後整理出版。
平實導師述　約二輯　每輯 300 元　出版日期未定
65.**寶積經講記**　平實導師述　每輯三百餘頁 優惠價 300 元　出版日期未定
66.**解深密經講記**　平實導師述 約四輯　將於重講後整理出版
67.**成唯識論略解**　平實導師著　五～六輯　每輯300 元　出版日期未定
68.**修習止觀坐禪法要講記**　平實導師述　每輯三百餘頁
將於正覺寺建成後重講、以講記逐輯出版　出版日期未定
69.**無門關**—《無門關》公案拈提　平實導師著　出版日期未定
70.**中觀再論**—兼述印順《中觀今論》謬誤之平議。正光老師著　出版日期未定
71.**輪迴與超度**—佛教超度法會之真義。
○○法師（居士）著　出版日期未定　書價未定
72.**《釋摩訶衍論》平議**—對偽稱龍樹所造《釋摩訶衍論》之平議
○○法師（居士）著　出版日期未定　書價未定
73.**正覺發願文**註解—以真實大願為因 得證菩提
正德老師著　出版日期未定　書價未定
74.**正覺總持咒**—佛法之總持　正圜老師著　出版日期未定　書價未定
75.**三自性**—依四食、五蘊、十二因緣、十八界法，說三性三無性。
作者未定　出版日期未定
76.**道品**—從三自性說大小乘三十七道品　作者未定　出版日期未定
77.**大乘緣起觀**—依四聖諦七真如現觀十二緣起 作者未定　出版日期未定
78.**三德**—論解脫德、法身德、般若德。　作者未定　出版日期未定
79.**真假如來藏**—對印順《如來藏之研究》謬說之平議　作者未定 出版日期未定
80.**大乘道次第**　作者未定　出版日期未定　書價未定
81.**四緣**—依如來藏故有四緣。　作者未定　出版日期未定
82.**空之探究**—印順《空之探究》謬誤之平議　作者未定 出版日期未定
83.**十法義**—論阿含經中十法之正義　作者未定　出版日期未定
84.**外道見**—論述外道六十二見　作者未定　出版日期未定

正智出版社有限公司 書籍介紹

禪淨圓融：言淨土諸祖所未曾言，示諸宗祖師所未曾示；禪淨圓融，另闢成佛捷徑，兼顧自力他力，闡釋淨土門之速行易行道，亦同時揭櫫聖教門之速行易行道；令廣大淨土行者得免緩行難證之苦，亦令聖道門行者得以藉著淨土速行道而加快成佛之時劫。乃前無古人之超勝見地，非一般弘揚禪淨法門典籍也，先讀爲快。平實導師著 200元。

宗門正眼—公案拈提第一輯：繼承克勤圜悟大師碧巖錄宗旨之禪門鉅作。先則舉示當代大法師之邪說，消弭當代禪門大師鄉愿之心態，摧破當今禪門「世俗禪」之妄談；次則旁通教法，表顯宗門正理；繼以道之次第，消弭古今狂禪；後藉言語及文字機鋒，直示宗門入處。悲智雙運，禪味十足，數百年來難得一睹之禪門鉅著也。平實導師著 500元（原初版書《禪門摩尼寶聚》，改版後補充爲五百餘頁新書，總計多達二十四萬字，內容更精彩，並改名爲《宗門正眼》，讀者原購初版《禪門摩尼寶聚》皆可寄回本公司免費換新，免附回郵，亦無截止期限）（2007年起，凡購買公案拈提第一輯至第七輯，每購一輯皆贈送本公司精製公案拈提〈超意境〉CD一片，市售價格280元，多購多贈）。

禪—悟前與悟後：本書能建立學人悟道之信心與正確知見，圓滿具足而有次第地詳述禪悟之功夫與禪悟之內容，指陳參禪中細微淆訛之處，能使學人明自眞心、見自本性。若未能悟入，亦能以正確知見辨別古今中外一切大師究係眞悟？或屬錯悟？便有能力揀擇，捨名師而選明師，後時必有悟道之緣。一旦悟道，遲者七次人天往返，便出三界，速者一生取辦。學人欲求開悟者，不可不讀。平實導師著。上、下冊共500元，單冊250元。

真實如來藏：如來藏眞實存在，乃宇宙萬有之本體，並非印順法師、達賴喇嘛等人所說之「唯有名相、無此心體」。如來藏是涅槃之本際，是一切有智之人竭盡心智、不斷探索而不能得之生命實相；是古今中外許多大師自以爲悟而當面錯過之生命實相。如來藏即是阿賴耶識，乃是一切有情本自具足、不生不滅之眞實心。當代中外大師於此書出版之前所未能言者，作者於本書中盡情流露、詳細闡釋。眞悟者讀之，必能增益悟境、智慧增上；錯悟者讀之，必能檢討自己之錯誤，免犯大妄語業；未悟者讀之，能知參禪之理路，亦能以之檢查一切名師是否眞悟。此書是一切哲學家、宗教家、學佛者及欲昇華心智之人必讀之鉅著。　平實導師著　售價400元。

宗門法眼—公案拈提第二輯：列舉實例，闡釋土城廣欽老和尚之悟處；並直示這位不識字的老和尚妙智橫生之根由，繼而剖析禪宗歷代大德之開悟公案，解析當代密宗高僧卡盧仁波切之錯悟證據，並例舉當代顯宗高僧、大居士之錯悟證據（凡健在者，爲免影響其名聞利養，皆隱其名）。藉辨正當代名師之邪見，向廣大佛子指陳禪悟之正道，彰顯宗門法眼。悲勇兼出，強捋虎鬚；慈智雙運，巧探驪龍；摩尼寶珠在手，直示宗門入處，禪味十足；若非大悟徹底，不能爲之。禪門精奇人物，允宜人手一冊，供作參究及悟後印證之圭臬。本書於2008年4月改版，增寫爲大約500頁篇幅，以利學人研讀參究時更易悟入宗門正法，以前所購初版首刷及初版二刷舊書，皆可免費換取新書。平實導師著　500元（2007年起，凡購買公案拈提第一輯至第七輯，每購一輯皆贈送本公司精製公案拈提〈超意境〉CD一片，市售價格280元，多購多贈）。

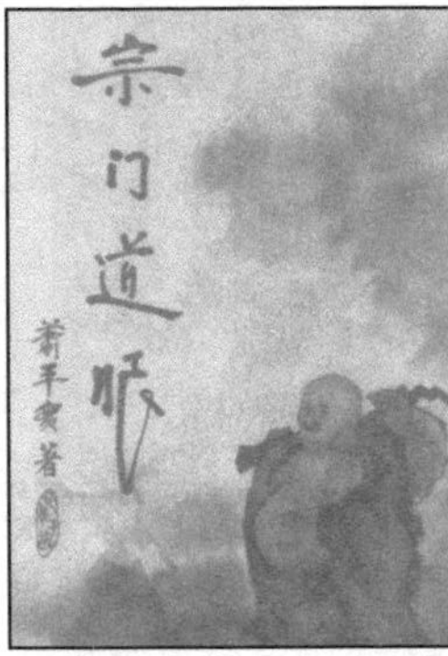

宗門道眼—公案拈提第三輯：繼宗門法眼之後，再以金剛之作略、慈悲之胸懷、犀利之筆觸，舉示寒山、拾得、布袋三大士之悟處，消弭當代錯悟者對於寒山大士……等之誤會及誹謗。　亦舉出民初以來與虛雲和尚齊名之蜀郡鹽亭袁煥仙夫子——南懷瑾老師之師，其「悟處」何在？並蒐羅許多眞悟祖師之證悟公案，顯示禪宗歷代祖師之睿智，指陳部分祖師、奧修及當代顯密大師之謬悟，作爲殷鑑，幫助禪子建立及修正參禪之方向及知見。假使讀者閱此書已，一時尚未能悟，亦可一面加功用行，一面以此宗門道眼辨別眞假善知識，避開錯誤之印證及歧路，可免大妄語業之長劫慘痛果報。欲修禪宗之禪者，務請細讀。平實導師著　售價500元（2007年起，凡購買公案拈提第一輯至第七輯，每購一輯皆贈送本公司精製公案拈提〈超意境〉CD一片，市售價格280元，多購多贈）。

楞伽經詳解：本經是禪宗見道者印證所悟眞僞之根本經典，亦是禪宗見道者悟後起修之依據經典；故達摩祖師於印證二祖慧可大師之後，將此經典連同佛鉢祖衣一併交付二祖，令其依此經典佛示金言、進入修道位，修學一切種智。由此可知此經對於眞悟之人修學佛道，是非常重要之一部經典。此經能破外道邪說，亦破佛門中錯悟名師之謬說，亦破禪宗部分祖師之狂禪：不讀經典、一向主張「一悟即成究竟佛」之謬執。並開示愚夫所行禪、觀察義禪、攀緣如禪、如來禪等差別，令行者對於三乘禪法差異有所分辨；亦糾正禪宗祖師古來對於如來禪之誤解，嗣後可免以訛傳訛之弊。此經亦是法相唯識宗之根本經典，禪者悟後欲修一切種智而入初地者，必須詳讀。平實導師著，全套共十輯，已全部出版完畢，每輯主文約320頁，每冊約352頁，定價250元。

宗門血脈—公案拈提第四輯：末法怪象—許多修行人自以爲悟，每將無念靈知認作眞實；崇尚二乘法諸師及其徒衆，則將外於如來藏之緣起性空—無因論之無常空、斷滅空、一切法空—錯認爲 佛所說之般若空性。這兩種現象已於當今海峽兩岸及美加地區顯密大師之中普遍存在；人人自以爲悟，心高氣壯，便敢寫書解釋祖師證悟之公案，大多出於意識思惟所得，言不及義，錯誤百出，因此誤導廣大佛子同陷大妄語之地獄業中而不能自知。彼等書中所說之悟處，其實處處違背第一義經典之聖言量。彼等諸人不論是否身披袈裟，都非佛法宗門血脈，或雖有禪宗法脈之傳承，亦只徒具形式；猶如螟蛉，非眞血脈，未悟得根本眞實故。禪子欲知 佛、祖之眞血脈者，請讀此書，便知分曉。平實導師著，主文452頁，全書464頁，定價500元（2007年起，凡購買公案拈提第一輯至第七輯，每購一輯皆贈送本公司精製公案拈提〈超意境〉CD一片，市售價格280元，多購多贈）。

宗通與說通：古今中外，錯誤之人如麻似粟，每以常見外道所說之靈知心，認作眞心；或妄想虛空之勝性能量爲眞如，或錯認物質四大元素藉冥性（靈知心本體）能成就吾人色身及知覺，或認初禪至四禪中之了知心爲不生不滅之涅槃心。此等皆非通宗者之見地。復有錯悟之人一向主張「宗門與教門不相干」，此即尚未通達宗門之人也。其實宗門與教門互通不二，宗門所證者乃是眞如與佛性，教門所說者乃說宗門證悟之真如佛性，故教門與宗門不二。本書作者以宗教二門互通之見地，細說「宗通與說通」，從初見道至悟後起修之道、細說分明；並將諸宗諸派在整體佛教中之地位與次第，加以明確之教判，學人讀之即可了知佛法之梗概也。欲擇明師學法之前，允宜先讀。平實導師著，主文共381頁，全書392頁，只售成本價300元。

宗門正道—公案拈提第五輯：修學大乘佛法有二果須證—解脫果及大菩提果。二乘人不證大菩提果，唯證解脫果；此果之智慧，名爲聲聞菩提、緣覺菩提。大乘佛子所證二果之菩提果爲佛菩提，故名大菩提果，其慧名爲一切種智—函蓋二乘解脫果。然此大乘二果修證，須經由禪宗之宗門證悟方能相應。而宗門證悟極難，自古已然；其所以難者，咎在古今佛教界普遍存在三種邪見：1.以修定認作佛法， 2.以無因論之緣起性空—否定涅槃本際如來藏以後之一切法空作爲佛法，3.以常見外道邪見（離語言妄念之靈知性）作爲佛法。 如是邪見，或因自身正見未立所致，或因邪師之邪教導所致，或因無始劫來虛妄熏習所致。若不破除此三種邪見，永劫不悟宗門眞義、不入大乘正道，唯能外門廣修菩薩行。 平實導師於此書中，有極爲詳細之說明，有志佛子欲摧邪見、入於內門修菩薩行者，當閱此書。主文共496頁，全書512頁。售價500元（2007年起，凡購買公案拈提第一輯至第七輯，每購一輯皆贈送本公司精製公案拈提〈超意境〉CD一片，市售價格280元，多購多贈）。

狂密與真密：密教之修學，皆由有相之觀行法門而入，其最終目標仍不離顯教經典所說第一義諦之修證；若離顯教第一義經典、或違背顯教第一義經典，即非佛教。西藏密教之觀行法，如灌頂、觀想、遷識法、寶瓶氣、大聖歡喜雙身修法、喜金剛、無上瑜伽、大樂光明、樂空雙運等，皆是印度教兩性生生不息思想之轉化，自始至終皆以如何能運用交合淫樂之法達到全身受樂爲其中心思想，純屬欲界五欲的貪愛，不能令人超出欲界輪迴，更不能令人斷除我見；何況大乘之明心與見性，更無論矣！故密宗之法絕非佛法也。而其明光大手印、大圓滿法教，又皆同以常見外道所說離語言妄念之無念靈知心錯認爲佛地之眞如，不能直指不生不滅之眞如。西藏密宗所有法王與徒眾，都尚未開頂門眼，不能辨別眞僞，以依人不依法、依密續不依經典故，不肯將其上師喇嘛所說對照第一義經典，純依密續之藏密祖師所說爲準，因此而誇大其證德與證量，動輒謂彼祖師上師爲究竟佛、爲地上菩薩；如今台海兩岸亦有自謂其師證量高於 釋迦文佛者，然觀其師所述，猶未見道，仍在觀行即佛階段，尚未到禪宗相似即佛、分證即佛階位，竟敢標榜爲究竟佛及地上法王，誑惑初機學人。凡此怪象皆是狂密，不同於眞密之修行者。近年狂密盛行，密宗行者被誤導者極眾，動輒自謂已證佛地眞如，自視爲究竟佛，陷於大妄語業中而不知自省，反謗顯宗眞修實證者之證量粗淺；或如義雲高與釋性圓…等人，於報紙上公然誹謗眞實證道者爲「騙子、無道人、人妖、癩蛤蟆…」等，造下誹謗大乘勝義僧之大惡業；或以外道法中有爲有作之甘露、魔術……等法，誑騙初機學人，狂言彼外道法爲眞佛法。如是怪象，在西藏密宗及附藏密之外道中，不一而足，舉之不盡，學人宜應愼思明辨，以免上當後又犯毀破菩薩戒之重罪。密宗學人若欲遠離邪知邪見者，請閱此書，即能了知密宗之邪謬，從此遠離邪見與邪修，轉入眞正之佛道。 平實導師著 共四輯 每輯約400頁（主文約340頁） 每輯售價300元。

宗門正義—公案拈提第六輯：佛教有六大危機，乃是藏密化、世俗化、膚淺化、學術化、宗門密意失傳、悟後進修諸地之次第混淆；其中尤以宗門密意之失傳，爲當代佛教最大之危機。由宗門密意失傳故，易令世尊本懷普被錯解，易令世尊正法被轉易爲外道法，以及加以淺化、世俗化，是故宗門密意之廣泛弘傳與具緣佛弟子，極爲重要。然而欲令宗門密意之廣泛弘傳予具緣之佛弟子者，必須同時配合錯誤知見之解析、普令佛弟子知之，然後輔以公案解析之直示入處，方能令具緣之佛弟子悟入。而此二者，皆須以公案拈提之方式爲之，方易成其功、竟其業，是故平實導師續作宗門正義一書，以利學人。　全書500餘頁，售價500元（2007年起，凡購買公案拈提第一輯至第七輯，每購一輯皆贈送本公司精製公案拈提〈超意境〉CD一片，市售價格280元，多購多贈）。

心經密意—心經與解脫道、佛菩提道、祖師公案之關係與密意。　二乘菩提所證之解脫道，實依第八識心之斷除煩惱障現行而立解脫之名；大乘菩提所證之佛菩提道，實依親證第八識如來藏之涅槃性、清淨自性、及其中道性而立般若之名；禪宗祖師公案所證之眞心，即是此第八識如來藏；是故三乘佛法所修所證之三乘菩提，皆依此如來藏心而立名也。此第八識心，即是《心經》所說之心也。證得此如來藏已，即能漸入大乘佛菩提道，亦可因證知此心而了知二乘無學所不能知之無餘涅槃本際，是故《心經》之密意，與三乘佛菩提之關係極爲密切、不可分割，三乘佛法皆依此心而立名故。今者平實導師以其所證解脫道之無生智及佛菩提之般若種智，將《心經》與解脫道、佛菩提道、祖師公案之關係與密意，以演講之方式，用淺顯之語句和盤托出，發前人所未言，呈三乘菩提之眞義，令人藉此《心經密意》一舉而窺三乘菩提之堂奧，迥異諸方言不及義之說；欲求眞實佛智者、不可不讀！　主文317頁，連同跋文及序文…等共384頁，售價300元。

宗門密意—公案拈提第七輯：佛教之世俗化，將導致學人以信仰作爲學佛，則將以感應及世間法之庇祐，作爲學佛之主要目標，不能了知學佛之主要目標爲親證三乘菩提。大乘菩提則以般若實相智慧爲主要修習目標，以二乘菩提解脫道爲附帶修習之標的；是故學習大乘法者，應以禪宗之證悟爲要務，能親入大乘菩提之實相般若智慧中故，般若實相智慧非二乘聖人所能知故。此書則以台灣世俗化佛教之三大法師，說法似是而非之實例，配合眞悟祖師之公案解析，提示證悟般若之關節，令學人易得悟入。平實導師著，全書五百餘頁，售價500元（2007年起，凡購買公案拈提第一輯至第七輯，每購一輯皆贈送本公司精製公案拈提〈超意境〉CD一片，市售價格280元，多購多贈）。

淨土聖道—兼評選擇本願念佛：佛法甚深極廣，般若玄微，非諸二乘聖僧所能知之，一切凡夫更無論矣！所謂一切證量皆歸淨土是也！是故大乘法中「聖道之淨土、淨土之聖道」，其義甚深，難可了知；乃至眞悟之人，初心亦難知也。今有正德老師眞實證悟後，復能深探淨土與聖道之緊密關係，憐憫衆生之誤會淨土實義，亦欲利益廣大淨土行人同入聖道，同獲淨土中之聖道門要義，乃振奮心神、書以成文，今得刊行天下。主文279頁，連同序文等共301頁，總有十一萬六千餘字，正德老師著，成本價200元。

起信論講記：詳解大乘起信論心生滅門與心眞如門之眞實意旨，消除以往大師與學人對起信論所說心生滅門之誤解，由是而得了知眞心如來藏之非常非斷中道正理；亦因此一講解，令此論以往隱晦而被誤解之眞實義，得以如實顯示，令大乘佛菩提道之正理得以顯揚光大；初機學者亦可藉此正論所顯示之法義，對大乘法理生起正信，從此得以眞發菩提心，眞入大乘法中修學，世世常修菩薩正行。平實導師演述，共六輯，都已出版，每輯三百餘頁，售價各250元。

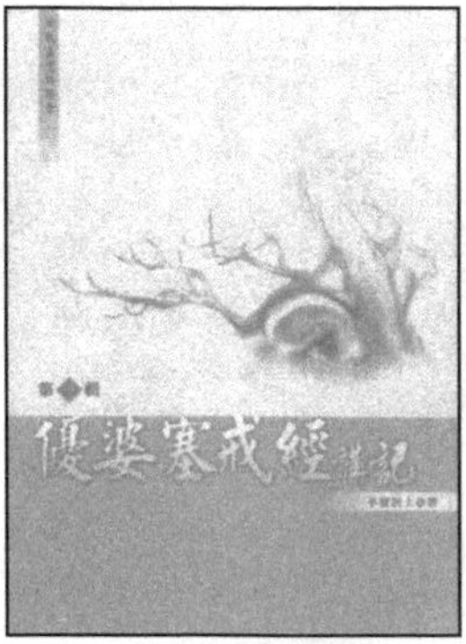

優婆塞戒經講記：本經詳述在家菩薩修學大乘佛法，應如何受持菩薩戒？對人間善行應如何看待？對三寶應如何護持？應如何正確地修集此世後世證法之福德？應如何修集後世「行菩薩道之資糧」？並詳述第一義諦之正義：五蘊非我非異我、自作自受、異作異受、不作不受……等深妙法義，乃是修學大乘佛法、行菩薩行之在家菩薩所應當了知者。出家菩薩今世或未來世登地已，捨報之後多數將如華嚴經中諸大菩薩，以在家菩薩身而修行菩薩行，故亦應以此經所述正理而修之，配合《楞伽經、解深密經、楞嚴經、華嚴經》等道次第正理，方得漸次成就佛道；故此經是一切大乘行者皆應證知之正法。平實導師講述，每輯三百餘頁，售價各250元；共八輯，已全部出版。

真假活佛—略論附佛外道盧勝彥之邪說：人人身中都有眞活佛，永生不滅而有大神用，但衆生都不了知，所以常被身外的西藏密宗假活佛籠罩欺瞞。本來就眞實存在的眞活佛，才是眞正的密宗無上密！諾那活佛因此而說禪宗是大密宗，但藏密的所有活佛都不知道、也不曾實證自身中的眞活佛。本書詳實宣示眞活佛的道理，舉證盧勝彥的「佛法」不是眞佛法，也顯示盧勝彥是假活佛，直接的闡釋第一義佛法見道的眞實正理。眞佛宗的所有上師與學人們，都應該詳細閱讀，包括盧勝彥個人在內。正犀居士著，優惠價140元。

阿含正義—唯識學探源：廣說四大部《阿含經》諸經中隱說之眞正義理，一一舉示佛陀本懷，令阿含時期初轉法輪根本經典之眞義，如實顯現於佛子眼前。並提示末法大師對於阿含眞義誤解之實例，一一比對之，證實唯識增上慧學確於原始佛法之阿含諸經中已隱覆密意而略說之，證實 世尊確於原始佛法中已曾密意而說第八識如來藏之總相；亦證實 世尊在四阿含中已說此藏識是名色十八界之因、之本—證明如來藏是能生萬法之根本心。佛子可據此修正以往受諸大師（譬如西藏密宗應成派中觀師：印順、昭慧、性廣、大願、達賴、宗喀巴、寂天、月稱、……等人）誤導之邪見，建立正見，轉入正道乃至親證初果而無困難；書中並詳說三果所證的心解脫，以及四果慧解脫的親證，都是如實可行的具體知見與行門。全書共七輯，已出版完畢。平實導師著，每輯三百餘頁，售價300元。

超意境CD：以平實導師公案拈提書中超越意境之頌詞，加上曲風優美的旋律，錄成令人嚮往的超意境歌曲，其中包括正覺發願文及平實導師親自譜成的黃梅調歌曲一首。詞曲雋永，殊堪翫味，可供學禪者吟詠，有助於見道。內附設計精美的彩色小冊，解說每一首詞的背景本事。每片280元。【每購買公案拈提書籍一冊，即贈送一片。】

我的菩提路第一輯：凡夫及二乘聖人不能實證的佛菩提證悟，末法時代的今天仍然有人能得實證，由正覺同修會釋悟圓、釋善藏法師等二十餘位實證如來藏者所寫的見道報告，已爲當代學人見證宗門正法之絲縷不絕，證明大乘義學的法脈仍然存在，爲末法時代求悟般若之學人照耀出光明的坦途。由二十餘位大乘見道者所繕，敘述各種不同的學法、見道因緣與過程，參禪求悟者必讀。全書三百餘頁，售價300元。

我的菩提路第二輯：由郭正益老師等人合著，書中詳述彼等諸人歷經各處道場學法，一一修學而加以檢擇之不同過程以後，因閱讀正覺同修會、正智出版社書籍而發起抉擇分，轉入正覺同修會中修學；乃至學法及見道之過程，都一一詳述之。其中張志成等人係由前現代禪轉進正覺同修會，張志成原爲現代禪副宗長，以前未閱本會書籍時，曾被人藉其名義著文評論 平實導師（詳見《宗通與說通》辨正及《眼見佛性》書末附錄…等）；後因偶然接觸正覺同修會書籍，深覺以前聽人評論平實導師之語不實，於是投入極多時間閱讀本會書籍、深入思辨，詳細探索中觀與唯識之關聯與異同，認爲正覺之法義方是正法，深覺相應；亦解開多年來對佛法的迷雲，確定應依八識論正理修學方是正法。乃不顧面子，毅然前往正覺同修會面見平實導師懺悔，並正式學法求悟。今已與其同修王美伶（亦爲前現代禪傳法老師），同樣證悟如來藏而證得法界實相，生起實相般若眞智。此書中尚有七年來本會第一位眼見佛性者之見性報告一篇，一同供養大乘佛弟子。全書四百頁，售價300元。

我的菩提路第三輯：由王美伶老師等人合著。自從正覺同修會成立以來，每年夏初、冬初都舉辦精進禪三共修，藉以助益會中同修們得以證悟明心發起般若實相智慧；凡已實證而被平實導師印證者，皆書具見道報告用以證明佛法之眞實可證而非玄學，證明佛法並非純屬思想、理論而無實質，是故每年都能有人證明正覺同修會的「實證佛教」主張並非虛語。特別是眼見佛性一法，自古以來中國禪宗祖師實證者極寡，較之明心開悟的證境更難令人信受；至2017年初，正覺同修會中的證悟明心者已近五百人，然而其中眼見佛性者至今唯十餘人爾，可謂難能可貴，是故明心後欲冀眼見佛性者實屬不易。黃正倖老師是懸絕七年無人見性後的第一人，她於2009年的見性報告刊於本書的第二輯中，爲大眾證明佛性確實可以眼見；其後七年之中求見性者都屬解悟佛性而無人眼見，幸而又經七年後的2016冬初，以及2017夏初的禪三，復有三人眼見佛性，希冀鼓舞四眾佛子求見佛性之大心，今則具載一則於書末，顯示求見佛性之事實經歷，供養現代佛教界欲得見性之四眾弟子。全書四百頁，售價300元，預定2017年6月30日發行。

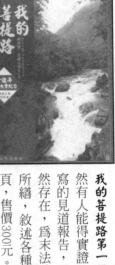

我的菩提路第四輯：由陳晏平等人著。中國禪宗祖師往往有所謂「見性」之言，所言多屬看見如來藏具有能令人發起成佛之自性，並非《大般涅槃經》中　如來所說之眼見佛性。眼見佛性者，於親見佛性之時，即能於山河大地眼見自己佛性，亦能於他人身上眼見自己佛性及對方之佛性，如是境界無法爲尚未實證者解釋；勉強說之，縱使眞實明心證悟之人聞之，亦只能以自身明心之境界想像之，但不論如何想像多屬非量，能有正確之比量者亦是稀有，故說眼見佛性極爲困難。眼見佛性之人若所見極分明時，在所見佛性之境界下所眼見之山河大地、自己五蘊身心皆是虛幻，自有異於明心者之解脫功德受用，此後永不思證二乘涅槃，必定邁向成佛之道而進入第十住位中，已超第一阿僧祇劫三分有一，可謂之爲超劫精進也。今又有明心之後眼見佛性之人出於人間，將其明心及後來見性之報告，連同其餘證悟明心者之精彩報告一同收錄於此書中，供養眞求佛法實證之四眾佛子。全書380頁，售價300元，預定2018年6月30日發行。

鈍鳥與靈龜：鈍鳥及靈龜二物，被宗門證悟者說爲二種人：前者是精修禪定而無智慧者，也是以定爲禪的愚癡禪人；後者是或有禪定、或無禪定的宗門證悟者，凡已證悟者皆是靈龜。但後來被人虛造事實，用以嘲笑大慧宗杲禪師，說他雖是靈龜，卻不免被天童禪師預記「患背」痛苦而亡：「鈍鳥離巢易，靈龜脫殼難。」藉以貶低大慧宗杲的證量。同時將天童禪師實證如來藏的證量，曲解爲意識境界的離念靈知。自從大慧禪師入滅以後，錯悟凡夫對他的不實毀謗就一直存在著，不曾止息，並且捏造的假事實也隨著年月的增加而越來越多，終至編成「鈍鳥與靈龜」的假公案、假故事。本書是考證大慧與天童之間的不朽情誼，顯現這件假公案的虛妄不實；更見大慧宗杲面對惡勢力時的正直不阿，亦顯示大慧對天童禪師的至情深義，將使後人對大慧宗杲的誣謗至此而止，不再有人誤犯毀謗賢聖的惡業。書中亦舉證宗門的所悟確以第八識如來藏爲標的，詳讀之後必可改正以前被錯悟大師誤導的參禪知見，日後必定有助於實證禪宗的開悟境界，得階大乘眞見道位中，即是實證般若之賢聖。全書459頁，售價350元。

維摩詰經講記：本經係　世尊在世時，由等覺菩薩維摩詰居士藉疾病而演說之大乘菩提無上妙義，所說函蓋甚廣，然極簡略，是故今時諸方大師與學人讀之悉皆錯解，何況能知其中隱含之深妙正義，是故普遍無法爲人解說；若強爲人說，則成依文解義而有諸多過失。今由平實導師公開宣講之後，詳實解釋其中密意，令維摩詰菩薩所說大乘不可思議解脫之深妙正法得以正確宣流於人間，利益當代學人及與諸方大師。書中詳實演述大乘佛法深妙不共二乘之智慧境界，顯示諸法之中絕待之實相境界，建立大乘菩薩妙道於永遠不敗不壞之地，以此成就護法偉功，欲冀永利娑婆人天。已經宣講圓滿整理成書流通，以利諸方大師及諸學人。全書共六輯，每輯三百餘頁，售價各250元。

真假外道：本書具體舉證佛門中的常見外道知見實例，並加以教證及理證上的辨正，幫助讀者輕鬆而快速的了知常見外道的錯誤知見，進而遠離佛門內外的常見外道知見，因此即能改正修學方向而快速實證佛法。游正光老師著　。成本價200元。

勝鬘經講記：如來藏爲三乘菩提之所依，若離如來藏心體及其含藏之一切種子，即無三界有情及一切世間法，亦無二乘菩提緣起性空之出世間法；本經詳說無始無明、一念無明皆依如來藏而有之正理，藉著詳解煩惱障與所知障間之關係，令學人深入了知二乘菩提與佛菩提相異之妙理；聞後即可了知佛菩提之特勝處及三乘修道之方向與原理，邁向攝受正法而速成佛道的境界中。平實導師講述，共六輯，每輯三百餘頁，售價各250元。

楞嚴經講記：楞嚴經係密教部之重要經典，亦是顯教中普受重視之經典；經中宣說明心與見性之內涵極爲詳細，將一切法都會歸如來藏及佛性—妙眞如性；亦闡釋佛菩提道修學過程中之種種魔境，以及外道誤會涅槃之狀況，旁及三界世間之起源。然因言句深澀難解，法義亦復深妙寬廣，學人讀之普難通達，是故讀者大多誤會，不能如實理解佛所說之明心與見性內涵，亦因是故多有悟錯之人引爲開悟之證言，成就大妄語罪。今由平實導師詳細講解之後，整理成文，以易讀易懂之語體文刊行天下，以利學人。全書十五輯，全部出版完畢。每輯三百餘頁，售價每輯300元。

明心與眼見佛性：本書細述明心與眼見佛性之異同，同時顯示了中國禪宗破初參明心與重關眼見佛性二關之間的關聯；書中又藉法義辨正而旁述其他許多勝妙法義，讀後必能遠離佛門長久以來積非成是的錯誤知見，令讀者在佛法的實證上有極大助益。也藉慧廣法師的謬論來教導佛門學人回歸正知正見，遠離古今禪門錯悟者所墮的意識境界，非唯有助於斷我見，也對未來的開悟明心實證第八識如來藏有所助益，是故學禪者都應細讀之。　游正光老師著　　共448頁　售價300元。

菩薩底憂鬱CD：將菩薩情懷及禪宗公案寫成新詞，並製作成超越意境的優美歌曲。　1.主題曲〈菩薩底憂鬱〉，描述地後菩薩能離三界生死而迴向繼續生在人間，但因尚未斷盡習氣種子而有極深沈之憂鬱，非三賢位菩薩及二乘聖者所知，此憂鬱在七地滿心位方才斷盡；本曲之詞中所說義理極深，昔來所未曾見；此曲係以優美的情歌風格寫詞及作曲，聞者得以激發嚮往諸地菩薩境界之大心，詞、曲都非常優美，難得一見；其中勝妙義理之解說，已印在附贈之彩色小冊中。　2.以各輯公案拈提中直示禪門入處之頌文，作成各種不同曲風之超意境歌曲，值得玩味、參究；聆聽公案拈提之優美歌曲時，請同時閱讀內附之印刷精美說明小冊，可以領會超越三界的證悟境界；未悟者可以因此引發求悟之意向及疑情，眞發菩提心而邁向求悟之途，乃至因此眞實悟入般若，成眞菩薩。　3.正覺總持咒新曲，總持佛法大意；總持咒之義理，已加以解說並印在隨附之小冊中。本CD共有十首歌曲，長達63分鐘，附贈二張購書優惠券。每片280元。

禪意無限CD：平實導師以公案拈提書中偈頌寫成不同風格曲子，與他人所寫不同風格曲子共同錄製出版，幫助參禪人進入禪門超越意識之境界。盒中附贈彩色印製的精美解說小冊，以供聆聽時閱讀，令參禪人得以發起參禪之疑情，即有機會證悟本來面目，實證大乘菩提般若。本CD共有十首歌曲，長達69分鐘，每盒各附贈二張購書優惠券。每片280元。

金剛經宗通：三界唯心，萬法唯識，是成佛之修證內容，是諸地菩薩之所修；般若則是成佛之道（實證三界唯心、萬法唯識）的入門，若未證悟實相般若，即無成佛之可能，必將永在外門廣行菩薩六度，永在凡夫位中。然而實相般若的發起，全賴實證萬法的實相；若欲證知萬法的眞相，則必須探究萬法之所從來，則須實證自心如來—金剛心如來藏，然後現觀這個金剛心的金剛性、眞實性、如如性、清淨性、涅槃性、能生萬法的自性性、本住性，名爲證眞如；進而現觀三界六道唯是此金剛心所成，人間萬法須藉八識心王和合運作方能現起。如是實證《華嚴經》的「三界唯心、萬法唯識」以後，由此等現觀而發起實相般若智慧，繼續進修第十住位的如幻觀、第十行位的陽焰觀、第十迴向位的如夢觀，再生起增上意樂而勇發十無盡願，方能滿足三賢位的實證，轉入初地；自知成佛之道而無偏倚，從此按部就班、次第進修乃至成佛。第八識自心如來是般若智慧之所依，般若智慧的修證則要從實證金剛心自心如來開始；《金剛經》則是解說自心如來之經典，是一切三賢位菩薩所應進修之實相般若經典。這一套書，是將平實導師宣講的《金剛經宗通》內容，整理成文字而流通之；書中所說義理，迴異古今諸家依文解義之說，指出大乘見道方向與理路，有益於禪宗學人求開悟見道，及轉入內門廣修六度萬行。講述完畢後結集出版，總共9輯，每輯約三百餘頁，售價各250元。

空行母—性別、身分定位，以及藏傳佛教：本書作者爲蘇格蘭哲學家，因爲嚮往佛教深妙的哲學內涵，於是進入當年盛行於歐美的假藏傳佛教密宗，擔任卡盧仁波切的翻譯工作多年以後，被邀請成爲卡盧的空行母（又名佛母、明妃），開始了她在密宗裡的實修過程；後來發覺在密宗雙身法中的修行，其實無法使自己成佛，也發覺密宗對女性岐視而處處貶抑，並剝奪女性在雙身法中擔任一半角色時應有的身分定位。當她發覺自己只是雙身法中被喇嘛利用的工具，沒有獲得絲毫應有的尊重與基本定位時，發現了密宗的父權社會控制女性的本質；於是作者傷心地離開了卡盧仁波切與密宗，但是卻被恐嚇不許講出她在密宗裡的經歷，也不許她說出自己對密宗的教義與教制下對女性剝削的本質，否則將被咒殺死亡。後來她去加拿大定居，十餘年後方才擺脫這個恐嚇陰影，下定決心將親身經歷的實情及觀察到的事實寫下來並且出版，公諸於世。出版之後，她被流亡的達賴集團人士大力攻訐，誣指她爲精神狀態失常、說謊……等。但有智之士並未被達賴集團的政治操作及各國政府政治運作吹捧達賴的表相所欺，使她的書銷售無阻而又再版。正智出版社鑑於作者此書是親身經歷的事實，所說具有針對「藏傳佛教」而作學術研究的價值，也有使人認清假藏傳佛教剝削佛母、明妃的男性本位實質，因此洽請作者同意中譯而出版於華人地區。珍妮·坎貝爾女士著，呂艾倫 中譯，每冊250元。

霧峰無霧—給哥哥的信 本書作者藉兄弟之間信件往來論義，略述佛法大義；並以多篇短文辨義，舉出釋印順對佛法的無量誤解證據，並一一給予簡單而清晰的辨正，令人一讀即知。久讀、多讀之後即能認清楚釋印順的六識論見解，與眞實佛法之牴觸是多麼嚴重；於是在久讀、多讀之後，於不知不覺之間提升了對佛法的極深入理解，正知正見就在不知不覺間建立起來了。當三乘佛法的正知見建立起來之後，對於三乘菩提的見道條件便將隨之具足，於是聲聞解脫道的見道也就水到渠成；接著大乘見道的因緣也將次第成熟，未來自然也會有親見大乘菩提之道的因緣，悟入大乘實相般若也將自然成功，自能通達般若系列諸經而成實義菩薩。作者居住於南投縣霧峰鄉，自喻見道之後不復再見霧峰之霧，故鄉原野美景一一明見，於是立此書名爲《霧峰無霧》；讀者若欲撥霧見月，可以此書爲緣。游宗明 老師著 售價250元。

假藏傳佛教的神話—性、謊言、喇嘛教：本書編著者是由一首名叫「阿姊鼓」的歌曲爲緣起，展開了序幕，揭開假藏傳佛教—喇嘛教—的神秘面紗。其重點是蒐集、摘錄網路上質疑「喇嘛教」的帖子，以揭穿「假藏傳佛教的神話」爲主題，串聯成書，並附加彩色插圖以及說明，讓讀者們瞭解西藏密宗及相關人事如何被操作爲「神話」的過程，以及神話背後的眞相。作者：張正玄教授。售價200元。

達賴真面目—玩盡天下女人：假使您不想戴綠帽子，請記得詳細閱讀此書；假使您不想讓好朋友戴綠帽子，請您將此書介紹給您的好朋友。假使您想保護家中的女性，也想要保護好朋友的女眷，請記得將此書送給家中的女性和好友的女眷都來閱讀。本書爲印刷精美的大本彩色中英對照精裝本，爲您揭開達賴喇嘛的眞面目，內容精彩不容錯過，爲利益社會大眾，特別以優惠價格嘉惠所有讀者。編著者：白志偉等。大開版雪銅紙彩色精裝本。售價800元。

童女迦葉考—論呂凱文〈佛教輪迴思想的論述分析〉之謬：童女迦葉是佛世率領五百大比丘遊行於人間的歷史事實，是以童貞行而依止菩薩戒弘化於人間的大菩薩，不依別解脫戒（聲聞戒）來弘化於人間。這是大乘佛教與聲聞佛教同時存在於佛世的歷史明證，證明大乘佛教不是從聲聞法中分裂出來的部派佛教的產物，卻是聲聞佛教分裂出來的部派佛教聲聞凡夫僧所不樂見的史實；於是古今聲聞法中的凡夫都欲加以扭曲而作詭說，更是末法時代高聲大呼「大乘非佛說」的六識論聲聞凡夫極力想要扭曲的佛教史實之一，於是想方設法扭曲迦葉菩薩爲聲聞僧，以及扭曲迦葉童女爲比丘僧等荒謬不實之論著便陸續出現，古時聲聞僧寫作的《分別功德論》是最具體之事例，現代之代表作則是呂凱文先生的〈佛教輪迴思想的論述分析〉論文。鑑於如是假藉學術考證以籠罩大眾之不實謬論，未來仍將繼續造作及流竄於佛教界，繼續扼殺大乘佛教學人法身慧命，必須舉證辨正之，遂成此書。平實導師 著，每冊180元。

末代達賴—性交教主的悲歌：簡介從藏傳僞佛教（喇嘛教）的修行核心—性力派男女雙修，探討達賴喇嘛及藏傳僞佛教的修行內涵。書中引用外國知名學者著作、世界各地新聞報導，包含：歷代達賴喇嘛的祕史、達賴六世修雙身法的事蹟，以及《時輪續》中的性交灌頂儀式……等；達賴喇嘛書中開示的雙修法、達賴喇嘛的黑暗政治手段；達賴喇嘛所領導的寺院爆發喇嘛性侵兒童；新聞報導《西藏生死書》作者索甲仁波切性侵女信徒、澳洲喇嘛秋達公開道歉、美國最大假藏傳佛教組織領導人邱陽創巴仁波切的性氾濫，等等事件背後眞相的揭露。作者：張善思、呂艾倫、辛燕。售價250元。

黯淡的達賴—失去光彩的諾貝爾和平獎：本書舉出很多證據與論述，詳述達賴喇嘛不爲世人所知的一面，顯示達賴喇嘛並不是眞正的和平使者，而是假借諾貝爾和平獎的光環來欺騙世人；透過本書的說明與舉證，讀者可以更清楚的瞭解，達賴喇嘛是結合暴力、黑暗、淫欲於喇嘛教裡的集團首領，其政治行爲與宗教主張，早已讓諾貝爾和平獎的光環染污了。　本書由財團法人正覺教育基金會寫作、編輯，由正覺出版社印行，每冊250元。

第七意識與第八意識？—穿越時空「超意識」：「三界唯心，萬法唯識」是佛教中應該實證的聖教，也是《華嚴經》中明載而可以實證的法界實相。唯心者，三界一切境界、一切諸法唯是一心所成就，即是每一個有情的第八識如來藏，不是意識心。唯識者，即是人類各各都具足的八識心王——眼識、耳鼻舌身意識、意根、阿賴耶識，第八阿賴耶識又名如來藏，人類五陰相應的萬法，莫不由八識心王共同運作而成就，故說萬法唯識。依聖教量及現量、比量，都可以證明意識是二法因緣生，是由第八識藉意根與法塵二法爲因緣而出生，又是夜夜斷滅不存之生滅心，即無可能反過來出生第七識意根、第八識如來藏，當知不可能從生滅性的意識心中，細分出恆審思量的第七識意根，更無可能細分出恆而不審的第八識如來藏。本書是將演講內容整理成文字，細說如是內容，並已在〈正覺電子報〉連載完畢，今彙集成書以廣流通，欲幫助佛門有緣人斷除意識我見，跳脫於識陰之外而取證聲聞初果；嗣後修學禪宗時即得不墮外道神我之中，得以求證第八識金剛心而發起般若實智。平實導師 述，每冊300元。

中觀金鑑—詳述應成派中觀的起源與其破法本質：學佛人往往迷於中觀學派之不同學說，被應成派與自續派所迷惑；修學般若中觀二十年後自以爲實證般若中觀了，卻仍不曾入門，甫聞實證般若中觀者之所說，則茫無所知，迷惑不解；隨後信心盡失，不知如何實證佛法；凡此，皆因惑於這二派中觀學說所致。自續派中觀所說同於常見，以意識境界立爲第八識如來藏之境界，應成派所說則同於斷見，但又同立意識爲常住法，故亦具足斷常二見。今者孫正德老師有鑑於此，乃將起源於密宗的應成派中觀學說，追本溯源，詳考其來源之外，亦一一舉證其立論內容，詳加辨正，令密宗雙身法祖師以識陰境界而造之應成派中觀學說本質，詳細呈現於學人眼前，令其維護雙身法之目的無所遁形。若欲遠離密宗此二大派中觀謬說，欲於三乘菩提有所進道者，允宜具足閱讀並細加思惟，反覆讀之以後將可捨棄邪道返歸正道，則於般若之實證即有可能，證後自能現觀如來藏之中道境界而成就中觀。本書分上、中、下三冊，每冊250元，全部出版完畢。

人間佛教—實證者必定不悖三乘菩提：「大乘非佛說」的講法似乎流傳已久，卻只是日本人企圖擺脫中國正統佛教的影響，而在明治維新時期才開始提出來的說法；台灣佛教、大陸佛教的淺學無智之人，由於未曾實證佛法而迷信日本人錯誤的學術考證，錯認爲這些別有用心的日本佛學考證的講法爲天竺佛教的眞實歷史；甚至還有更激進的反對佛教者提出「釋迦牟尼佛並非眞實存在，只是後人捏造的假歷史人物」，竟然也有少數人願意跟著「學術」的假光環而信受不疑，於是開始有一些佛教界人士造作了反對中國佛教而推崇南洋小乘佛教的行爲，使佛教的信仰者難以檢擇，導致一般大陸人士開始轉入基督教的盲目迷信中。在這些佛教及外教人士之中，也就有一分人根據此邪說而大聲主張「大乘非佛說」的謬論，這些人以「人間佛教」的名義來抵制中國正統佛教，公然宣稱中國的大乘佛教是由聲聞部派佛教的凡夫僧所創造出來的。這樣的說法流傳於台灣及大陸佛教界凡夫僧之中已久，卻非眞正的佛教歷史中曾經發生過的事，只是繼承六識論的聲聞法中凡夫僧依自己的意識境界立場，純憑臆想而編造出來的妄想說法，卻已經影響許多無智之凡夫僧俗信受不移。本書則是從佛教的經藏法義實質及實證的現量內涵本質立論，證明大乘佛法本是佛說，是從《阿含正義》尚未說過的不同面向來討論「人間佛教」的議題，證明「大乘眞佛說」。閱讀本書可以斷除六識論邪見，迴入三乘菩提正道發起實證的因緣；也能斷除禪宗學人學禪時普遍存在之錯誤知見，對於建立參禪時的正知見有很深的著墨。　平實導師　述，內文488頁，全書528頁，定價400元。

喇嘛性世界—揭開假藏傳佛教譚崔瑜伽的面紗：這個世界中的喇嘛，號稱來自世外桃源的香格里拉，穿著或紅或黃的喇嘛長袍，散布於我們的身邊傳教灌頂，吸引了無數的人嚮往學習；這些喇嘛虔誠地爲大衆祈福，手中拿著寶杵（金剛）與寶鈴（蓮花），口中唸著咒語：「唵．嘛呢．叭咪．吽……」，咒語的意思是說：「我至誠歸命金剛杵上的寶珠伸向蓮花寶穴之中」！「喇嘛性世界」是什麼樣的「世界」呢？本書將爲您呈現喇嘛世界的面貌。當您發現眞相以後，您將會唸：「噢！喇嘛．性．世界，譚崔性交嘛！」作者：張善思、呂艾倫。售價200元。

見性與看話頭：黃正倖老師的《見性與看話頭》於《正覺電子報》連載完畢，今結集出版。書中詳說禪宗看話頭的詳細方法，並細說看話頭與眼見佛性的關係，以及眼見佛性者求見佛性前必須具備的條件。本書是禪宗實修者追求明心開悟時參禪的方法書，也是求見佛性者作功夫時必讀的方法書，內容兼顧眼見佛性的理論與實修之方法，是依實修之體驗配合理論而詳述，條理分明而且極爲詳實、周全、深入。本書內文375頁，全書416頁，售價300元。

實相經宗通：學佛之目的在於實證一切法界背後之實相，禪宗稱之爲本來面目或本地風光，佛菩提道中稱之爲實相法界；此實相法界即是金剛藏，又名佛法之祕密藏，即是能生有情五陰、十八界及宇宙萬有（山河大地、諸天、三惡道世間）的第八識如來藏，又名阿賴耶識心，即是禪宗祖師所說的眞如心，此心即是三界萬有背後的實相。證得此第八識心時，自能瞭解般若諸經中隱說的種種密意，即得發起實相般若——實相智慧。每見學佛人修學佛法二十年後仍對實相般若茫然無知，亦不知如何入門，茫無所趣；更因不知三乘菩提的互異互同，是故越是久學者對佛法越覺茫然，都肇因於尚未瞭解佛法的全貌，亦未瞭解佛法的修證內容即是第八識心所致。本書對於修學佛法者所應實證的實相境界提出明確解析，並提示趣入佛菩提道的入手處，有心親證實相般若的佛法實修者，宜詳讀之，於佛菩提道之實證即有下手處。平實導師述著，共八輯，已全部出版完畢，每輯成本價250元。

真心告訴您（一）——達賴喇嘛在幹什麼？這是一本報導篇章的選集，更是「破邪顯正」的暮鼓晨鐘。「破邪」是戳破假象，說明達賴喇嘛及其所率領的密宗四大派法王、喇嘛們，弘傳的佛法是仿冒的佛法；他們是假藏傳佛教，是坦特羅（譚崔性交）外道法和藏地崇奉鬼神的苯教混合成的「喇嘛教」，推廣的是以所謂「無上瑜伽」的男女雙身法冒充佛法的假佛教，詐財騙色誤導眾生，常常造成信徒家庭破碎、家中兒少失怙的嚴重後果。「顯正」是揭櫫眞相，指出眞正的藏傳佛教只有一個，就是覺囊巴，傳的是　釋迦牟尼佛演繹的第八識如來藏妙法，稱爲他空見大中觀。正覺教育基金會即以此古今輝映的如來藏正法正知見，在眞心新聞網中逐次報導出來，將箇中原委「眞心告訴您」，如今結集成書，與想要知道密宗眞相的您分享。售價250元。

法華經講義：此書為平實導師始從2009/7/21演述至2014/1/14之講經錄音整理所成。世尊一代時教，總分五時三教，即是華嚴時、聲聞緣覺教、般若教、種智唯識教、法華時；依此五時三教區分為藏、通、別、圓四教。本經是最後一時的圓教經典，圓滿收攝一切法教於本經中，是故最後的圓教聖訓中，特地指出無有三乘菩提，其實唯有一佛乘；皆因眾生愚迷故，方便區分為三乘菩提以助眾生證道。世尊於此經中特地說明如來示現於人間的唯一大事因緣，便是為有緣眾生「開、示、悟、入」諸佛的所知所見——第八識如來藏妙真如心，並於諸品中隱說「妙法蓮花」如來藏心的密意。然因此經所說甚深難解，真義隱晦，古來難得有人能窺堂奧；平實導師以知如是密意故，特為末法佛門四眾演述《妙法蓮華經》中各品蘊含之密意，使古來未曾被古德註解出來的「此經」密意，如實顯示於當代學人眼前。乃至《藥王菩薩本事品》、《妙音菩薩品》、《觀世音菩薩普門品》、《普賢菩薩勸發品》中的微細密意，亦皆一併詳述之，開前人所未曾言之密意，示前人所未見之妙法。最後乃至以《法華大意》而總其成，全經妙旨貫通始終，而依佛旨圓攝於一心如來藏妙心，厥為曠古未有之大說也。平實導師述　已於2015/5/31起開始出版，每二個月出版一輯，共25輯。每輯300元。

西藏「活佛轉世」制度——附佛、造神、世俗法：歷來關於喇嘛教活佛轉世的研究，多針對歷史及文化兩部分，於其所以成立的理論基礎，較少系統化的探討。尤其是此制度是否依據「佛法」而施設？是否合乎佛法真實義？現有的文獻大多含糊其詞，或人云亦云，不曾有明確的闡釋與如實的見解。因此本文先從活佛轉世的由來，探索此制度的起源、背景與功能，並進而從活佛的尋訪與認證之過程，發掘活佛轉世的特徵，以確認「活佛轉世」在佛法中應具足何種果德。定價150元。

真心告訴您(二)——達賴喇嘛是佛教僧侶嗎？補祝達賴喇嘛八十大壽：這是一本針對當今達賴喇嘛所領導的喇嘛教，冒用佛教名相、於師徒間或師兄姊間，實修男女邪淫，而從佛法三乘菩提的現量與聖教量，揭發其謊言與邪術，證明達賴及其喇嘛教是仿冒佛教的外道，是「假藏傳佛教」。藏密四大派教義雖有「八識論」與「六識論」的表面差異，然其實修之內容，皆共許「無上瑜伽」四部灌頂爲究竟「成佛」之法門，也就是共以男女雙修之邪淫法爲「即身成佛」之密要，雖美其名曰「欲貪爲道」之「金剛乘」，並誇稱其成就超越於（應身佛）釋迦牟尼佛所傳之顯教般若乘之上；然詳考其理論，則或以意識離念時之粗細心爲第八識如來藏，或以中脈裡的明點爲第八識如來藏，或如宗喀巴與達賴堅決主張第六意識爲常恆不變之眞心者，分別墮於外道之常見與斷見中；全然違背 佛說能生五蘊之如來藏的實質。售價300元。

涅槃：眞正學佛之人，首要即是見道，由見道故方有涅槃之實證，證涅槃者方能出生死，但涅槃有四種：二乘聖者的有餘涅槃、無餘涅槃，以及大乘聖者的本來自性清淨涅槃、佛地的無住處涅槃。大乘聖者實證本來自性清淨涅槃，入地前再取證二乘涅槃，然後起惑潤生捨離二乘涅槃，繼續進修而在七地心前斷盡三界愛之習氣種子，依七地無生法忍之具足而證得念念入滅盡定；八地後進斷異熟生死，直至妙覺地下生人間成佛，具足四種涅槃，方是眞正成佛。此理古來少人言，以致誤會涅槃正理者比比皆是，今於此書中廣說四種涅槃、如何實證之理、實證前應有之條件，實屬本世紀佛教界極重要之著作，令人對涅槃有正確無訛之認識，然後可以依之實行而得實證。本書共有上下二冊，每冊各四百餘頁，對涅槃詳加解說，每冊各350元。預定2018/9出版上冊，2018/11出版下冊。

修習止觀坐禪法要講記：修學四禪八定之人，往往錯會禪定之修學知見，欲以無止盡之坐禪而證禪定境界，卻不知修除性障之行門才是修證四禪八定不可或缺之要素，故智者大師云「性障初禪」；性障不除，初禪永不現前，云何修證二禪等？又：行者學定，若唯知數息，而不解六妙門之方便善巧者，欲求一心入定，未到地定極難可得，智者大師名之爲「事障未來」：障礙未到地定之修證。又禪定之修證，不可違背二乘菩提及第一義法，否則縱使具足四禪八定，亦不能實證涅槃而出三界。此諸知見，智者大師於《修習止觀坐禪法要》中皆有闡釋。作者平實導師以其第一義之見地及禪定之實證證量，曾加以詳細解析。將俟正覺寺竣工啓用後重講，不限制聽講者資格；講後將以語體文整理出版。欲修習世間定及增上定之學者，宜細讀之。平實導師述著。

解深密經講記：本經係　世尊晚年第三轉法輪，宣說地上菩薩所應熏修之唯識正義經典，經中所說義理乃是大乘一切種智增上慧學，以阿陀那識—如來藏—阿賴耶識爲主體。禪宗之證悟者，若欲修證初地無生法忍乃至八地無生法忍者，必須修學《楞伽經、解深密經》所說之八識心王一切種智；此二經所說正法，方是眞正成佛之道；印順法師否定第八識如來藏之後所說萬法緣起性空之法，是以誤會後之二乘解脫道取代大乘眞正成佛之道，尚且不符二乘解脫道正理，亦已墮於斷滅見中，不可謂爲成佛之道也。平實導師曾於本會郭故理事長往生時，於喪宅中從首七開始宣講，於每一七各宣講三小時，至第十七而快速略講圓滿，作爲郭老之往生佛事功德，迴向郭老早證八地、速返娑婆住持正法。茲爲今時後世學人故，將擇期重講《解深密經》，以淺顯之語句講畢後，將會整理成文，用供證悟者進道；亦令諸方未悟者，據此經中佛語正義，修正邪見，依之速能入道。平實導師述著，全書輯數未定，每輯三百餘頁，將於未來重講完畢後逐輯出版。

阿含經講記—小乘解脫道之修證：數百年來，南傳佛法所說證果之不實，所說解脫道之虛妄，所弘解脫道法義之世俗化，皆已少人知之；從南洋傳入台灣與大陸之後，所說法義虛謬之事，亦復少人知之；今時台灣全島印順系統之法師居士，多不知南傳佛法數百年來所說解脫道之義理已然偏斜、已然世俗化、已非眞正之二乘解脫正道，猶極力推崇與弘揚。彼等南傳佛法近代所謂之證果者多非眞實證果者，譬如阿迦曼、葛印卡、帕奧禪師、一行禪師……等人，悉皆未斷我見故。近年更有台灣南部大願法師，高抬南傳佛法之二乘修證行門爲「捷徑究竟解脫之道」者，然而南傳佛法縱使眞修實證，得成阿羅漢，至高唯是二乘菩提解脫之道，絕非究竟解脫，無餘涅槃中之實際尚未得證故，法界之實相尚未了知故，習氣種子待除故，一切種智未實證故，焉得謂爲「究竟解脫」？即使南傳佛法近代眞有實證之阿羅漢，尚且不及三賢位中之七住明心菩薩本來自性清淨涅槃智慧境界，則不能知此賢位菩薩所證之無餘涅槃實際，仍非大乘佛法中之見道者，何況普未實證聲聞果乃至未斷我見之人？謬充證果已屬逾越，更何況是誤會二乘菩提之後，以未斷我見之凡夫知見所說之二乘菩提解脫偏斜法道，焉可高抬爲「究竟解脫」？而且自稱「捷徑之道」？又妄言解脫之道即是成佛之道，完全否定般若實智、否定三乘菩提所依之如來藏心體，此理大大不通也！平實導師爲令修學二乘菩提欲證解脫果者，普得迴入二乘菩提正見、正道中，是故選錄四阿含諸經中，對於二乘解脫道法義有具足圓滿說明之經典，預定未來十年內將會加以詳細講解，令學佛人得以了知二乘解脫道之修證理路與行門，庶免被人誤導之後，未證言證，干犯道禁，成大妄語，欲升反墮。本書首重斷除我見，以助行者斷除我見而實證初果爲著眼之目標，若能根據此書內容，配合平實導師所著《識蘊眞義》《阿含正義》內涵而作實地觀行，實證初果非爲難事，行者可以藉此三書自行確認聲聞初果爲實際可得現觀成就之事。此書中除依二乘經典所說加以宣示外，亦依斷除我見等之證量，及大乘法中道種智之證量，對於意識心之體性加以細述，令諸二乘學人必定得斷我見、常見，免除三縛結之繫縛。次則宣示斷除我執之理，欲令升進而得薄貪瞋痴，乃至斷五下分結…等。平實導師述，共二冊，每冊三百餘頁。每輯300元。

＊喇嘛教修外道雙身法，墮識陰境界，非佛教＊

＊弘揚如來藏他空見的覺囊派才是真正藏傳佛教＊

總經銷： 飛鴻 國際行銷股份有限公司

231 新北市新店市中正路 501 之 9 號 2 樓

Tel.02－82186688（五線代表號） Fax.02-82186458、82186459

零售：1.**全台連鎖經銷書局：**

三民書局、誠品書局、何嘉仁書店

敦煌書店、紀伊國屋、金石堂書局、建宏書局

諾貝爾圖書城、墊腳石圖書文化廣場

2.**台北市：**佛化人生 **大安區**羅斯福路 3 段 325 號 6 樓之 4 台電大樓對面

3.**新北市：**春大地書店 **蘆洲區**中正路 117 號

4.**桃園市：**御書堂 **龍潭區**中正路 123 號

5.**新竹市：**大學書局 **東區**建功路 10 號

6.**台中市：**瑞成書局 **東區**雙十路 1 段 4 之 33 號

佛教詠春書局 **南屯區**永春東路 884 號

文春書店 **霧峰區**中正路 1087 號

7.**彰化市：**心泉佛教文化中心 南瑤路 286 號

8.**高雄市：**政大書城 **苓雅區**光華路 148-83 號

明儀書局 **三民區**明福街 2 號\

青年書局 **苓雅區**青年一路 141 號

9.**宜蘭市：**金隆書局 中山路 3 段 43 號

10.**台東市：**東普佛教文物流通處 博愛路 282 號

11.**其餘鄉鎮市經銷書局：**請電詢總經銷**飛鴻**公司。

12.**大陸地區請洽：**

香港：樂文書店

旺角店 :香港九龍旺角西洋菜街 62 號 3 樓

電話 :(852) 2390 3723 email: luckwinbooks@gmail.com

銅鑼灣店 :香港銅鑼灣駱克道 506 號 2 樓

電話 :(852) 2881 1150 email: luckwinbs@gmail.com

廈門：廈門外圖臺灣書店有限公司

地址：廈門市思明區湖濱南路809 號 廈門外圖書城3 樓 郵編：361004

電話：0592-5061658（臺灣地區請撥打 86-592-5061658）

E-mail：JKB118＠188.COM

13.**美國：世界日報圖書部：**紐約圖書部 電話 7187468889#6262

洛杉磯圖書部 電話 3232616972#202

14.**國內外地區網路購書：**

正智出版社 書香園地 http://books.enlighten.org.tw/

（書籍簡介、經銷書局可直接聯結下列網路書局購書）

三民 網路書局 http://www.sanmin.com.tw

誠品 網路書局 http://www.eslitebooks.com

博客來 網路書局　http://www.books.com.tw
金石堂 網路書局　http://www.kingstone.com.tw
飛鴻 網路書局　http://fh6688.com.tw

附註：1.請儘量向各經銷書局購買：郵政劃撥需要八天才能寄到（本公司在您劃撥後第四天才能接到劃撥單，次日寄出後第二天您才能收到書籍，此六天中可能會遇到週休二日，是故共需八天才能收到書籍）若想要早日收到書籍者，請劃撥完畢後，將劃撥收據貼在紙上，旁邊寫上您的姓名、住址、郵區、電話、買書詳細內容，直接傳眞到本公司 02-28344822，並來電 02-28316727、28327495 確認是否已收到您的傳眞，即可提前收到書籍。 2.因台灣每月皆有五十餘種宗教類書籍上架，書局書架空間有限，故唯有新書方有機會上架，通常每次只能有一本新書上架；本公司出版新書，大多上架不久便已售出，若書局未再叫貨補充者，書架上即無新書陳列，則請直接向書局櫃台訂購。 3.若書局不便代購時，可於晚上共修時間向正覺同修會各共修處請購（共修時間及地點，詳閱**共修現況表**。每年例行年假期間請勿前往請書，年假期間請見共修現況表）。 4.郵購：郵政劃撥帳號 19068241。 5.正覺同修會會員購書都以八折計價（戶籍台北市者爲一般會員，外縣市爲護持會員）都可獲得優待，欲一次購買全部書籍者，可以考慮入會，節省書費。入會費一千元（第一年初加入時才需要繳），年費二千元。**6.尚未出版之書籍，請勿預先郵寄書款與本公司，謝謝您！** 7.若欲一次購齊本公司書籍，或同時取得正覺同修會贈閱之全部書籍者，請於正覺同修會共修時間，親到各共修處請購及索取；**台北市讀者**請洽：103 台北市承德路三段 267 號 10 樓（捷運淡水線 圓山站旁）請書時間：週一至週五爲 18.00~21.00，第一、三、五週週六爲 10.00~21.00，雙週之週六爲 10.00~18.00 請購處專線電話：25957295-分機 14（於請書時間方有人接聽）。

敬告大陸讀者：

大陸讀者購書、索書捷徑（尚未在大陸出版的書籍，以下二個途徑都可以購得，電子書另包括結緣書籍）：

1.廈門外國圖書公司：廈門市思明區湖濱南路 809 號 廈門外圖書城 3F

郵編：361004　電話：0592-5061658　網址：http://www.xibc.com.cn/

2.電子書：正智出版社有限公司及正覺同修會在台灣印行的各種局版書、結緣書，已有『**正覺電子書**』陸續上線中，提供讀者於手機、平板電腦上購書、下載、閱讀正智出版社、正覺同修會及正覺教育基金會所出版之電子書，詳細訊息敬請參閱『正覺電子書』專頁：http://books.enlighten.org.tw/ebook

關於平實導師的書訊，請上網查閱：

成佛之道　http://www.a202.idv.tw

正智出版社 書香園地　http://books.enlighten.org.tw/

中國網採訪佛教正覺同修會、正覺教育基金會訊息：

http://big5.china.com.cn/gate/big5/fangtan.china.com.cn/2014-06/19/content 32714638.htm

http://pinpai.china.com.cn/

★ 正智出版社有限公司售書之稅後盈餘，全部捐助財團法人正覺寺籌備處、佛教正覺同修會、正覺教育基金會，供作弘法及購建道場之用；懇請諸方大德支持，功德無量。

★ 聲　明 ★

本社於 2015/01/01 開始調整本目錄中部分書籍之售價，以因應各項成本的持續增加。

＊ 喇嘛教修外道雙身法、墮識陰境界，非佛教 ＊

＊ 弘揚如來藏他空見的覺囊派才是真正藏傳佛教 ＊

售後服務—換書啓事（免附回郵） 2017/12/05

《楞伽經詳解》第三輯初版免費調換新書啓事：茲因 平實導師弘法早期尚未回復往世全部證量，有些法義接受他人的說法，寫書當時並未察覺而有二處（同一種法義）跟著誤說，如今發現已將之修正。茲爲顧及讀者權益，已開始免費調換新書；敬請所有讀者將以前所購第三輯（不論第幾刷），攜回或寄回本公司免費換新；郵寄者之回郵由本公司負擔，不需寄來郵票。因此而造成讀者閱讀、以及換書的不便，在此向所有讀者致上萬分的歉意，祈請讀者大眾見諒！

《楞嚴經講記》第 14 輯初版首刷本免費調換新書啓事：本講記第 14 輯出版前因 平實導師諸事繁忙，未將之重新閱讀而只改正校對時發現的錯別字，故未能發覺十年前所說法義有部分錯誤，於第 15 輯付印前重閱時才發覺第 14 輯中有部分錯誤尚未改正。今已重新審閱修改並已重印完成，煩請所有讀者將以前所購第 14 輯初版首刷本，寄回本公司免費換新（初版二刷本無錯誤），本公司將於寄回新書時同時附上您寄書來換新時的郵資，並在此向所有讀者致上最誠懇的歉意。

《心經密意》初版書免費調換二版新書啓事：本書係演講錄音整理成書，講時因時間所限，省略部分段落未講。後於再版時補寫增加 13 頁，維持原價流通之。茲爲顧及初版讀者權益，自 2003/9/30 開始免費調換新書，原有初版一刷、二刷書籍，皆可寄來本公司換書。

《宗門法眼》已經增寫改版爲 464 頁新書，2008 年 6 月中旬出版。讀者原有初版之第一刷、第二刷書本，都可以寄回本公司免費調換改版新書。改版後之公案及錯悟事例維持不變，但將內容加以增說，較改版前更具有廣度與深度，將更能助益讀者參究實相。

換書者**免附回郵**，亦無截止期限；舊書請寄：111 台北郵政 73-151 號信箱 或 103 台北市承德路三段 267 號 10 樓 正智出版社有限公司。舊書若有塗鴨、殘缺、破損者，仍可換取新書；但缺頁之舊書至少應仍有五分之三頁數，方可換書。所有讀者不必顧念本公司是否有盈餘之問題，都請踴躍寄來換書；本公司成立之目的不是營利，只要能眞實利益學人，即已達到成立及運作之目的。若以郵寄方式換書者，免附回郵；並於寄回新書時，由本公司附上您寄來書籍時耗用的郵資。造成您不便之處，再次致上萬分的歉意。

正智出版社有限公司 啓

換書及道歉公告

《法華經講義》第十三輯，因謄稿、印製等相關人員作業疏失，導致該書中的經文及內文用字將「**親近**」誤植成「清淨」。茲為顧及讀者權益，自 2017/8/30 開始免費調換新書；敬請所有讀者將以前所購第十三輯初版首刷及二刷本，攜回或寄回本社免費換新，或請自行更正其中的錯誤之處；郵寄者之回郵由本社負擔，不需寄來郵票。同時對因此而造成讀者閱讀、以及換書的困擾及不便，在此向所有讀者致上最誠懇的歉意，祈請讀者大眾見諒！錯誤更正說明如下：

一、第 256 頁第 10 行~第 14 行：【就是先要具備「**法親近處**」、「**眾生親近處**」；法**親近**處就是在實相之法有所實證，如果在實相法上有所實證，他在二乘菩提中自然也能有所實證，以這個作為第一個**親近**處——第一個基礎。然後還要有第二個基礎，就是瞭解應該如何善待眾生；對於眾生不要有排斥或者是貪取之心，平等觀待而攝受、親近一切有情。以這兩個**親近**處作為基礎，來實行其他三個安樂行法。】。

二、第 268 頁第 13 行：【具足了那兩個「**親近處**」，使你能夠在末法時代，如實而圓滿的演述《法華經》時，那麼你作這個夢，它就是如理作意的，完全符合邏輯去完成這個過程，就表示你那個晚上，在那短短的一場夢中，已經度了不少眾生了。】

正智出版社有限公司 敬啓

國家圖書館出版品預行編目(CIP)資料

法華經講義 / 平實導師述. -- 初版. -
- 臺北市 : 正智, 2015.05 面 ; 公分
ISBN 978-986-56553-0-3 (第一輯：平裝)
ISBN 978-986-56554-6-4 (第二輯：平裝)
ISBN 978-986-56555-6-3 (第三輯：平裝)
ISBN 978-986-56556-1-7 (第四輯：平裝)
ISBN 978-986-56556-9-3 (第五輯：平裝)
ISBN 978-986-56557-9-2 (第六輯：平裝)
ISBN 978-986-56558-2-2 (第七輯：平裝)
ISBN 978-986-56558-9-1 (第八輯：平裝)
ISBN 978-986-56559-8-3 (第九輯：平裝)
ISBN 978-986-93725-2-7 (第十輯：平裝)
ISBN 978-986-93725-4-1 (第十一輯：平裝)
ISBN 978-986-93725-6-5 (第十二輯：平裝)
ISBN 978-986-93725-7-2 (第十三輯：平裝)
ISBN 978-986-94970-3-9 (第十四輯：平裝)
ISBN 978-986-94970-7-7 (第十五輯：平裝)
ISBN 978-986-94970-9-1 (第十六輯：平裝)
ISBN 978-986-95830-1-5 (第十七輯：平裝)
ISBN 978-986-95830-4-6 (第十八輯：平裝)
ISBN 978-986-95830-9-1 (第十九輯：平裝)
1. 法華部
221.5 104004638

法華經講義——第十七輯

著述者：平實導師
音文轉換：章乃鈞、高惠齡、劉惠莉、蔡正利、黃昇金
校對：高震國 陳介源 孫淑貞 傅素嫻 王美伶
出版者：正智出版社有限公司
電話：○二 28327495 28316727（白天）
傳眞：○二 28344822
111 台北郵政 73-151 號信箱
郵政劃撥帳號：一九○六八二四一
正覺講堂：總機○二 25957295（夜間）
總經銷：飛鴻國際行銷股份有限公司
231 新北市新店區中正路 501-9 號 2 樓
電話：○二 82186688（五線代表號）
傳眞：○二 82186458 82186459
初版首刷：二○一八年元月三十一日 二千冊
初版三刷：二○一八年六月 二千冊
定價：三○○元